职业教育·通用课程教材

大学生安全教育

贺明华　黄　勇　程　宇　主　编

唐钧山　刘方知　贺　超
陈　红　王　芝　副主编

人民交通出版社

北　京

内 容 提 要

本书为职业教育通用课程教材。全书共分十四章,分别是绪论,关注和维护国家安全,大学生安全教育的法律法规与遵纪守法,人身安全、财产安全,公共舆论与卫生安全,交通与旅游安全,网络安全,消防安全,学习安全,社会实践、创新创业及求职就业安全,意外伤害防护,灾害自救以及心理安全等内容。本书旨在帮助大学生解决在大学生活中遇到的安全问题,提高安全防范意识和技能,确保人身、财产安全,确保校园平安稳定。

本书可作为高等职业院校安全教育类课程的教材,亦可作为从事相关专业人员的学习和工作参考用书。

＊本书配套课件等教学资源,任课教师可加入“职教公共基础课教学研讨群”(QQ 群:985149463)获取课件。

图书在版编目(CIP)数据

大学生安全教育/贺明华,黄勇,程宇主编.
北京:人民交通出版社股份有限公司,2025.1.
ISBN 978-7-114-19571-6

Ⅰ. G645.5

中国国家版本馆 CIP 数据核字第 2024BW4407 号

职业教育·通用课程教材
Daxuesheng Anquan Jiaoyu

书　　名: **大学生安全教育**
著 作 者: 贺明华　黄　勇　程　宇
责任编辑: 滕　威
责任校对: 赵媛媛　龙　雪
责任印制: 张　凯
出版发行: 人民交通出版社
地　　址: (100011)北京市朝阳区安定门外外馆斜街 3 号
网　　址: http://www.ccpcl.com.cn
销售电话: (010)85285911
总 经 销: 人民交通出版社发行部
经　　销: 各地新华书店
印　　刷: 北京市密东印刷有限公司
开　　本: 787 × 1092　1/16
印　　张: 14.75
字　　数: 302 千
版　　次: 2025 年 1 月　第 1 版
印　　次: 2025 年 1 月　第 1 次印刷
书　　号: ISBN 978-7-114-19571-6
定　　价: 49.80 元
(有印刷、装订质量问题的图书,由本社负责调换)

前言

【编写背景】

安全是社会发展的前提,是人类生存和发展的保障,伴随着人类历史发展的全过程。无论历史如何发展,安全始终是人类最基本的需求之一。人无论处于生命的哪个阶段,都要安全的生存环境。安全防范,教育为先。要确保大学生的生命和财产安全,根本在于提高大学生的安全意识、提高自我防范和自护自救能力。因此,加强大学生安全教育,提高大学生安全防范意识,使其掌握安全知识和应对处理突发事件的能力,是高等教育的基本任务之一,是提高国民素质和公民道德素养的重要途径和手段。

教育部《普通高等学校学生安全教育及管理暂行规定》指出:高等学校学生安全教育及管理的主要任务是宣传、贯彻国家有关安全管理工作的方针、政策、法律、法规,对学生实施安全教育及管理,妥善处理各类安全事故,引导学生健康成长。为此,高等学校应将对学生进行安全教育作为一项经常性工作,积极开展安全教育,普及安全知识,增强学生的安全意识和法治观念,提高防范能力。不断加强和改进大学生安全教育与管理,提高大学生的安全防范意识和自我保护能力,对于保障大学生人身和财产安全、促进大学生身心健康成长、维护高校和社会的安全稳定具有十分重要的意义。

【编写思路】

为切实提高大学生安全教育的针对性、系统性和实用性,本书依据《普通高等学校学生安全教育及管理暂行规定》确定编写大纲及编写内容,在借鉴各种安全教育教材的基础上,结合湖南高速铁路职业技术学院多年来开展安全教育的实践,旨在通过系统的安全知识和技能培训，提高大学生的安全意识，增强自我保护意识和应对突发事件的能力，从而促进和谐校园的建设和发展。

【主要内容】

全书共分十四章，分别是：绪论，关注和维护国家安全，大学生安全教育的法律法规与遵纪守法，人身安全，财产安全，公共舆论与卫生安全，交通与旅游安全，网络安全，消防安全，学习安全，社会实践、创新创业及求职就业安全，意外伤害防护，灾害自救和心理安全。

【编写特色】

1. 注重课程思政引领。本书在内容设计、案例分析和实际操作指导等方面，潜移默化引入课程思政内容，突出总体国家安全观，落实立德树人的根本任务，充分体现创新精神。

2. 内容丰富充实。本书系统介绍大学生需要了解和掌握的各种安全知识，全方位提高大学生应对各种潜在安全风险的能力，从而在日常生活中提高警惕，避免安全事故的发生。

3. 案例贴近时代、贴近实际。本书选取的案例均为近几年发生的真实案例，有助于大学生更好地体验和感受，从而引发共鸣。

4. 针对性和指导性强。本书每章内容都将安全知识与学生可能遇到的安全风险有机地结合起来，切实突出安全教育针对性和指导性强的特色。

5. "知行合一"，拓展教学实践内容。本书在每章内容中突出技能训练、实际操作指导，帮助大学生更好地理解和应用安全知识，掌握自我保护技能、沟通技能和解决问题技能。

【编写分工】

本书由湖南高速铁路职业技术学院贺明华、黄勇和程宇担任主编，唐钧山、刘方知、贺超、陈红、王芝担任副主编，黄咏超、廖果、杨潇、汤成林、刘嘉联、肖军参编。主编和副主编负责全书结构、章节内容的确定，主编贺明华、黄勇、程宇负责全书的统编工作。具体分工如下：贺明华负责第二章编写、黄勇负责第一章编写、程宇负责第十二章编写、唐钧山负责第十三章编写、刘方知负责第六章编写、贺超负责第十章编写、陈红负责第十一章编写、王芝负责第四章编写、黄咏超负责第五章编写、廖果负责第七章编写、杨潇负责第十四章编写、汤成林负责第三章编写、刘嘉联负责第八章编写，肖军负责第九章编写。

【致谢】

本书在编写过程中，编者参考了近年来出版的大学生安全教育的专著、论文、教材，在此谨向各位作者表示深深的谢意！

由于编者水平有限，书中难免存在疏漏和不足之处，敬请广大读者批评指正。

编　者

2024 年 9 月

目录

第一章
绪论

学习目的与要求

1. 掌握安全的概念，了解安全的重要性、安全教育原则与要求。
2. 掌握培养大学生安全意识的重要性和必要性，了解培养大学生安全意识的途径。
3. 掌握“平安校园”的概念，了解高校的“平安校园”建设的目标与要求。
4. 了解创建“平安校园”的途径和方法。

学习重点

1. 掌握大学生安全教育的内涵、目标、内容，了解大学生安全教育的重要意义。
2. 掌握大学生应具备安全意识、自身安全责任的内涵，了解提高大学生安全意识和自身安全责任的途径和方法。

学习难点

帮助学生树立“安全意识”。

第一节 大学生安全教育概述

安全,顾名思义,就是人和物受到保护、没有危险、不受伤害,无危为安,无损为全,即没有危险、不受威胁、不出事故的状态。

人类从诞生的那一天开始,就必须面对安全问题。最初,人类面临的主要是如地震、洪水、火山爆发、动物侵害、疾病等人身安全的威胁;如今,人类面临的已不仅仅是人身安全问题,还面临财物安全、社交活动安全等诸多问题。对人类安全产生影响的除了自然因素以外,还有人为因素、社会因素等多种因素,它们都会给人们的安全带来威胁。

人的一生有各种各样的追求,如同用阿拉伯数字写出的1000000,“1”代表生命,“1”后面所有的“0”,代表人生所需要的家庭、财富、学业、事业、自我实现及快乐等,但如果没有生命这个“1”字放在前面,则后面再多的“0”都毫无意义,如图1-1所示。

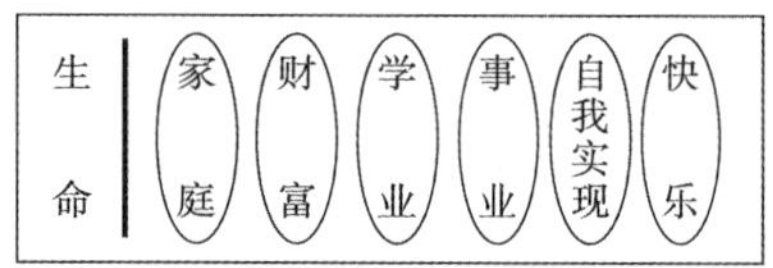

图1-1 没有生命就没有一切

加强对大学生的安全教育与管理,不仅关系到师生员工的合法利益和人身财产安全,而且是创建平安校园的前提和保障。

东汉史学家、政论家荀悦《申鉴·杂言上》曰:“先其未然谓之防,发而止之谓之救,行而责之谓之戒。防为上,救次之,戒为下。”因此,加强对大学生的安全教育与管理,首先要增强大学生遵纪守法观念和安全防范意识,提高自我保护能力;其次让大学生有针对性地学习必要的安全知识和法律法规;最后通过实战演练,让大学生掌握必备的安全防范技能,使他们能够勇敢机智地处理各种危险,果断、正确地进行自救自护。

一、大学生安全教育内涵、目标

(一)大学生安全教育内涵

大学生安全教育是指高校为了维护学校的正常秩序,维护大学生的人身、财产安全和身心健康,提高大学生的安全防范意识与自我保护技能,从学校实际情况出发,组织教师对大学生进行国家安全法规、学校安全规章及纪律、安全防范知识和技能教育的活动。

(二)大学生安全教育目标

大学生安全教育目标是通过开展安全教育,培养学生的社会安全责任感,使学生形成强烈的安全意识,掌握必要的安全知识和技能,了解相关的法律法规,最大限度地预防安全事故发生和减少安全事故对大学生造成的伤害,保障大学生健康成长。

通过安全教育,大学生应当在意识、知识和技能3个层面达到如下目标。

1. 意识层面

通过安全教育,大学生应当树立起安全第一的意识,树立积极正确的安全观。

2. 知识层面

通过安全教育,大学生应当了解安全基本知识,掌握与安全问题相关的法律法规和校纪校规,安全问题所包含的基本内容,安全问题的社会、校园环境。

3. 技能层面

通过安全教育,大学生应当掌握安全防范技能、安全信息搜索与安全管理技能;掌握以安全为前提的自我保护技能、沟通技能、解决问题技能等。

二、大学生安全教育的内容

(一)大学生安全法规与校纪的责任教育

大学生安全法规与校纪的责任教育包括3层含义。

(1)我国的法律规定,公民年满18周岁就是完全民事行为能力人,依法对自己的行为承担责任。

(2)在预防安全事故、防止危险侵害方面应当采取适当行为或措施防范,以降低危险侵害发生的概率,减轻受到侵害或损伤的程度。

(3)在预防安全事故、防止危险侵害方面应当作为而又没有作为时,对造成人身伤亡、财产损失等后果应承担相应的责任。

(二)大学生安全知识教育

大学生安全知识包括以下4个方面的内容。

(1)意识形态领域知识,主要包括政治和文化安全,目的在于防止大学生抛弃社会主义意识形态,接受资本主义意识形态,犯政治上的错误,走到危害国家安全的道路上去。

(2)法律法规知识,主要包括国家安全、交通安全、网络安全、遵守校纪校规和维护自身权益方面,目的在于使大学生知法守法,避免因违法受到法律制裁和违法带来的人身伤亡、财产损失。

(3)日常安全常识,主要包括消防安全、财产安全、人身安全、社交安全、公共安全等,目的是使大学生熟悉安全常识,增强安全意识,避免人身伤害、财物受损失。

(4)心理健康知识,目的在于增强自己调节心理、情绪的能力,具有正确的人生观和健康的心态,避免自杀、心理扭曲等结果的发生。

（三）大学生安全技能教育

大学生安全技能包含2层含义。

(1)与专业岗位要求的操作技能相关的安全技能。

(2)在自然灾害、公共卫生和社会突发安全事件等面前的一般应对能力。

大学生安全技能教育是指第二个层面的内容，主要包括交通安全、人身安全、公共安全中的避险能力，消防安全中的灭火与逃生自救能力，面对突发和意外情况的心理承受能力和应变能力。

三、大学生安全教育的特点与要求

（一）大学生安全教育的特点

(1)教育性与管理性。首先要体现教育性，使大学生了解安全的基本知识。其次，要体现管理性，即通过严格的管理把知识真正内化为学生的自觉意识和自觉行为。

(2)全程性与全员性。一方面，要贯穿于人才培养的全过程；另一方面，高校各部门要通力合作，形成全员化教育。

(3)预防性与长期性。安全教育应贯彻预防为主的原则，且是一项长期性的工作，要持之以恒。

(4)系统性与规范性。安全教育须系统地进行，同时制定各项安全管理规章制度，使安全教育走上规范化之路。

(5)多样性与创新性。以多样、生动的形式进行教育，利用先进的教学手段保证大学生参与的积极性。

（二）大学生安全教育的要求

(1)严格遵守国家法律、法规和学校各项规章制度，注意自己的人身和财物安全，防止各种事故的发生。

(2)在日常教学及各项活动中，应遵守纪律和有关规定，听从指导，服从管理；在公共场所，要遵守社会公德，增强安全防范意识，提高自我保护能力。

(3)组织集体课外活动，须经学校同意，按学校规定进行。

(4)严格遵守宿舍管理的规定，自觉维护宿舍的安全与卫生，提高自我管理能力。

(5)发现刑事、治安等案件或交通、灾害等事故，应注意保护现场，及时报告学校或公安部门并协助处理。

四、大学生安全教育意义

生命无价,安全至上。高校安全问题,关乎生命,关乎全局,责任重于泰山。加强大学生的安全教育具有重大现实意义。

(一)大学生安全教育是国家安全的需要

加强大学生安全教育,让大学生系统理解总体国家安全观的内涵,有利于提高大学生的思想认识,增强国家安全意识。加强大学生安全教育,提高和完善大学生的国家安全意识和知识、树立总体国家安全观十分必要和重要,它关系到国家安危,民族兴亡,百姓幸福!

(二)大学生安全教育是依法治国的需要

大学生安全教育与管理工作已纳入社会主义法治轨道。在《中华人民共和国高等教育法》《高等学校学生行为准则》等法律法规中,既明确了学校在大学生安全教育与管理中的行为规范,也规定了大学生在安全教育中应该享受的权利和必须履行的义务,对大学生进行安全教育和管理、依法治校也被确定为高校各级领导的法定义务,推动了高校各级组织特别是保卫部门对大学生的安全教育和管理工作。

(三)大学生安全教育是维护社会稳定的需要

高校,专家学者荟萃,是人才培养的摇篮、知识的孵化器,也是社会各种思潮的重要汇集地和辐射源,也是社会上的各种观点或思潮碰撞、交锋的前沿阵地。加强大学生安全教育,提高大学生思想认识水平和政治鉴别力,维护好校园的政治稳定和安全,让高校政治稳定、安全有序、校风良好,就是为社会稳定提供助力。

(四)大学生安全教育是确保大学生生命安全和促进大学生健康成长的需要

加强大学生安全教育可让大学生掌握常用的求生、救生的方法,学会判断紧急情况,提高紧急情况下自我保护的能力,在社会建议中顺利实现自我价值。当然,生命中也有一些烦恼、困难、挫折和痛苦,加强大学生安全教育,可让大学生懂得什么是挫折,学会面对挫折。

第二节 培养大学生安全意识

高校大学生作为一种特殊的社会群体,变得日益多元和复杂,大学生的安全问题屡见不鲜,已严重影响到大学生的健康成长。提高大学生安全意识是教育发展与改革的必然趋势,是全面推进素质教育的基石。大学生安全意识的培养,对于完善大学生自身生理、心理发展,培养高素质人才具有重大意义。

一、培养大学生安全意识的重要性和必要性

(一)提高大学生自我防范意识、自我保护能力的需要

(1)大学生普遍缺乏社会经验。大学生的安全意识薄弱,因缺乏安全防范意识,从而造成了大学生不安全事件时有发生。

(2)大学生普遍缺乏安全防范意识。高校的发展与社会联系越来越紧密,学生的安全问题已经远远超出校园范围,学生在校外租房、饮食、交通等安全问题尤为突出。

(3)大学生普遍缺乏对社会消极因素的抵御能力。只有对全体大学生在安全意识、法律意识、防范技巧以及应急知识等方面进行教育,提高大学生自身预防犯罪的能力和遇事自护自救的能力,才能提高全校师生乃至整个社会的整体防范能力。

(二)构建和谐社会、维护国家安全的需要

(1)当前我国面临的安全环境复杂多变,安全形势不容乐观。

(2)大学生对国家安全的认识还停留在军事、战争、国防、领土、情报等传统、局部的方面,还没有认识到国家安全也包括文化安全、科技安全、信息安全等方面的新内容。

(三)维护大学生合法权益的需要

作为大学生,他们毕业后将走向社会,参与市场大循环,融入市场经济熔炉,学校应对其进行安全防范教育,促使大学生合法权益得到有效保护,同时教育大学生在将来的工作中应当做到以诚待人,促进社会发展。

(四)落实全面发展教育目标的需要

安全知识是大学生知识结构的组成部分,安全意识和安全责任是大学生人文素养的重要内容,安全观也是大学生综合素质中必不可少的重要内容之一。从“全面发展”的教育目标上讲,缺乏安全知识,不具备安全意识、技能和素质的人不能称为“全人”。

(五)改善当前校园治安形势的需要

(1)社会上的一些不法之徒时常窜入高校进行盗窃、抢劫、诈骗等违法犯罪活动,有的甚至危害师生的人身安全,直接影响学校的安全稳定。

(2)大量的校外人员涌入校园,给学校的治安管理、交通安全带来了巨大的冲击。

(3)校园周边治安环境日趋复杂。

二、大学生应该具备的安全意识

大学生是一个受着高等教育的群体，纵使具有精深的科学文化知识，也有可能由于单纯与幼稚，被一些虚假现象所蒙蔽，因此应该培养大学生如下安全意识。

(1)维护国家安全的公民意识。

(2)应对人际交往的自我保护意识。

(3)对社会治安形势和校园安全状况的认知意识。

(4)积极应对挫折的健康心理意识。

(5)应对自然灾害、面对突发事件的自救互救意识。

(6)遵纪守法的法治意识。

三、大学生自身安全责任

大学生作为社会个体，应该具备良好的安全责任感，充分认识并认真履行自身的安全责任。《中华人民共和国刑法》第十七条第一款规定："已满十六周岁的人犯罪，应当负刑事责任。"《中华人民共和国民法典》第十七条规定："十八周岁以上的自然人为成年人。不满十八周岁的自然人为未成年人。"第十八条规定："成年人为完全民事行为能力人，可以独立实施民事法律行为。十六周岁以上的未成年人，以自己的劳动收入为主要生活来源的，视为完全民事行为能力人。"

(一)大学生安全责任的内涵

大学生的安全责任可以分为3个层次。

(1)对自己的生命、财产和心理等的安全负责。

(2)对家庭的安全负责。"天下之本在国，国之本在家"(《孟子·娄离上》)家庭的社会核心地位不可替代，其成员对家庭负责是社会稳定的前提。

(3)对他人和社会的安全负责。社会高度发展，大学生在确保自身安全的同时，不能无视他人的安全、把自己的利益建立在忽视他人安全的基础之上。

(二)大学生安全责任的现状

相关调查显示，大学生的安全责任意识比较淡薄，主要体现在以下几个方面。

(1)主动防范意识淡薄。

(2)从众心理比较明显。

(3)责任意识差。大学生对于自己的角色大多定位于被管理者，并习惯于被动地接受管理，缺乏责任意识。

(4)心存侥幸。不遵守规章制度,沉浸于"一直这样做也没事"的思想状态中。

(5)容易冲动。不能控制自己的情绪,不顾及后果,鲁莽冲动,容易给自己和他人造成伤害。

(三)提高大学生安全责任意识

大学生安全教育的主要目的之一就是提高安全责任意识,也就是使大学生充分认识到自身的安全责任,形成对自己、家庭、他人和社会负责的心理状态。只有明白"安全为了谁",才能从"要我安全"变成"我要安全",让安全成为一种习惯。

(1)珍惜生命,为自己要确保安全。

(2)心系父母,为亲情要确保安全。人生三大不幸,"幼年丧父,中年丧偶,老年丧子",安全事故是造成人生三大不幸的罪魁祸首。平安才是对父母最好的报答。

(3)不伤害他人,不被他人伤害。安全是每个人的责任,你对自己和周围每一个人的安全都负有责任。

知识链接

大学生安全责任书(样本)

为了进一步加强对我院学生的安全教育和管理，维护学校的安定、稳定和正常的教学、生活秩序，确保广大学生的生命财产安全，根据《高等学校学生行为准则》、教育部《普通高等学校学生管理规定》和《学生伤害事故处理办法》有关精神及《××大学学生管理规定》等有关文件精神，特制订本安全责任书，请遵照执行。

第一条　严格遵守学校消防安全的有关规定。

(1)严禁在学生宿舍使用违规电器（如电炉、电热棒、电饭煲、电吹风及其他伪劣电器产品）和无3C认证的电器产品，以及煤油炉、液化气炉等违禁液、气加热器具。

(2)严禁在宿舍内乱拉电线，严禁在床板上下布置电线。在宿舍使用电器时，使用者本人必须在场；离开宿舍时，必须关掉一切电源，做到"人走电关"。

(3)严禁学生在宿舍、教室、图书馆等室内公共场所吸烟和焚烧信件、纸张等使用明火行为。使用蚊香须摆放于安全处。

第二条　严禁住校生在外擅自租住民房。住校生晚上必须按学校规定准时返回自己宿舍住宿，严禁学生未经请假夜不归宿。严禁在学生宿舍留宿异性和外来人员。人员外出必须严格遵守请、销假制度。学生周末需回家，必须办好请假手续。

第三条　严禁在学生宿舍以现金或物品为赌注，进行任何形式的赌博活动。禁止在学生宿舍打麻将。

第四条　严禁学生到正规游泳场所以外的任何水域游泳。

第五条　学生外出集体活动，必须经过申请，报学院、学校有关部门批准后，方可外出。出游不乘坐"三无"交通工具。严禁学生到尚未正式对外开放的野外景点游玩，严禁出入不健康娱乐场所。

第六条　由于新校区仍处于继续拆迁开发建设中，严禁学生擅自到建筑工地和未开发的场所走动，尤其是晚上。晚上返回宿舍必须结伴而行。严禁攀爬围墙、铁门。

第七条　使用专业教室，须严格遵守《××大学专业教室管理条例》，特别注意安全。确因学习需要，熬夜赶图的，须向班两委申请，具体由班两委负责安全调度。

第八条　严禁学生酗酒、寻衅滋事、斗殴、打群架。

第九条　购买计算机的同学要经过家长同意、报辅导员批准并签订安全管理责任协议。自觉遵守国家《计算机信息网络国际联网安全保护管理办法》等规章制度、社会法规，加强网络安全的信息保密工作，不得利用计算机网络从事危害国家安全、泄露国家秘密等犯罪活动。遵守《××大学学生网站建设和学生上网管理条例》。严禁上黄色、非法、反动网站，严禁观看、复制、传播淫秽音像制品和黄色书刊。

第十条　珍视饮食卫生，维护身心健康，不到无健康证等不卫生场所购买、食用食物。

第十一条　所有学生对人身、公共财产安全都应尽充分注意的义务，如遇突发性事故，所有知情（发现）者、当事人，都应积极施救并在第一时间向辅导员报告或报警；知情不报者，将承担相应的责任。

注：本安全责任书一式贰份，学院、班级（班级代表：班长）各执壹份。

××大学××学院

20××年×月×日

本人已经明确以上安全责任书中所有规定，并保证认真遵守。若因违反以上规定造成任何事故，本人愿意承担一切责任，并接受相应的校纪校规处分。

姓名　　　学号　　　　　级　　　　　专业　　　班

四、培养大学生安全意识的途径与方式

（一）健全领导体制，加大对安全教育的重视力度

高校必须建立健全由校领导负责，学工处、保卫处、教务处、团委和各院系统筹兼顾的领导体制，规划和制订大学生安全教育的总体工作目标和任务，加强对大学生安全教育的指导、协调和监督工作。

（二）加强制度建设，建立良好的安全教育管理机制

高校应根据国家法律、法规的要求制订、完善和落实各种安全管理制度；把安全措施落实到人、到岗，从制度上确保高校各种活动的安全开展，达到建立长效的安全教育管理机制的目的。

（三）从新生入学教育开始进行全面安全教育

新生入学后即进行全面的安全教育，并且贯穿于大学教育教学全过程，融入各个环节，渗透教学、科研、建设、管理等方面。

（四）加强安全防范基础知识的灌输

开设安全教育课程，让学生在课堂的严肃氛围中学习安全教育理论。

（五）加强大学生的自我安全教育和自我安全管理

（1）在教师的指导下，由学生干部开展必要的校园治安综合治理的巡逻检查活动和宿舍安全管理活动，及时发现和解决存在的问题，增强大学生的安全意识和自我防范能力。

（2）全体大学生可每月参与安全自查活动，检查自己是否遵守了法律、法规，是否遵守了学校的各项规章制度，使大学生真正成为校园安全管理的主体。

（3）可以组织大学生积极参加各种安全预案的演练。

（六）利用典型事件、案例教学、技能训练，开展安全法治宣传教育

（1）利用学生安全事故中的典型事例在各种教育活动中开展安全警示教育。

（2）选择有代表性的案例教学，教育学生引以为戒。

（3）组织学生参与庭审旁听。

（4）在学校举办有关安全的专业展览，组织学生参观。

（5）组织开展各种形式的安全技能实训。

第三节　校园安全与高校“平安校园”建设

校园安全是高校持续发展的前提，校园安全与高校的每一位学生、老师密切相关。它关系到大学生们能否健康地成长，能否顺利地完成学业；它关系到老师们能否在一个宁静、安全的环境中教书育人，为国家培养和造就各种人才。

一、当前社会治安形势

我国总体社会治安形势继续往好的方向发展，公众的治安体感继续维持在较高水平，但随着社会转型与经济技术发展，影响国家安全、社会稳定、公民安全的因素依然存在。

（1）当今世界仍不太平，国内外敌对势力分化、西化我国的图谋从未改变，并不断炒作自由、民主、人权、民族、宗教等议题，利用各种机会捣乱破坏，利用我国人民内部矛盾制造社会对立，对我国安全和社会稳定造成严重危害。

（2）我国进入新发展阶段，“政治更安全”“社会更安定”“人民更安宁”的要求越来越高。从社会发展阶段看，进入新发展阶段，国内外环境的深刻变化既带来一系列新机遇，也带来一系列新挑战，是危机并存、危中有机、危可转机。从社会心理角度看，在开放、多元、动态的社会环境和信息化多媒体条件下，社会矛盾和问题很容易交织扩散，人们遇事容易采取过激行为。

（3）各种渗透颠覆破坏活动、暴力恐怖活动、民族分裂活动、宗教极端活动的现实威胁仍然存在。

(4)黑恶势力是经济社会健康发展的毒瘤。常态化扫黑除恶斗争是维护国家安全和社会稳定的大势所趋,是实现中华民族伟大复兴的事业所需,是建设更高水平的平安中国、法治中国、美丽中国的党心民心所向。

(5)突发公共安全事件影响社会稳定。近年来,突发公共安全事件(自然灾害、事故灾难、公共卫生事件、社会安全事件)呈多发态势,重大人员伤亡、财产损失、生态环境破坏和严重社会危害危及公共安全,对社会心理和个人心理造成破坏性冲击,进而渗透社会生活的各个层面,影响社会治安稳定。

二、当前高校治安状况

当前高校已成为教学、科研、生产、商贸等多元化的社会机构,随着高校管理方式社会化,办学形式多样化,学生结构复杂化,校园与社会相互交叉、相互渗透,校园治安形势日趋复杂严峻。

(一)当前高校治安案件发案情况

(1)偷盗案件屡禁不止。此类案件多为社会上的闲散人员流窜作案,集中在学生上课、教职工外出时间,有的见房门没锁、同学熟睡而随手行窃。

(2)打架斗殴案件时有发生。个别大学生性格粗暴、急躁,在同学间因小事会大打出手。这类案件虽不多发,然而一旦发生就将严重威胁学校的治安及学生的人身安全,影响极坏。

(3)抢劫、抢夺案件偶有发生。此类案件容易转化为凶杀、人身伤害、强奸等恶性案件,严重威胁学生的生命财产安全,性质恶劣。

(4)校园贷、传销、电信诈骗案件使学生财物损失严重。犯罪分子往往利用学生社会经验不足、热心助人、防范意识不强等弱点,实施上述犯罪活动,给学生们在经济上造成重大损失。

(5)杀人、性犯罪等恶性案件后果严重。此类案件虽发案极少,但性质恶劣,一旦发生后会造成重大人身伤害。

(6)心理犯罪没有杜绝。一些大学生因为嫉妒、纠纷、矛盾而偷窃他人钱财、扰乱他人生活,以求心态平衡;有的同学因求爱不成而毁人容貌,使人致残或危害公共安全、报复社会。

(7)群体性事件影响大。大学生思想活跃、热情高、敏感性强,受外界因素影响较大,如遇挑唆,极易引发集会、上访、游行等群体性事件。

(8)黄赌毒、邪教诱发大学生的犯罪依然存在,严重影响大学生的健康成长。

(二)高校治安问题形成原因

(1)校园环境日趋社会化、复杂化,客观上给高校的安全造成诸多隐患。高校校园内不仅有教学区、生活区,有的还混杂家属区、居民区,甚至还有公司、超市、银行、医院、宾馆等生活服务设施和机构。高校后勤社会化的发展,大量的外来务工、经商人员涌入,以致人员流动性较大,不易管理。

(2)校区多而分散,交通安全隐患较大。当前不少高校实施合并办学,校区不再独门独院,部分学生每天需要从一个校区到另外一个校区上课或去图书馆学习,人员流动性增大,在这种情况下极易发生交通事故,出现安全问题。

(3)校园周边治安环境日趋复杂。当前引发校园周边治安问题的消极因素、涉及校园黑恶势力的犯罪行为仍然存在,侵害高校师生人身及财产安全的治安、刑事案件时有发生,不仅给学生本人及其家庭造成伤害,严重时还会危及整个社会的稳定。

三、高校“平安校园”建设

(一)建设“平安校园”的内涵

平安二字,在《辞海》上的解释为“安好”。“安”为安全,安稳;“平”是平坦、平定。

“平安校园”的基本内涵是在政府和学校的努力下,通过广大师生的广泛参与,在各方力量的推动下,设置和创立良好的校园环境,并使这种校园环境得以保持,形成稳定化、持续化、理性化、和谐化的状态。

(二)建设“平安校园”的要求

“平安校园”建设是平安中国建设的重要组成部分,深化平安高校建设,构建长效机制,确保高校落实维稳责任,妥善处置高校各类矛盾纠纷,保障工作经费投入,完善社会治安防控体系,加强综合治理基层基础工作,切实维护广大师生、员工生命财产安全。

首先,要加强组织领导,将“平安校园”建设纳入学校发展总体规划,并把其作为“一把手工程”来抓,严格落实维稳安全“一岗双责”,与业务工作同部署、同检查、同考核。

其次,要进一步加大保障力度,做到“平安校园”建设经费有预算,设备不空缺,确保有人管事、有钱办事,充分借助科技手段,提升“平安校园”建设现代化水平。

最后,要进一步完善工作机制,重点建立和完善维稳安全责任制、信息收集报送机制、稳定风险评估机制、应急处突机制、校地联动机制五个方面的工作机制。

(三)创建“平安校园”的途径和方法

“平安校园”建设关系到我们每个人的切身利益,也关系到社会稳定和国家发展,创建“平安校园”有以下几个基本途径和方法。

(1)在社会治安综合治理的基础上制订和完善“平安校园”建设制度和校园治安防控体系,建立有效的工作机制,预防和处置校园治安、消防管理。

(2)通过开办讲座、课堂、宣传栏、网站、交流会、演练、心理教育、挫折教育、安防技能培训,大力开展法治教育和平安建设宣传教育。

(3)完善人防、物防、技防,打造校园安全立体防御体系。建立专业的保卫队伍,强化治安队伍、消防队伍的建设,加强监控平台、报警体制、调度应急系统的建设,打造校园安全立体防御体系。

(4)群防群治。开展消防隐患排查整改和消防演练,做到群防群治。

(5)科技创安是硬实力。

①大力实施科技创安工程,增强新形势下高校的科技防范意识。

②注重完善技防体系,注重长期规划建设。高校内部各校区综合联网,“校园 110”的快速联动以及地方教育行政部门、公安机关高校远程图像联网、报警系统的建设,加速了“平安校园”的建设步伐。

③全面提高科技创安管理人员的理论水平及操作能力。

④加强管理机制建设,提高工作效率。

(6)整改安全隐患是目标。

安全隐患排查治理要达到 4 个目标。

①全面排查安全隐患。对校园基本条件、基础设施、技术装备以及思想认识、工作作风、规章制度等方面存在的问题、安全隐患进行全面排查,真正做到底子清、情况明。

②狠抓隐患整改工作。对发现的问题和隐患,逐一落实责任领导、责任部门、责任人,制订措施,限期整改到位。

③进一步深化重点领域安全专项整治,坚决防范重特大校园安全事故的发生。

④建立健全事故隐患分级治理的良性长效机制,夯实校园安全监管工作的基础。

全校上下都要树立“安全责任重于泰山”思想观念,始终绷紧“安全第一”这根弦,态度坚决地落实校园安全隐患整改措施。

□课后互动

以组为单位讨论:你生活的校园中,你认为存在哪些安全隐患?

□课后思考

1. 什么是安全? 为什么说安全很重要?

2. 大学生应具备哪些安全意识,有哪些自身安全责任? 从哪些方面提高大学生安全意识和自身安全责任?

3. 分析当前社会、高校的治安形势,请说出高校安全的具体内容主要有哪些?

4. 什么是“平安校园”? 高校的“平安校园”建设的目标与要求是什么?

5. 创建“平安校园”的途径和方法有哪些?

第二章
关注和维护国家安全

学习目的与要求

1. 青年学生在大学阶段建立总体国家安全观是他们成为社会主义合格建设者和可靠接班人的必要条件，高校应重视在总体国家安全观教育中担负的职责和使命，践行总体国家安全观教育与思想政治教育相融的实践路径。

2. 掌握国家安全的概念、内涵和特征。

3. 理解公民维护国家安全的权利和义务。

学习重点

1. 保护国家利益、保守国家秘密的意义。

2. 全球化环境下，国家安全的新特点。

学习难点

1. 识别并抵制邪教，维护国家安全。

2. 识别并抵制敌对势力对高校师生的渗透，维护国家利益。

第一节 树立国家安全意识

一、国家安全概述和总体国家安全观

(一)国家安全的概念

国家安全是一个多层次、多维度的概念,它涉及国家的政治、经济、社会、科技等多个方面。《中华人民共和国国家安全法》(简称《国家安全法》)第二条规定:"国家安全是指国家政权、主权、统一和领土完整、人民福祉、经济社会可持续发展和国家其他重大利益相对处于没有危险和不受内外威胁的状态,以及保障持续安全状态的能力。"国家安全是民族复兴的根基,有利的外部安全环境是党和国家兴旺发达、长治久安的依托。

(二)总体国家安全观

1. 总体国家安全观的概念

2014 年 4 月 15 日,习近平总书记主持召开中央国家安全委员会第一次会议。习近平总书记在讲话中首次提出总体国家安全观,阐述了总体国家安全观的基本内涵、指导思想和贯彻原则。[1]

在总体国家安全观理论体系下,国家安全就是一个国家所有国民、所有领域、所有方面、所有层级安全的总和。构建集政治安全、国土安全、军事安全、经济安全、金融安全、文化安全、社会安全、科技安全、网络安全、粮食安全、生态安全、资源安全、核安全、海外利益安全、生物安全、太空安全、极地安全、深海安全、人工智能安全、数据安全等涵盖二十个方面于一体的国家安全体系。

2. 总体国家安全观核心要义

总体国家安全观是一个内容丰富、开放包容、不断发展的思想体系,其核心要义可以概括为"五大要素"和"五对关系"(即"五个统筹")。"五大要素"就是要以人民安全为宗旨,以政治安全为根本,以经济安全为基础,以军事、科技、文化、社会安全为保障,以促进国际安全为依托。"五对关系"就是统筹发展和安全,统筹外部安全和内部安全,统筹国土安全和国民安全,统筹传统安全和非传统安全,统筹自身安全和共同安全。

---

[1] 习近平. 坚持总体国家安全观,走中国特色国家安全道路(2014 年 4 月 15 日)[C]//习近平. 习近平谈治国理政. 北京:外文出版社,2014:200-201.

二、国家安全的内容

（一）政治安全

1. 国家政治安全的核心要义

政治安全是指国家主权、政权、政治制度、政治秩序以及意识形态等方面免受威胁、侵犯、颠覆、破坏的客观状态。政治安全最基础的是维护主权独立、领土完整与国家统一；政治安全最核心的是政权安全和制度安全。当代中国国家政权体现为中国共产党在国家政治生活中的组织领导和执政地位，政治安全最现实的是维护国家政治秩序稳定和主流意识形态巩固。

2. 维护国家政治安全意义重大

(1)维护国家政治安全是实现“两个一百年”奋斗目标的战略举措。

(2)政治安全决定和影响着国家的经济、军事、社会等各个领域的安全，其他领域的安全最终也要反映到维护国家政治安全上来。

(3)政治安全涉及国家主权、政权、制度和意识形态的稳固，是一个国家最根本的需求，是国家赖以生存和发展的基础条件。

（二）国土安全

1. 国土安全的核心要义

国土安全是指国家领土完整、国家统一、海洋权益及边疆边境等不受侵犯或免受威胁的状态，主要指一个国家主权范围内的领陆、领水、领空和领土四个方面的安全，这是传统的国家生存空间范围的安全，涵盖领土、自然资源、基础设施等要素，国土安全应该是国家其他安全的依托。随着科学技术的发展和经济发展需要，国家生存空间领域也在不断拓展，网域、天域和经济海域等非传统的空间安全也需要引起重视。从国家生存方面看，国土是国家主权赖以存在的物质空间，国土安全是立国之基，是传统安全备受关注的首要方面。从国家发展方面看，国土安全国家才能稳定发展，人民才能安居乐业。实践也证明，国土安全作为国家总体安全最敏感的要素，具有很强的联动性。维护国土安全是维护国家安全重要、紧迫的任务之一。我国地域辽阔，国土面积十分广阔，与数十个国家海上与陆地相邻，国土安全是国家安全中极其重要的部分。

2. 维护国土安全的重要举措

增强实力保国土安全，维护国家海洋国土的安全，已经成为维护我国国土安全的首要任务。为此，中国需要有与自己的海岸线、海洋领土、海洋利益相匹配的海空军事力量。

在发展军事实力,不放弃军事斗争准备的同时,中国更需要继续通过各种非军事手段来应对日益复杂的海洋安全形势,有效维护自己的海洋国土和海洋利益。

(三)军事安全

军事安全在整个国家安全体系中发挥着至关重要的支柱和保障作用,关系到国家的生死存亡和长治久安。

1. 军事安全的核心要义

军事安全是国家军队事务处于没有危险的客观状态,也就是国家的军事存在、军事力量和军事活动等不受威胁、挑战和打击、破坏的客观状态。

2. 军事安全的组成内容

军事安全有非常广泛的内容,主要包括军队安全、军人安全、军纪安全、军备安全、军事设施安全、军事秘密安全、军事信息安全、军事工业安全、军事活动安全等。

3. 维护军事安全的重要意义

(1)军事安全是确保国家捍卫主权、领土完整,保卫国家安全的重要力量,同时也是确保国家免于外部军事入侵和战争威胁的武力震慑力量。

(2)军事安全在整个国家安全体系中发挥至关重要的支柱和保障作用,关系到国家生死存亡和长治久安。

(3)军事是保障国家安全的武装力量,军事安全是保证国家武装力量能够充分有效发挥保障国家安全之作用的基本前提。

(四)经济安全

1. 经济安全的核心要义

在政治和国际关系领域,经济安全指一个国家根据其政策以其希望的方式发展国家经济的能力,在经济发展过程中能够消除和化解潜在风险,抗拒外来冲击,以确保国民经济持续、快速、健康发展,确保国家主权不受分割的一种经济状态。在国家安全战略中,经济安全应居于核心和基础地位。其中,金融安全是经济安全的重要基础,粮食安全是经济安全的首要任务,产业安全是经济安全的核心,贸易安全是实现经济可持续发展的重要保障。

2. 维护国家经济安全的重要意义

维护国家经济安全具有重要意义,因为它不仅关系到国家的根本利益,而且对人民的长远利益具有重要影响。

(1)从国家发展的角度来看,经济安全是推动高质量发展和建设现代化经济体系的必要保障。它有助于确保国家经济的平稳健康发展,并抵御内外部的各种冲击和威胁。

(2)从国际政治的角度来看,在经济全球化快速发展的背景下,维护经济安全对于保障国家根本利益尤为重要。

(3)从国内发展的角度来看,维护经济安全能够促进社会稳定,提高人民的生活水平,巩固政权,并促进社会和谐。

(4)从全球治理的角度来看,经济安全是构建国内国际双循环相互促进的新发展格局的重要措施。它还是应对全球性挑战,如气候变化、国际恐怖主义等的重要基础。

因此,维护经济安全对于国家的长远发展和安全至关重要。

3. 强化国家经济安全保障的主要举措

强化经济安全风险预警、防控机制和能力建设,实现重要产业、基础设施、战略资源、重大科技等关键领域安全可控,着力提升粮食、能源、金融等领域安全发展能力。

(1)持续增强产业链、供应链韧性。统筹推进补齐短板和锻造长板,在重点产业领域加快形成完整有韧性的产业链、供应链,保持制造业比重基本稳定。

(2)着力维护粮食安全。制定《中华人民共和国粮食安全保障法》,完善重要农产品供给保障体系和粮食产购储销体系。

(3)加强能源资源安全保障。推进能源革命,完善能源产供储销体系。

(五)金融安全

1. 金融安全的核心要义

金融安全指货币资金融通的安全和整个金融体系的稳定。作为经济和社会的血液,金融的安全和稳定,直接影响到我国经济与社会的整体发展。金融安全包括国家金融安全、金融体系安全、市场有效性、支付系统、消费者保护、信息安全、宏观经济环境等多个方面。

(1)国家金融安全。这包括金融机构、金融市场以及外汇市场对国内外不利因素的抵抗和对抗能力,成功化解金融风险,保持正常运行和发展。

(2)金融体系安全。涉及金融机构的稳定性、货币和币值的稳定性,确保金融体系不受危机,保持稳定和可持续发展。

(3)市场的有效性。包含市场的定价功能、为不同投资者提供金融服务产品的多样性,以及融资的便利化,保证市场主体能获得相应的资金支持。

(4)支付的畅通和安全。快捷的支付系统是金融安全的重要标志。

(5)消费者保护。这不仅是维护公平,也是金融机构和金融体系的职责。

(6)信息安全。随着信息技术的快速发展,信息安全成为金融安全的重要组成部分。

(7)宏观经济环境。包括国内外宏观经济发展环境、国际资本流动等,这些因素影响金融机构的风险承受能力和管理能力。

这些方面共同构成了金融安全的框架,旨在确保金融系统的稳定性和安全性。

2. 维护金融安全的重要意义

(1)金融安全是国家安全的重要组成部分,也是国家安全的前提条件和重要保障。当今时代,金融已深深融入并深刻影响经济社会发展的各领域和全过程。

(2)维护金融安全是治国理政的一件战略性、根本性大事,是推进国家治理体系和治理能力现代化的重要方面。

(3)金融安全是经济平稳健康发展的重要基础,维护金融安全事关我国经济社会发展全局。

3. 实现金融安全的有效措施

(1)成立专门金融安全研究和决策机构,制定金融安全政策和标准。

(2)加大投入,研究开发金融电子化的软件平台和金融电子设备的核心技术,提高金融装备的国产化水平,夯实金融安全的基础。

(3)加强金融安全法治建设,强化金融监管,提高金融监管机构监管水平,及时消除金融安全隐患。

(4)不断深化金融改革,建立适应我国国情的有序金融对外开放格局,既适应经济全球化、金融自由化的世界潮流,又确保金融安全和国家利益不受损害。

(六)文化安全

1. 文化安全的核心要义

文化安全作为国家安全的灵魂,与国家的政治安全、社会安全紧密相连。文化安全主要包括国家的文化主权和文化尊严不受侵犯,文化传统和文化选择得到尊重,与经济基础和社会政治制度相适应的意识形态占据主导地位。

2. 文化安全的内容

国家文化安全包括了多方面的内容,其中主要有语言文字的安全、风俗习惯的安全、价值观念的安全、生活方式的安全和文化遗产安全等。

(1)语言文字的安全。语言文字是在一个民族、一个国家历史演进过程中逐渐形成的符号系统,它既是一切文化和文明的载体,也是全部文化和文明中最基本、最稳定、最持久的构成部分。

(2)风俗习惯的安全。风俗习惯,就是一个民族或一个国家在长期历史发展中所形成的独特而稳定的风尚、礼节、信仰、做法等,表现在衣食住行、婚丧嫁娶、宗教活动等内容广泛、形式多样的行为模式中,为本国本地本民族人民的生产生活提供了物质便利和精神寄托,增加了亲和力和向心力,而且对维系一个国家、一个民族的团结和稳定发挥着独特的积极作用。

(3)价值观念的安全。价值观念则是这种言行模式背后发挥支撑作用的精神支柱,是文化中更内在也更为深刻的本质方面。

党的十八大提出:“倡导富强、民主、文明、和谐,倡导自由、平等、公正、法治,倡导爱国、敬业、诚信、友善,积极培育和践行社会主义核心价值观。”这 24 个字是社会主义核心价值观的基本内容。社会主义核心价值观实际上回答了我们要建设什么样的国家、建设什么样的社会、培育什么样的公民等一系列重大问题。

(4)生活方式的安全。生活方式是文化的集中体现,是个人内在价值观念的社会性外化,也是社会外在风俗习惯的个体性活化。

生活方式指人们在一定社会条件和环境下形成的涉及物质和精神、经济与政治、个人与社会等领域的言行模式,它既包括物质生活在内,也包括精神生活在内;既包括经济生活在内,也包括政治生活在内;既包括私人范围内定的生活,也包括公共领域中的生活。

生活方式的变革应该是进步的、合理的、渐进的,一方面符合时代要求,另一方面不至于引起社会的动荡而危及国家安全。在我国,当前提倡确立一种文明、健康、科学的生活方式。

(5)文化遗产安全。文化遗产是不可再生的珍贵资源。随着经济全球化趋势和现代化进程的加快,我国的文化生态正在发生巨大变化,文化遗产及其生存环境受到严重威胁。不少历史文化名城、古建筑、古遗址及风景名胜区整体风貌遭到破坏。文物非法交易、盗窃以及走私等违法犯罪活动在一些地区还没有得到有效遏制,部分珍贵文物流失境外。

因此,加强文化遗产保护刻不容缓。地方各级人民政府和有关部门要从对国家和历史负责的高度,从维护国家文化安全的高度,充分认识保护文化遗产的重要性,进一步增强责任感和紧迫感,切实做好文化遗产保护工作。

3. 维护文化安全的重要举措

(1)加强保护文化的法律法规建设。通过制定和完善相关法律法规,加强对文化产权的保护和维护。包括知识产权法、著作权法、文化遗产保护法等,以确保文化作品的合法权益。

(2)保护文化遗产。大力保护和修复重要的历史遗迹、文物和古建筑,以确保它们的完整性和可持续性。同时,举办文化遗产保护宣传活动,增强公众对文化遗产的认知和重视。

(3)弘扬传统文化。积极弘扬传统文化,通过举办各种文化活动、展览和节日庆典,传承和宣传中国的文化传统,以培养和增强人们对文化的认同感和自豪感。

(4)加强文化市场监管。通过加强对文化市场的监管和管理,打击盗版、侵权、假冒伪劣等违法行为,维护文化市场的正常秩序和公平竞争。

(5)促进多元文化发展。鼓励和支持各个少数民族的文化传承和发展,保护他们的语言、习俗、传统艺术等独特文化元素,促进全民族的多元文化交流与融合。

(6)加强相关的文化教育和研究。培养专业人才,提高对文化安全的认识和理解,推动文化事业的发展和文化安全的维护。

（七）社会安全

1. 社会安全的核心要义

社会安全是衡量一个国家或地区社会治安、交通安全、生活安全和生产安全综合性指数。社会安全是针对社会事件的安全措施、对策、知识等。社会事件主要包括恐怖袭击事件、民族宗教事件、经济安全事件、涉外突发事件和群体性事件等。只有国家强大、稳定，社会才会和谐，才会安全，我们才会有一个健康的生活环境。交通安全是指人们在道路上进行活动、玩耍时，要按照交通法规的规定，安全地在道路上进行活动，避免发生人员伤亡或财产损失。近年来，触目惊心的交通安全事故频发，给人民群众和社会安全造成了重大威胁，为唤起全社会公民关注交通安全，我国把每年 4 月 30 日设为全国交通安全反思日，把每年 12 月 2 日设为全国交通安全宣传日。生活安全是指在日常生活中，我们常常面临各种潜在的安全风险，包括消防安全、用电安全、食物安全等多个方面。用火用电用气是我们生活必不可少的，为我们的生活带来了极大的便利，但火灾、触电、煤气爆炸事故频发，时刻警示我们日常生活要谨慎，规范操作保安全。安全生产是保护劳动者的安全、健康和国家财产，促进社会生产力发展的基本保证，也是保证社会主义经济发展，进一步实行改革开放的基本条件。

2. 维护社会安全的重要意义

（1）社会安全是国家安全的重要内容，既事关每个社会成员切身利益，也事关国家发展和社会稳定，对保障人民安居乐业、社会和谐有序、国家长治久安具有十分重大的意义。

（2）社会安全与人民群众切身利益关系最密切，是人民群众安全感的晴雨表，是社会安定的风向标。

3. 实现社会安全的有效举措

社会安全是人类生存和社会发展的最重要、最基本的要求。平安是人民幸福安康的基本要求，是改革发展的基本前提。

（1）弘扬生命至上、安全第一。

（2）以人为本，坚决维护人民群众根本利益。

（3）加强社会治安防控体系建设。加强基层社会的公共安全，将人民群众放在第一位，严密防范各种危害国家安全和社会安定的破坏活动，保护人民群众安全。

（八）科技安全

1. 科技安全的核心要义

科技安全是指科技体系完整有效，国家重点领域核心技术安全可控，国家核心利益和安全不受外部科技优势危害，以及保障持续安全状态的能力。科技安全包括科技成果安全、科技人员安全、科技产品安全、科技设施安全、科技活动安全和科技应用安全。科技安全最关键的是科技保密。

2. 维护科技安全的重要意义

(1)科技安全是国家安全体系的重要组成部分,是支撑国家安全的重要力量和基础,是塑造中国特色国家安全的物质技术基础,是支撑和保障其他领域安全的力量源泉和逻辑起点,是实现其他相关领域安全的重要保障,是提升国家安全能力的基本保证。

(2)新时代经济社会发展,迫切要求全面提升科技实力和科技安全保障能力,在更大范围、更高水平上发挥科技创新对国家安全的支撑作用。

(3)科技兴则国家兴,科技强则国家强。在一定程度上,科技实力决定着国家政治经济力量的强弱,也决定着各国各民族的前途命运。我们只有坚决维护科技安全,才能真正维护国家安全。

3. 维护科技安全的重要举措

(1)维护我国的科技安全要坚持聚焦重大需求。针对国家层面科技安全所面临的首要问题,聚焦维护国家安全重大需求,充分发挥制度优势,整合集成资源,加大协同。

(2)维护我国的科技安全要坚持前瞻部署,坚持自主创新,坚持完善体制机制。

(3)在科技安全国际合作方面,坚持全球视野,加强国际合作,合力解决人类共同面临的粮食危机、气候变化、公共卫生等重大挑战,协力打造人类命运共同体。

(九)网络安全

1. 网络安全的核心要义

网络安全或者信息网络安全,是指网络系统的硬件、软件及其系统中的数据受到保护,不因偶然的或者恶意的原因而遭受到破坏、更改、泄露,系统连续可靠正常地运行,网络服务不中断。网络安全的特征是保密性、完整性、可用性、可控性和不可抵赖性。

2. 维护信息网络安全的重要意义

(1)网络安全首先是网络空间和国家主权安全的需要。

(2)网络安全是关键领域信息设施和信息各个环节和要素的安全,是组织持续发展的需要。

(3)网络安全是信息化社会国家安全的基石。

(4)信息时代的网络安全是信息各领域全方位的安全。

3. 维护信息网络安全的重要举措

(1)访问控制。对用户访问网络资源的权限进行严格的认证和控制。例如,进行用户身份认证,对口令加密、更新和鉴别,设置用户访问目录和文件的权限,控制网络设备配置的权限等。

(2)数据加密防护。加密是防护数据安全的重要手段,加密的作用是保障信息被人截获后不能读懂其含义。

(3)网络隔离防护。网络隔离有两种方式,一种是采用隔离卡来实现的,一种是采用网络安全隔离网闸实现的。

(4)其他措施。其他措施包括信息过滤、容错、数据镜像、数据备份和审计等。

(十)粮食安全

1. 粮食安全的核心要义

粮食安全指保证任何人在任何时候能买得到又能买得起为维持生存和健康所必需的足够食品。粮食安全是政治安全的重要基础,是经济安全的重要基础,是最重要的民生问题。粮食安全是“国之大者”。确保重要农产品特别是粮食供给,是实施乡村振兴战略的首要任务。

粮食安全包括:确保生产足够数量的粮食;最大限度地稳定粮食供应;确保所有需要粮食的人都能获得粮食。

2. 维护国家粮食安全的重要意义

(1)政治意义。保障国家粮食安全是一个国家的政治稳定的重要保障之一。一个国家的粮食安全问题是一个与国家安全息息相关的问题,直接关系到国家的政治稳定和社会安宁。

(2)经济意义。保障国家粮食安全是一个国家的经济发展的基础之一。一个国家的经济发展必须以保证人民的生产生活为前提。而粮食作为人类生存的必需品,保障国家粮食安全可以为国家提供稳定的粮食供应,保障人民的生产和生活,提高国家的经济发展水平。

(3)文化意义。保障国家粮食安全是一个国家的文化传承的有机组成。保障国家粮食安全,就是推进中华民族优秀传统文化的传承,也是中华民族几千年来对于粮食文化的表现和继承。

(4)国家安全意义。保障国家粮食安全是一个国家的安全稳定的保证。一个国家的粮食安全不仅关系到食品安全,还关系到国家的安全稳定。如果一个国家不能保障自己的粮食安全,就会出现粮食依赖和粮食进口的情况,这样就会让国家经济、政治和安全等多个方面受到威胁。

(5)生态意义。保障国家粮食安全是一个国家生态环境保护的重要组成部分。保障国家粮食安全需要大量的耕地、水源和生态环境的保护,这就需要国家对于生态文明建设的支持。如果一个国家的生态环境受到破坏,就会影响到粮食生产和粮食安全,这对于国家和人民来说都是非常不利的。

3. 确保粮食安全的重要措施

2024 年 1 月 1 日,《中共中央 国务院关于学习运用“千村示范、万村整治”工程经验有力有效推进乡村全面振兴的意见》提出:“确保国家粮食安全”。

(1)抓好粮食和重要农产品生产。扎实推进新一轮千亿斤粮食产能提升行动。

(2)严格落实耕地保护制度。健全耕地数量、质量、生态“三位一体”保护制度体系,落实新一轮国土空间规划明确的耕地和永久基本农田保护任务。

(3)加强农业基础设施建设。

(4)构建现代农业经营体系。聚焦解决“谁来种地”问题,以小农户为基础、新型农业经营主体为重点、社会化服务为支撑,加快打造适应现代农业发展的高素质生产经营队伍。

(5)增强粮食和重要农产品调控能力。健全农产品全产业链监测预警机制,强化多品种联动调控、储备调节和应急保障。

(6)持续深化食物节约各项行动。弘扬节约光荣风尚,推进全链条节粮减损,健全常态化、长效化工作机制。

(十一)生态安全

1. 生态安全的核心要义

生态安全是指生态系统的完整性和健康的整体水平,尤其是指生存与发展的不良风险最小以及不受威胁的状态,是人类在生产、生活和健康等方面不受生态破坏与环境污染等影响的保障程度。生态安全包括饮用水与食物安全、空气质量安全与绿色环境等基本要素。生态安全强调保障的生态系统包括自然生态系统、人工生态系统和自然——人工复合生态系统。

2. 维护生态安全的重要意义

(1)保护生态环境就是保护人类自己。人类生活在大自然中,自然环境是人类生存的基本条件,是发展生产、繁荣经济的物质源泉。保护生态环境就是保护人类自己的生存环境和未来发展。

(2)促进经济可持续发展。保护环境可以促进经济发展,更确切地说是可持续发展。良好的生态环境是经济发展的基础,能够为经济发展提供持续的资源供给和环境支撑。同时,经济发展也需要考虑生态环境的承载能力,避免过度开发导致生态环境破坏。

(3)提升人民生活质量。生态环境的好坏直接关系到人民的生活质量。优美的生态环境能够提升人民的生活品质,增强人民的幸福感和归属感。同时,良好的生态环境也是吸引人才、促进城市发展的重要因素。

(4)维护生态平衡。生态环境是地球上所有生物赖以生存的基础。保护生态环境有助于维护生态平衡,保持生物多样性和生态系统的稳定性。

(5)推动社会文明进步。生态环境保护体现了个人修养与素质,也表现了一种社会文明进步的尺度。提升地方政府和企业的环保意识和能力,是中国可持续发展战略的重要组成部分。

3. 维护生态安全的有效举措

我国的生态安全形势十分严峻:土地退化、生态失调、植被破坏、生态多样性锐减并呈加速发展趋势,生态安全已经向我们敲起了警钟。党和政府越来越重视生态环境的保护,并采取一系列措施进行保护和改善,使一些地区的生态环境明显好转。主要举措有:植树造林,防治沙漠化,水土保持,国土整治,草原建设及天然森林资源的保护等,并逐步完善环境保护的法治建设。

(十二)资源安全

1. 资源安全的核心要义

资源安全是一个国家或地区可以持续、稳定、及时、足量和经济地获取所需自然资源的状态。资源安全在国家安全中占有基础地位。资源是人类生存与发展的不可或缺的自然物质。资源安全分为战略性资源安全和非战略性资源安全;又可分为水资源安全、能源资源安全、土地资源安全、矿产资源安全、生物资源安全、海洋资源安全、环境资源安全等。

资源安全有 5 种基本含义,数量、质量、结构、均衡、经济或价格的含义。

2. 维护资源安全的重要意义

(1)资源安全是社会经济可持续发展的基础。保护自然资源、能源、水源等关键资源,可以确保经济运行的稳定性和可持续性,为社会提供持续的发展动力。

(2)资源安全对国家安全至关重要。许多国家和地区在争夺有限资源方面存在竞争,资源的稳定供应与国家安全密切相关。另外,维护资源安全有助于减少环境污染和生态破坏。资源的合理利用和环境保护密不可分,通过采取措施保护资源,可以降低环境负荷,减少生态破坏,维护生态平衡。

(3)资源安全关乎人民福祉和社会稳定。资源的稳定供应可以满足人民的生活需求,保障社会的稳定,避免资源短缺导致的社会不安和冲突。

因此,维护资源安全对于实现可持续发展、保障国家安全、保护环境和维护社会稳定具有重要意义。

3. 维护资源安全的重要举措

资源安全,指资源系统自身的安全,可再生资源的数量和质量性状的保持及改良,也指维护资源保障的能力,即保证社会经济发展能够得到所需要的资源。

(1)坚持资源保护,增强我国资源可用性和利用效率。对非更新资源(矿产资源)实行适度控制,加强对可更新资源(水资源、森林及草场资源等)的保护。

(2)加强资源储备。资源储备越多,在国际资源贸易谈判中所拥有的发言权和主动权就越大。

(3)实施资源替代,减缓资源短缺的压力。大力提倡用太阳能、风能等新能源,以提高稀缺资源的保障程度。

(十三)核安全

1. 核安全的核心要义

广义的核安全是指对核设施、核活动、核材料和放射性物质采取必要和充分的监控、保护、预防和缓解等安全措施,防止由于任何技术原因、人为原因或自然灾害造成事故发生,并最大限度减少事故情况下的放射性后果,从而保护工作人员、公众和环境免受辐射危害。

狭义的核安全是指在核设施的设计、建造、运行和退役期间,为保护人员、社会和环境免受可能的放射性危害所采取的技术和组织上的措施。措施包括:确保核设施的正常运行,预防事故的发生,限制可能的事故后果。

2. 维护核安全的重要意义

(1)核安全是国家安全的重要组成部分,是维护国家安全社会稳定的基石,事关国家安危、人民健康、社会稳定、经济发展及大国地位。确保核安全,对保障政治安全、国土安全、军事安全、经济安全、社会安全、生态安全、资源安全等都具有重大作用。

(2)核安全与核能安全是核能可持续发展的生命线,是保障人类生存和法治的重要保障。只有确保核安全才能享受核能带来的福祉,避免核事故带来的灾难。

3. 维护核安全的重要举措

(1)加强核安全监管。加强对核设施、核材料和放射性废物的管理和监督,确保核安全万无一失。

(2)强化应急管理。建立健全核事故应急管理体系,完善应急预案,加强应急队伍建设,提高应急处置能力。

维护核安全,要采取措施防范核攻击、核事故和核犯罪行为,坚持核不扩散立场,确保核设施和核材料安全,防止和应对核材料的偷窃、蓄意破坏、未经授权的获取、非法贩运等违法行为,防范恐怖分子获取核材料、破坏核设施等。

(十四)海外利益安全

1. 海外利益安全的核心要义

海外利益安全是新时期我国发展和安全利益的重要组成部分,是国家利益的重要组成部分,即在国土之外的国家利益。海外利益安全是指捍卫海外的政治利益、维护海外的经济利益、拓展海外文化利益、维护海外公民利益的安全，主要包括海外能源资源安全、海上战略通道以及海外公民、法人的安全。

2. 维护海外利益安全的重要意义

提升海外维权能力，有效保障我国海外利益安全，刻不容缓。

(1)维护海外利益安全是中国特色国家安全道路的重要体现，即走中国特色国家安全道路，坚持国家利益至上，坚持以人民安全为宗旨。

(2)在新的历史条件下，要更加重视把维护拓展我国海外利益与促进其他国家正当权益结合起来，实现互利共赢、共同发展。

(3)"一带一路"倡议有助于实现我国与周边、亚欧国家发展战略对接、编织更加紧密的共同利益网络，让"一带一路"共建国家得益于我国的发展，也使我国从共同发展中获益。

(4)"人类命运共同体"是我国海外利益的价值追求。

3. 维护海外利益安全的重要举措

(1)建立和完善海外权益保障机制。制订明确的海外安全政策，成立专门的海外安全机构。

(2)加强海外安全合作与信息共享。加强与当地政府和执法机构的合作，共同推进海外安全工作，参与和发起国际安全合作机制，建立安全信息共享平台。

(3)通过外交途径展开洽谈，达成协议，确保海外利益得到保障。可以签署和平、贸易、投资等协议，提供援助等。

(十五)生物安全

1. 生物安全的核心要义

生物安全一般是指由于现代生物技术开发和应用对生态环境和人体健康造成的潜在威胁，及对其所采取的一系列有效预防和控制措施。基于生物技术发展有可能带来的不利影响，人们提出了生物安全的概念。2020 年 10 月 17 日，十三届全国人民代表大会常务委员会第二十二次会议表决通过了《中华人民共和国生物安全法》(简称《生物安全法》)，自 2021 年 4 月 15 日起施行。

2. 维护生物安全的重要意义

(1)保障人民生命安全和身体健康。《生物安全法》的立法宗旨是保障人民生命健康，明确维护生物安全应当坚持以人为本的原则，在防范和应对各类生物安全风险时，始终坚持人民至上、生命至上，把维护人民生命安全和身体健康作为出发点和落脚点。

(2)维护国家安全。生物安全是国家安全的重要组成部分，通过《生物安全法》，将生物安全纳入国家安全体系进行谋划和布局，有效防范和应对生物安全各类风险，维护国家安全。

(3)提升国家生物安全治理能力。针对生物安全领域暴露出来的问题，着力固根本、强弱项、补短板,加强人才培养和物资储备,统筹布局生物安全基础设施建设,提升国家生物安全治理能力。

(4)完善生物安全法律体系。《生物安全法》系统梳理、全面规范各类生物安全风险,明确生物安全风险防控体制机制和基本制度,填补了生物安全领域基础性法律的空白,有利于完善生物安全法律体系。

(5)保护生物资源和生态环境。通过加强生物安全管理,保护生物资源和生态环境,避免有害生物物质泄漏到环境中,引起病毒感染、细菌污染或其他灾难。

(6)促进生物技术健康发展。通过规范生物技术研究、开发与应用活动,强化过程管理,按照风险等级实行分类管理,促进生物技术健康发展。

维护生物安全不仅关乎人民生命健康和国家安全,还涉及国家长治久安、经济社会发展和人类社会的可持续发展。因此,维护生物安全具有重要的政治意义和现实价值。

3. 维护生物安全的重要举措

(1)建立健全国家生物安全领导体制,加强国家生物安全风险防控和治理体系建设,提高国家生物安全治理能力。

(2)建立健全国家生物安全风险监测预警体系和风险监测预警、调查评估制度,定期组织开展生物安全风险调查评估活动,提高生物安全风险识别和分析能力。

(3)制订应急预案,建立统一领导、协同联动、有序高效的生物安全应急体系,定期组织开展应急处置演练活动,提高应急处置、应急救援和恢复重建能力水平。

(4)建立生物安全事件调查溯源制度。发生重大新发突发传染病、动植物疫情和不明原因的生物安全事件时,及时组织开展调查溯源,确定事件性质,全面评估事件影响,提出处置意见。

(5)鼓励生物科技创新,加大生物安全科技投入,强化生物安全科学研究,加大重大科研平台和大数据平台体系建设,加强生物安全基础设施和生物科技人才队伍建设,突出专业技术人才培养,支持生物产业发展,以创新驱动提升生物科技水平,增强生物安全保障能力。

(6)加强生物安全领域的国际合作,履行我国缔结或者参加的国际条约规定的义务,支持参与生物科技交流合作与生物安全事件的国际救援,积极参与生物安全国际规则的研究与制定,推动完善全球生物安全治理。

(7)提升公众生物安全意识和卫生健康素养,提高全民维护国家生物安全的意识与行动自觉。

(十六)太空安全

1. 太空安全的核心要义

太空安全是太空系统、太空权益、太空轨道环境等方面不受威胁、侵害的客观状态。对于国家而言，维护太空安全表现为确保国家安全范畴内的太空资产、太空权益和轨道环境免遭自然环境与人类活动所形成的威胁或侵害。

太空安全涉及以下内容。

(1)防止太空武器化。

(2)卫星频轨资源短缺问题，尤其是地球静止轨道越来越稀缺。

(3)切实减缓太空碎片。

(4)太空军事化、武器化越来越明显，既影响卫星在轨运行，又严重影响国际战略的稳定与平衡。

(5)为解决太空安全问题，需要国际社会从技术、法律等方面入手，拓宽卫星频轨资源，公平分配、利用频轨资源。

2. 维护太空安全的重要意义

(1)新时代国家安全空间的高边疆。

(2)新世纪国家战略能力的制高点。

(3)新阶段国家科技发展的领航标。

3. 积极探索太空安全的战略举措

我国"总体国家安全观"是多领域体系综合安全，太空安全是影响安全全域的拱顶石。维护国家太空安全"要胸怀航天强国梦想，强化使命担当，加强技术创新和实践创造，不断刷新进军太空的中国高度。"❶

(1)坚持太空安全积极防御战略。

(2)坚持太空领域军民深度融合发展。

(3)坚持太空开发国际合作共赢。

(十七)极地安全

1. 极地安全的核心要义

极地安全是指维护国家和平探索和利用极地，增强安全进出、科学考察、开发利用的能力，加强国际合作，维护我国在极地的活动、资产和其他利益的安全。极地安全攸关人类生存与发展。

极地包括北极和南极，分别位于地球的最北端和最南端，地理位置、自然环境和战略价值均十分独特。两极是世界上重要资源和能源的富集区。北极是可与中东相媲美的油气资源战略储备仓库，煤炭资源储量超过 1 万亿吨。南极发现的矿产资源有 220 多种，煤炭资源储量超过 5000 亿吨。南极的冰雪资源占全球冰雪资源的 90%，储存了全世界可用淡

---

❶ 习近平. 全面提高遂行发射和试验任务能力 为建设航天强国再立新功[N]. 人民日报，2017-06-25(01).

水的80%。南极虽然是大陆,但与大西洋、印度洋和太平洋相连,遥望合恩角、好望角等世界海上要道,对全球的海上战略通道有至关重要的潜在影响。

我国北极考察站有黄河站;南极考察站共有五个,分别是长城站、中山站、昆仑站、泰山站和秦岭站。

极地与我国的长远发展和安全的关联度越来越紧密,能否在这一战略领域占有先机和维护自身的国家利益,将成为影响中国未来国际地位的重要因素。

2. 维护极地安全的重要意义

(1)极地自然资源丰富,开发利用前景广阔。

(2)极地航运价值极高,事关全球能源通道安全。

(3)极地地理位置特殊,关乎域内外各国军事安全。

(4)极地公域面临前所未有的安全威胁与挑战。"公域"作为一个学术概念,主要是指国家主权管辖之外为全人类利益所系的公共空间,如公海、国际空域、外层空间、极地、网络空间等。极地公域面临着诸多错综复杂的安全威胁:一是极地公域的私域化形势严重;二是极地公域的军事化倾向加剧;三是极地公域的非传统安全威胁严峻。

(5)积极参与极地治理,推动各领域务实合作。

3. 维护极地安全的重要举措

(1)加强科学研究。科学研究是极地安全保护的基础。通过对极地地区生态系统的深入研究,了解其特点和变化趋势,我们可以更好地制订环境保护措施。

(2)加强国际合作。极地安全问题不仅仅是一个国家的事务,而是全球性的挑战。各国应加强信息共享,开展联合研究,共同制订环境保护政策,形成合力。同时,国际组织和国际法律的参与也是必不可少的,通过国际合作,实现极地地区环境保护的长远目标。

(3)加强法律法规建设。法律法规是保护环境的重要手段。针对极地地区的特殊情况,制定和完善相关的环境保护法律法规至关重要。

(4)限制资源开发。极地地区拥有丰富的自然资源,但过度的资源开发会对环境造成严重破坏。因此,限制资源开发是保护极地地区环境的重要措施之一。各国应制定严格的开发计划,合理利用资源,防止过度开发对环境造成的负面影响。

(5)加强环境监测和评估。环境监测和评估是极地地区环境保护的重要手段。通过建立健全的监测体系,及时了解环境变化和污染情况,可以为环境保护决策提供科学依据。

(6)推动可持续发展。可持续发展是保护极地地区环境的根本之道。通过推动可持续发展,实现经济、社会和环境的协调发展,可以有效减少对极地地区生态系统的破坏。

(十八)深海安全

1. 深海安全核心要义

深海安全是指和平探索和利用国际海底区域,增强安全进出、科学考察、开发利用的能力，加强国际合作，维护我国在国际海底区域的活动、资产和其他利益的安全。

2. 维护深海安全重要意义

由于全球海洋90%的海域水深大于1000m，而海洋面积占地球总表面积的71%，因此，深海海域的面积约占地球表面积的65%。海洋是世界战略资源的重要基地。深海油气资源、可燃冰、砂矿等储量之大远超当今人类需求。

（1）深海区域蕴含着丰富的金属、能源和生物资源。深海中的镍、钴、锰等金属以及油气资源十分丰富，一旦实现开采便会带来巨大的效益。

（2）深海安全首先是开发经营安全的问题。一旦大规模开发，作业安全、平台安全、环境安全和人员安全等一系列的安全问题就会涌现。

（3）深海战略竞争是另一大亟须重视的安全问题。深海空间由于通透性差、压力变化大、水文特性复杂等特点使其难以感知，易实现军事行动的隐蔽性和攻击的突然性，其军事价值正在被各国挖掘。

3. 维护深海安全的重要举措

（1）综合开发利用海洋资源，提高资源的利用效率；优化配置海洋资源，使其功能得到充分发挥；不断发现新资源，利用新技术，形成和发展海洋新产业，推动海洋经济持续、快速、健康发展。

（2）改善对海洋资源的利用效率，既要尽可能多地对其进行利用，又要保持生态系统有较强的恢复能力和维持其可持续生产能力；对海洋不可再生资源要有计划地适度开发，不要影响后代人的利益。

（3）海洋资源的合理开发。合理开发海洋资源，对一些不利于海洋生态系统的项目工程，少开发或不开发，科学地论证海域使用的合理性，从源头上严格审批海洋资源利用的方案。

（4）加强法治建设。根据不断出现的实时海洋生态环境问题继续完善《中华人民共和国海洋环境保护法》，弥补在海岸带管理方面的某些空白。

（5）控制陆源污染物和海上污染物的扩散。

（6）加强海洋环境监测。全方位海域监测和部分区域监测有效地结合起来，利用人工定点监测和遥感卫星总体监测等方法及时发现污染源或不合理的海洋资源利用项目，做到及时治理，把污染源扼杀在萌芽中，减少经济损失。

（7）提高公民保护海洋意识。普及海洋知识，举行海洋保护专题讲座，印发海洋保护宣传册，把最切实的海洋环境问题传达给公众，提高公民的保护海洋生态系统的自觉性。

（十九）人工智能安全

1. 人工智能安全的核心要义

人工智能安全是指通过采取必要措施，防范对人工智能系统的攻击、侵入、干扰、破坏和非法使用以及意外事故，使人工智能系统处于稳定可靠运行的状态，以及遵循人工智能以人为本、权责一致等安全原则，保障人工智能算法模型、数据、系统和产品应用的完整性、保密性、可用性、鲁棒性（Robustness）、透明性、公平性和隐私的能力。

人工智能安全涵盖了许多关键方面，旨在确保人工智能系统、算法、数据、模型和应用的安全性。这些方面包括：

（1）算法安全。涉及算法本身的安全性，包括算法的透明度、公平性和鲁棒性。确保算法不受恶意输入的影响，避免被潜在的攻击者利用。

（2）数据安全。保护训练和运行人工智能系统所需的数据。

（3）网络安全。防止未经授权地访问、攻击、破坏或篡改计算机网络及其系统。

（4）伦理和社会问题。人工智能技术的发展引发了一系列伦理和社会问题，如数据隐私、算法歧视、技术滥用等。

（5）物理安全。保护人工智能系统及其相关的物理设施免受自然灾害、人为破坏等威胁。

（6）应急响应和风险评估。建立有效的应急响应机制以减少安全事件的影响，并对潜在的安全威胁进行评估和防护。

这些方面共同构成了人工智能安全的框架，确保人工智能技术的稳健发展和应用。

2. 维护人工智能安全的重要意义

（1）人工智能能够提高生产力和效率，能够更快、更准确地完成工作，降低生产成本。

（2）人工智能技术在智能制造、智能交通、医疗保健、教育和社会服务等多个领域发挥着重要作用。

（3）人工智能的发展促进了新职业和岗位的创造，为经济发展提供新动力。

（4）人工智能技术有助于提高社会治理水平，如智能交通系统和智能城市建设，从而改善城市环境和提高生活质量。

（5）人工智能作为新一轮科技革命和产业革命的重要组成部分，在推动国家经济发展、民主政治参与、文化自信提升、民生改善和生态文明建设等方面发挥着关键作用。

3. 维护人工智能安全的重要举措

（1）技术层面的安全与隐私保护。人工智能系统在设计和实现过程中可能存在安全漏洞，需要通过技术手段如密码学算法（如区块链技术）和建立完整的防御机制来避免数据信息的泄露或功能异常。

（2）法律层面的安全与隐私保护。国内外已经制定和实施了一系列与人工智能应用有关的法律法规，遵守隐私法规，确保处理个人数据时符合法律要求，同时发展伦理准则，确保人工智能的应用符合社会伦理和价值观。

（3）加强国际合作。人工智能发展需要各国秉持开放共进的精神，通过在国际范围建立人工智能规范和标准，避免技术和政策不兼容导致的安全风险，积极推动各国人工智能安全发展。

(4)其他措施。建立健全人工智能安全治理机制，坚持审慎监管、开放包容原则，强化风险研判和监测预警，完善科技伦理审查和监管制度。

(二十)数据安全

1. 数据安全的核心要义

2021年6月10日，第十三届全国人民代表大会常务委员会第二十九次会议通过《中华人民共和国数据安全法》(简称《数据安全法》)，自2021年9月1日起施行。《数据安全法》第三条规定："数据安全，是指通过采取必要措施，确保数据处于有效保护和合法利用的状态，以及具备保障持续安全状态的能力"。数据处理包括数据的收集、存储、使用、加工、传输、提供、公开等，要保证数据处理的全过程安全。信息安全或数据安全有对立的两方面的含义：一是数据本身的安全，主要是指采用现代密码算法对数据进行主动保护，如数据保密、数据完整性、双向强身份认证等；二是数据防护的安全，主要是采用现代信息存储手段对数据进行主动防护，如通过磁盘阵列、数据备份、异地容灾等手段保证数据的安全。数据安全是一种主动的保护措施，数据本身的安全必须基于可靠的加密算法与安全体系，主要有对称算法与公开密钥密码体系两种。

数据处理的安全是指如何有效的防止数据在录入、处理、统计或打印中由于硬件故障、断电、死机、人为的误操作、程序缺陷、病毒或黑客等造成的数据库损坏或数据丢失现象，某些敏感或保密的数据可能被不具备资格的人员或操作员阅读，而造成数据泄密等后果。

数据存储的安全是指数据库在系统运行之外的可读性。一旦数据库被盗，即使没有原来的系统程序，照样可以另外编写程序对盗取的数据库进行查看或修改。从这个角度说，不加密的数据库是不安全的，容易造成商业泄密，所以便衍生出数据防泄密这一概念，这就涉及了计算机网络通信的保密、安全及软件保护等问题。

2. 维护数据安全的重要意义

随着科学技术的发展，大家的生活也越来越离不开信息技术和数据安全，数据对大家的生活以及经济安全都产生了非常重要的影响。更重要的是，数据安全与国家安全密切相关。

(1)数据是国家基础性战略资源，数据安全与国家安全息息相关。以数据为核心发展数字经济能够有效实现新旧动能的转换，数据现如今已经成为一个新的生产要素，能够帮助实现经济高质量发展，保障数据安全刻不容缓。

(2)数据安全是信息安全的核心。在智能化日趋先进的今天，基于智能科学的数据造假技术给信息安全带来巨大的挑战，保护数据安全就是在保护信息安全。

(3)数据安全同样也面临诸多新问题，很多时候会面临数据泄露的危险，或者数据受到黑客的攻击,这些问题都是不容忽视的。在大数据时代,数据开放共享是必然的结果,而因为数据共享导致的数据安全问题需要格外注意。

3. 维护数据安全的措施

(1)对应用系统使用、产生的介质或数据按其重要性进行分类,对存放有重要数据的介质,应备份必要份数,并分别存放在不同的安全地方(防火、防高温、防震、防磁、防静电及防盗),建立严格的保密保管制度。

(2)保留在机房内的重要数据(介质),应为系统有效运行所必需的最少数量,除此之外不应保留在机房内。

(3)根据数据的保密规定和用途,确定使用人员的存取权限、存取方式和审批手续。

(4)重要数据(介质)库,应设专人负责登记保管,未经批准,不得随意挪用重要数据(介质)。

(5)在使用重要数据(介质)期间,应严格按国家保密规定控制转借或复制,需要使用或复制的须经批准。

(6)对所有重要数据(介质)应定期检查,要考虑介质的安全保存期限,及时更新复制。损坏、废弃或过时的重要数据(介质)应由专人负责消磁处理,秘密级以上的重要数据(介质)在过保密期或废弃不用时,要及时销毁。

(7)机密数据处理作业结束时,应及时清除存储器、联机磁带、磁盘及其他介质上有关作业的程序和数据。

(8)机密级及以上秘密信息存储设备不得并入互联网。重要数据不得外泄,重要数据的输入及修改应由专人来完成。重要数据的打印输出及外存介质应存放在安全的地方,打印出的废纸应及时销毁。

三、新时代国家安全工作的战略部署

保证国家安全,是完善和发展中国特色社会主义制度,推进国家治理体系和治理能力现代化的有机组成部分。坚持总体国家安全观,体现在治理实践上,就是推进国家安全总体治理;走出一条中国特色国家安全道路,就是安全各领域、各要素、各层面统筹治理,创建当代中国国家安全治理系统格局。

2021年11月18日,中央政治局召开会议,审议了《国家安全战略(2021—2025年)》,全面部署未来5年国家安全工作。会议指出,新形势下维护国家安全,必须牢固树立总体国家安全观,加快构建新安全格局。新安全格局对应的是新发展格局,强调必须坚持5个原则。

(1)坚持党的绝对领导,完善国家安全工作领导体制,实现政治安全、人民安全、国家利益至上相统一。

(2)坚持捍卫国家主权和领土完整,维护边疆、边境、周边安定有序。

(3)坚持安全发展,推动高质量发展和高水平安全动态平衡。

(4)坚持总体战,统筹传统安全和非传统安全。

(5)坚持走和平发展道路,促进自身安全和共同安全相协调。

四、树立国家安全意识举措

在维护国家安全上,人人有责,更需人人尽责。《中华人民共和国宪法》第五十四条规定:"中华人民共和国公民有维护祖国的安全、荣誉和利益的义务,不得有危害祖国的安全、荣誉和利益的行为。"《中华人民共和国国家安全法》第六章中明确规定了公民和组织维护国家安全的义务和权利。大学生应该以国家主人翁的姿态,积极自觉地履行维护国家安全的各项权利和义务。

(一)认真学习并掌握国家安全相关法律

大学生要学法、知法、守法,相关法律文件包括《中华人民共和国国家安全法》《中华人民共和国反恐怖主义法》《中华人民共和国反间谍法》《中华人民共和国核安全法》《中华人民共和国网络安全法》《中华人民共和国国家情报法》《反分裂国家法》等。

(二)严格尊崇并履行公民在维护国家安全中的义务

遵守宪法、法律法规关于国家安全的有关规定,及时报告危害国家安全活动的有关线索,保守所知悉的国家秘密。

(三)提高警惕,守护国家安全

要警惕危害国家安全的活动,如一些可疑人员未经批准到单位内部做调查,进行科技、经济、企业等情况收集;警惕境外电台、电视台、网络等媒体的煽动、造谣;一些境外组织和人员有时会出现在我国军事、保密单位周边,乘机盗取秘密情报和信息;一些有境外背景的组织和个人,利用一些群众不满情绪,煽动与政府对抗等。发现危害国家安全活动时,要勇于维护国家安全,应当及时向国家安全机关举报。

第二节　保守国家秘密

国家秘密是指关系国家的安全和利益,依照法定程序确定,在一定时间内只限一定范围的人员知悉的事项。保守国家秘密是中国公民的基本义务之一。《中华人民共和国保守国家秘密法》对有关的问题做了规定。国家秘密的密级分为绝密、机密、秘密。绝密是最重要的国家秘密,泄露会使国家的安全和利益遭受特别严重的损害。机密是重要的国家秘密,泄露会使国家的安全和利益遭受到严重损害。秘密是一般的国家秘密,泄露会使国家的安全和利益遭受损害。

1988 年 9 月 5 日第七届全国人民代表大会常务委员会第三次会议通过了《中华人民共和国保守国家秘密法》。2010 年 4 月 29 日第十一届全国人民代表大会常务委员会第十四次会议进行了修订。2023 年 10 月 20 日至 24 日，第十四届全国人民代表大会常务委员会第六次会议在北京召开，会议审议了《中华人民共和国保守国家秘密法（修订草案）》。根据《中华人民共和国保守国家秘密法》的规定，国务院制定《中华人民共和国保守国家秘密法实施条例》，由于 2014 年 1 月 17 日中华人民共和国国务院令第 646 号公布，共六章节四十五条，自 2014 年 3 月 1 日起施行。2024 年 2 月 27 日，第十四届全国人民代表大会常务委员会第八次会议修订通过了《中华人民共和国保守国家秘密法》（以下简称《保密法》），修订后的《保密法》共六章六十五条。

《中华人民共和国国家秘密法实施条例》是根据《保密法》的相关规定而制定的。该条例明确了国家保密行政管理部门的主管职能，即在全国范围内对保密工作进行指导和监管。同时，县级以上地方的保密行政管理部门在其上级部门的领导下，也负责相应的保密管理工作。此外，中央和国家机关在行使管理或指导本系统保密工作的权利时，应遵守保密法律法规，并可根据实际需要制定或参与制定相关的业务保密规定。

一、国家秘密范围与载体

国家秘密范围包括国家事务的重大决策事项；国防建设和武装力量活动中的秘密事项；外交或外交活动中的秘密事项以及对外承担保密义务的事项；国民经济和社会发展中的秘密事项；科学技术中的秘密事项；维护国家安全活动和追查刑事犯罪中的秘密事项以及其他经国家保密工作部门确定应当保守的国家秘密事项。

国家秘密载体，是指载有国家秘密信息的物体。国家秘密的载体主要有以下几类。

（1）以文字、图形、符号记录国家秘密信息的纸介质载体。

（2）以磁性物质记录国家秘密信息的载体。

（3）以电、光信号记录传输国家秘密信息的载体。

（4）含有国家秘密信息的设备、仪器、产品等载体。

上述 4 种载体是国家秘密载体的基本形式。定密工作主要是针对这些有形的国家秘密事项的载体，依照法定程序确定密级，并制订具体保密措施，将这些秘密载体管住、管好。

二、有关违反保密法规行为的规定

“泄露国家秘密”是指违反保密法律、法规和规章的下列行为之一：使国家秘密被不应知悉者知悉的；使国家秘密超出了限定的接触范围，而不能证明未被不应知悉者知悉的。有下列行为之一的，依法给予处分；构成犯罪的，依法追究刑事责任。

(1)将涉密计算机、涉密存储设备接入互联网及其他公共信息网络的。

(2)在未采取防护措施的情况下,在涉密信息系统与互联网及其他公共信息网络之间进行信息交换的。

(3)使用非涉密计算机、非涉密存储设备存储、处理国家秘密信息的;非法复制、记录、存储国家秘密的。

(4)在未采取保密措施的有线和无线通信、互联网及其他公共信息网络中传递国家秘密的。

(5)在私人交往和通信中涉及国家秘密的。

(6)擅自卸载、修改涉密信息系统的安全技术程序、管理程序的。

(7)将未经安全技术处理的退出使用的涉密计算机、涉密存储设备赠送、出售、丢弃或者用作其他用途的。

(8)非法获取、持有国家秘密载体的。

(9)通过普通邮政、快递等无保密措施的渠道传递国家秘密载体的。

(10)买卖、转送或者私自销毁国家秘密载体的。

(11)邮寄、托运国家秘密载体出境,或者未经有关主管部门批准,携带、传递国家秘密载体出境的。

三、守护国家秘密的行为规范

身为公民,我们有责任也有义务去守护国家秘密,应做到以下几点。

(1)不传播重要信息。

(2)不故意泄露秘密。

(3)按照规则办事。

(4)及时制止泄密行为。

(5)不在网上谈论秘密。

(6)防止间谍刺探信息。

第三节　反对恐怖主义,维护国家安全

恐怖主义,是指通过暴力、破坏、恐吓等手段,制造社会恐慌、危害公共安全、侵犯人身财产,或者胁迫国家机关、国际组织,以实现其政治、意识形态等目的的主张和行为。

一、恐怖主义概述

1. 恐怖主义与恐怖分子

我们一般所说的恐怖主义是制造危害社会行为的反动政治,而恐怖分子是指恐怖主义

中的成员,包括个人或组织。为了达到目的而不惜采取一切手段,这是恐怖分子真正恐怖所在。

2. 恐怖行为

具体而言,恐怖行为主要有绑架与劫持人质、爆炸(包括邮包炸弹、汽车炸弹、燃烧弹及纵火等)、袭击、劫机及劫持车船、暗杀以及施毒、破坏计算机信息系统等其他方式。恐怖行为具有组织性,而且具有某种政治目的。

3. 恐怖主义的危害

恐怖主义的危害主要有以下几个方面。

(1)恐怖主义有组织、有制度,更因带有政治目的,导致恐怖行为极端与疯狂。

(2)恐怖主义的存在与民族、宗教矛盾以及复杂的国际形势密不可分,这也注定了反恐怖斗争的复杂与艰巨。

(3)影响周边国家的安全。

(4)严重破坏了各国的民族和睦,引发社会动荡。

(5)极大地阻碍了各国的经济发展和社会进步。

(6)影响政府形象,造成政局动荡、社会不安。

(7)破坏世界的和平与发展。

二、我国反对恐怖主义法及基本原则

为了防范和惩治恐怖活动,加强反恐怖主义工作,维护国家安全、公共安全和人民生命财产安全,根据《宪法》,中华人民共和国第十二届全国人民代表大会常务委员会第十八次会议于 2015 年 12 月 27 日公布《中华人民共和国反恐怖主义法》(简称《反恐怖主义法》),自 2016 年 1 月 1 日起施行。根据 2018 年 4 月 27 日第十三届全国人民代表大会常务委员会第二次会议《关于修改〈中华人民共和国反恐怖主义法〉的决定》,《反恐怖主义法》做了修正。中国制定《反恐怖主义法》是完善国家法治建设、推进全面依法治国方略的要求,也是依法防范和打击恐怖主义的现实需要,体现了中国作为一个负责任大国的国际责任,是十分必要的。

我国《反恐怖主义法》中的基本原则共有 8 个:

(1)反对一切形式的恐怖主义原则;

(2)不妥协原则;

(3)综合施策、标本兼治原则;

(4)专门工作与群众路线相结合原则;

(5)防范为主、惩防结合原则;

(6)先发制敌、保持主动原则;

(7)法治原则;

(8)人权保障原则。

第四节 崇尚科学,反对邪教

一、邪教的定义

邪教是指冒用宗教、气功或者其他名义建立,神化首要分子,利用制造、散布歪理邪说等手段,蛊惑、蒙骗他人,发展、控制成员,危害社会的非法组织。邪教大多是以传播宗教教义、拯救人类为幌子,散布谣言,且通常有一个自称开悟的具有超自然力量的教主,以秘密结社的组织形式控制群众,一般以不择手段地敛取钱财为主要目的。

二、邪教的危害

邪教与毒品、恐怖主义被称为当今世界三大公害。邪教对社会的危害是多领域、多方面的,主要表现在以下几个方面。

1. 危害国家政治稳定

破坏国内安定团结的政治局面;向公职部门渗透,侵蚀国家机构;挑战现行政治体制,反对国家政权。

2. 危害国家经济秩序稳定

非法敛财,危害人民群众财产安全;进行经济犯罪,破坏社会生产及财政金融秩序。

3. 危害社会秩序稳定

破坏社会治安;蔑视法律,危害公共秩序;诬告滥诉,干扰司法正常进行;毒化社会风气;干涉婚姻,违背人伦,破坏家庭。

4. 危害社会思想稳定

编造歪理邪说,制造思想混乱;制造恐慌心理和恐怖气氛;反科学、反文明,亵渎人文精神。

5. 践踏人权

残害生命,践踏人的生命权;扼杀自由,侵犯人的政治权利;诋毁宗教,伤害信教群众的名誉权。

三、识别和判断邪教

简单来说,四招可以帮你识别邪教:

一看“教主”是否活着。如果所拜的“教主”是活着的人,则大体上可以判断是邪教。

二看所宣扬的内容。如果所宣扬的内容违背伦理道德,对抗现实社会,吹嘘“教主”无所不能,具有各种神通,要求信徒舍弃一切追随“教主”,绝对服从的,则大体上可以怀疑是邪教。

三看对现世的态度。对生命的基本态度是弃绝、攻击,对人世的基本态度是污蔑这个世界已经坏到极点,应当破坏并尽快离开它,到另外一个世界里去,则大体上可以怀疑是邪教。

四看活动方式。采用秘密结社的方式,一般实行单线联系,使用“灵名”“暗语”,聚会活动鬼鬼祟祟,并有人望风,则大体上可以怀疑是邪教。

四、防范和抵制邪教

案例 1

女大学生春节前夕失踪,误入邪教组织

刘某是某大学的一名学生。 2023 年春节前夕，刘某的母亲焦急地打 110 报案，称自己的女儿失踪了，音信全无。 当地公安机关立即立案调查。 随着调查的深入，警方找到了刘某的最终落脚点，同时抓获了另外 6 人。 经审讯，被抓的 6 人承认，他们是“全能神”组织的成员。

留守儿童被奶奶拉进深渊。 刘某从小由奶奶带大。 在刘某的记忆里，奶奶经常笑眯眯地和她絮叨：“我们是由‘神’创造的。 在‘神’的指引和庇佑下，我们会获得幸福。”初二时，刘某在奶奶的引荐下加入了“全能神”邪教组织。 此后，“全能神”在她心里越扎越深。

驱走邪念回归生活正轨。 那一年，刘某以优异成绩考取了一所大学。 此时的刘某已经成为当地邪教组织的骨干，一心只想宣扬和服务“全能神”。 为了摆脱学校管理，她索性搬出学校居住。 学校放寒假时，刘某和家里说要迟些日子回家，没过几天就彻底失去了联系，直到被警方找到。

得知刘某参与邪教活动，学校一开始要求刘某退学。 为了挽救刘某，反邪教志愿者制订了周密的帮教计划，摆事实、讲道理，一点点做她的思想工作。 被“全能神”邪教组织洗脑的刘某逐渐发现，原来真相并非“全能神”所灌输的那样。 醒悟过来的刘某表达了对父母的思念以及对重新完成学业的强烈渴望。 在相关部门的帮助下，她重新回到校园，继续她的大学生活。 人们再次见到刘某时，女孩满脸笑容，完全看不出她曾误入歧途。

点评：大学生作为青年一代，必须充分认识邪教活动的现状和危害，加强学习，提高识别、抵御和有效防范邪教的能力。

(一)树立崇高的理想信念,筑牢抵制邪教的思想基础

1. 树立正确的世界观

广大青年学生一定要树立崇高的理想信念和正确的世界观,培养高尚的道德情操,在服务祖国、服务社会中实现自己最大的人生价值。

2. 掌握科学知识,树立科学理想

一定要树立科学观念,掌握科学方法,培养科学精神,养成科学的思维方式,用科学的

理念分析、判断和应对伪科学的东西，切实提高辨别是非、真伪的能力，用自己的实际行动抵制邪教、远离邪教。

3. 认清邪教本质，增强抵御能力

要充分认清邪教的本质及其危害，不断增强识别邪教、抵制邪教的能力。

（二）崇尚科学，关爱家庭，珍爱生命，反对邪教

1. 相信科学，破除迷信

青年学生要加强自身反邪教知识的学习，自觉成为崇尚科学、反对邪教的实践者、宣传者和教育者，切实提高识别和抵制邪教的能力。

2. 珍爱生命，关爱家庭

必须充分认清邪教泯灭亲情人性、残害他人生命的邪恶本质，认清邪教对人们自身、对家庭、对社会的严重危害。

3. 崇尚文明，反对邪教

作为青年一代，要树立科学健康的生活方式，不断增强免疫能力，我们要从诸如"法轮功"等邪教组织危害社会、祸国殃民的例证中认清邪教组织反人类、反社会、反科学的本质。

（三）坚决做到不听、不信、不传

（1）增强防范意识，对邪教歪理邪说做到不听、不信、不传。

（2）坚决抵制邪教的各类非法活动。对邪教的渗透活动，要坚决的抵制。见到邪教人员在散布邪教言论、非法聚会、搞破坏活动时，要及时向学校、公安机关报告。

（3）积极主动参与帮教活动。作为青年学生，要积极参与反邪教警示教育活动，不仅自己主动受教育，还要动员和帮助周围的同学和亲友受教育。要用学到的有关反邪教的知识，帮助他们揭穿邪教骗人的"鬼把戏"。积极投身传播科学文明的行列，大力弘扬科学精神，带头践行文明健康的生活方式，积极参与健康向上的校园文化体育活动，努力把自己培养成为富有朝气，积极进取，全面发展的新世纪学生，为创建"无邪教校区"做出自己应有的贡献。

第五节　学习贯彻《中华人民共和国反间谍法》，筑牢国家安全人民防线

案例2

赴外留学要增强反间防谍意识

张某，境外某高校毕业生，因在境外学习期间被境外间谍情报机关拉拢策反，从事间谍活动，被依法

处理。

2006 年，因高考失利，在苦读一年语言预科之后，张某以优异的成绩进入了某国排名前列的高校。 因为成绩出色，张某成为班长，负责联系该校的中国留学生，并且得到了该校校领导 K 的“赏识”，担任其中文老师，两人也因此成了“忘年交”。

然而，就是这个“忘年交”，一步步地把张某推向了境外间谍情报机关精心设计的陷阱，使张某深陷其中，不能自拔……

一天，正在读大三的张某被 K 叫到办公室。 K 向张某热情介绍了两个外国人，并称张某是自己的学生，学业表现非常出色，一定可以“帮助”他们做事。 于是自称 A、Y 的两个外国人与张某交换了联系方式，并在之后的日子里请张某帮忙提供该校中国留学生的情况，还答应给予张某丰厚报酬。 随着交流联系的深入，他们对张某的要求也越来越多，索要的信息也越来越敏感。

一次，二人向张某提出需求时，直接向张某亮明了该国间谍情报机关工作人员的身份，并以张某之前提供的敏感信息为威胁，要求张某加入该国间谍情报机关。 在境外间谍情报机关人员的利诱和威胁下，涉世未深的张某沦为了帮助他们窃密和监视中国留学生的“提线木偶”。

接下来的时间里，张某浑浑噩噩地一边读书、一边定期向该国间谍情报机关提供他们想掌握的情况，逐渐放下了“心理包袱”。

临近毕业时，许多国内科研院校赴该国开展招聘或者组织交流活动。 由于善于交际且外语能力突出，张某频繁与这些机构接触，自己也有了回国就业的想法。 但因为张某无法达到这些科研院校要求的“所有课程成绩必须为 A”基本要求，难以实现回国工作的目标。 就在此时，K 再次找到了张某，告诉张某自己不仅可以帮助他更改成绩单，甚至还可以写一封推荐信，让张某得到进入国内某科研院所工作的机会。 作为交换，张某要在回国以后继续配合完成 A、Y 的任务。 面对利益的诱惑，张某最终选择了服从，彻底坠入了犯罪的深渊。

在对方的“帮助”下，张某回国后如愿进入某科研院所工作。 但在自身侥幸心理和境外间谍情报机构威逼利诱下，张某并未第一时间向国家安全机关报告，仍然继续为境外间谍情报机关工作。 因资历尚浅，接触到的技术资料和涉密文件无法满足对方变本加厉的“需求”，在境外间谍情报机关的指导下，张某成为所里的“热心人”。

同事小李急着下班，张某就“热心”地帮他收整桌面。 待确认小李走后，张某立即打开小李计算机，窃取其涉密文档。 同事老王有涉密资料需要销毁，张某就“热心”地帮助他整理盘点，并在过程中偷偷将境外间谍情报机关“感兴趣”的文件私藏起来……这些涉密资料最终都落入了境外间谍情报机关的手中，造成了我国科研数据的泄露。

天网恢恢，疏而不漏。 国家安全机关经缜密侦查，及时锁定了张某的违法犯罪活动，并对其依法实施审查。 最终，张某因犯间谍罪受到了法律严惩。

点评：本案中，在境外间谍情报机关感情拉拢、金钱引诱、控制胁迫下，张某一步步行差踏错，迷失自我，最终走上违法犯罪的道路，白白葬送了自己的大好前程和美好青春。

在境外留学、出访、旅游等期间，要牢固树立国家安全意识和防间谍意识，及时发现各种别有用心的“热络”背后的阴谋。 面对境外间谍情报机关的各种拉拢策反活动，要把牢防线、守住底线，严防掉入境外间谍情报机关预设的陷阱。

《中华人民共和国反间谍法》第五十五条规定：“在境外受胁迫或受诱骗参加间谍组织、敌对组织，从事危害中华人民共和国国家安全的活动，及时向中华人民共和国驻外机构如实说明情况，或者入境后直接或者通过所在单位及时向国家安全机关如实说明情况，并有悔改表现的，可以不予追究。”

作为国家与国家或集团与集团之间进行军事、政治、外交斗争乃至经济、科技竞争的有效手段，间谍活动指间谍采用隐蔽的方式打入对方营垒以至高级机关，进行发展组织、窃取机密及其他各种破坏活动，以颠覆对方国家政权。使用间谍搞离间和颠覆活动，消灭异国，扩大势力范围，是一种不动兵戈，制服政敌的有效手法。间谍活动是隐蔽斗争的一种形式，是严重危害国家安全的犯罪行为。

一、制定《中华人民共和国反间谍法》的依据

新中国成立以来，境外间谍情报机关危害我国国家安全的活动从来没有停止过，隐蔽战线的斗争一直尖锐、复杂。特别是改革开放以来，境外间谍机关利用我国扩大对外交往的便利条件，派遣间谍入境，发展组织，建立据点，进行策反、渗透、窃密，甚至进行行动破坏，范围不断扩大，方式也越来越多样。

《中华人民共和国反间谍法》(简称《反间谍法》)于2014年11月1日第十二届全国人民代表大会常务委员会第十一次会议通过，自公布之日起施行。2023年4月26日第十四届全国人民代表大会常务委员会第二次会议修订《反间谍法》，自2023年7月1日起施行。《反间谍法》是我国反间谍工作领域的一部重要法律，对防范、制止和惩治间谍行为，维护国家安全，进一步规范和加强反间谍工作起到基础性法律保障作用。

二、间谍的概念、间谍行为的种类

(一)间谍的概念

间谍，也作奸谍，是指被间谍情报机构秘密派遣到对象国(地区)从事以窃密为主的各种非法谍报活动的特工人员，又指被对方间谍情报机构暗地招募而为其服务的本国公民。广义来说，间谍是指从事秘密侦探工作的人员，从敌对方或竞争对手那里刺探机密情报或是进行破坏活动，以此来使其所效力的一方有利。

间谍的主要任务之一是采取非法或合法手段、通过秘密或公开途径窃取情报，被派遣或收买来从事刺探机密、情报或进行侦查活动。

(二)间谍行为种类

按照《中华人民共和国反间谍法》第一章第四条的规定，间谍行为是指下列行为：

(1)间谍组织及其代理人实施或者指使、资助他人实施，或者境内外机构、组织、个人与其相勾结实施的危害中华人民共和国国家安全的活动；

(2)参加间谍组织或者接受间谍组织及其代理人的任务，或者投靠间谍组织及其代理人；

(3)间谍组织及其代理人以外的其他境外机构、组织、个人实施或者指使、资助他人实施,或者境内机构、组织、个人与其相勾结实施的窃取、刺探、收买、非法提供国家秘密、情报以及其他关系国家安全和利益的文件、数据、资料、物品,或者策动、引诱、胁迫、收买国家工作人员叛变的活动;

(4)间谍组织及其代理人实施或者指使、资助他人实施,或者境内外机构、组织、个人与其相勾结实施针对国家机关、涉密单位或者关键信息基础设施等的网络攻击、侵入、干扰、控制、破坏等活动;

(5)为敌人指示攻击目标;

(6)进行其他间谍活动。

三、遵纪守法、防止策反,维护国家安全

互联网技术的发展,极大地拓展了境外间谍情报机关的能力和活动范围。大学生群体是中国的未来与希望,面对间谍与反间谍这个永恒的话题,必须学法守法,增强国家安全意识,维护国家的安全。

1. 树立国家安全高于一切的观念

克服麻痹思想,提高识别能力,在与境外人员接触时严守国家机密。

2. 了解间谍的行为特征,善于识别各种伪装

要善于识别各种伪装,在对外交往中要保持警惕,避免上当受骗,陷入违法犯罪。

3. 增强法律意识,加强自身道德修养和人格教育

大学生一定要学法、知法、守法,加强自身修养,时时刻刻保持敬畏之心,才能为今后的学习、事业、家庭、人生发展奠定坚实的基础。捍卫国家安全,人人有责。

4. 间谍的识别方法

一般间谍有八大特征,当发现有下列可疑人员,可以拨打举报电话12339。

(1)工作性质模糊、身兼多种头衔、资金充裕的人。

(2)在公众的聚会活动中喜欢抛出有争议性的话题,并且引起争论、暗中观察人群的人。

(3)驻外和涉外记者,家庭式传教士人员及部分非政府组织成员。

(4)按照名片的信息有正当工作,不过上班的时间非常不规律,好像无所事事的人。

(5)拥有多国留学经历的留学生,或者有跟年龄极不相配的留学经历的人。

(6)经常关心并向身边的人询问敏感的问题,不单只限于政治、军事、经济、商业等范围的人。

(7)定期会到某个地方见其他人、交换物品和档案的人。

(8)经常参与各类学术研讨会、商业会议,常常抛出反动言论,并只夸大外国好处并主动与人攀谈结交的人。

拓展阅读

中国反邪教网 http://www.chinafxj.cn/

□课后互动

调查一下本校是否有邪教势力的存在和信邪教的学生,有针对性地进行一场科学教育活动。

□课后思考

1. 谈谈你对国家安全的认识。作为当代大学生,应该如何维护国家安全?
2. 总体国家安全观包含哪些具体内涵?
3. 互联网时代,你知道哪些可能存在的泄密渠道?

|第三章|

大学生安全教育的法律法规与遵纪守法

学习目的与要求

1. 了解大学生安全教育的法律法规，掌握我国的基本法律以及与大学生相关的常用法律法规。

2. 学习和掌握如何依法依规行使自身权利，履行应尽的义务。

3. 树立大学生法治意识，尊法、学法、守法、用法。

4. 加强自律，积极预防违法犯罪。

学习重点

大学生安全教育的法律法规。

学习难点

树立法治意识，理解其内涵和意义。

第一节　大学生安全教育的法律法规

案例 3

杨某某等人帮助信息网络犯罪活动案

被告人杨某某、周某某系某职业学院学生。 2021 年 4 月起，二人的同学胡某某（另案处理）要求杨某某二人提供银行账户用于转移违法犯罪资金，并承诺给予报酬。 杨某某、周某某办理并提供多张银行卡交予胡某某，并协助开通和绑定手机银行账户。 经鉴定，有多笔涉诈资金转入二人提供的银行卡，其中杨某某的银行卡转入资金共计 432 万余元、转出 431 万余元，周某某的银行卡转入资金共计 259 万余元、转出 258 万余元。 案发后，杨某某、周某某到公安机关投案自首。 法院经过审理，对杨某某、周某某分别以帮助信息网络犯罪活动罪（简称“帮信罪”），判处有期徒刑七个月，宣告缓刑一年，并处罚金。

点评：青年人已成为帮信罪的主体。 在校大学生参与帮信罪，往往是在实习、兼职过程中误入歧途，或因交友不慎在“朋友”“老乡”的引诱下出租、出售银行卡。 这些看上去只是帮个忙的“小事”，实则是摊上了违法犯罪的“大事”。 大学生应增强法律意识，妥善保管好自己的银行卡、身份证、手机卡，杜绝以任何理由出租、出售，切莫因为贪图蝇头小利，沦为诈骗分子的帮凶。 大学生必须要掌握良好的法律知识，树立法治观念，知法、守法、用法。

一、基本法律

基本法律在中国指的是那些由全国人民代表大会制定和修改的法律,它们全面地规定和调整国家及社会生活某一方面的基本社会关系。

（一）《中华人民共和国宪法》

《中华人民共和国宪法》(简称《宪法》)是国家的根本大法,是治国安邦的总章程,也是国家制度和法律的最高准则。具有最高的法律地位、法律权威、法律效力,任何组织或者个人,都不得有超越宪法和法律的特权。《中华人民共和国宪法》是 1982 年 12 月 4 日第五届全国人民代表大会第五次会议通过公告公布施行,并先后经历 5 次修正,分为序言、正文,共四章、一百四十三条。2014 年 11 月 1 日,十二届全国人大常委会第十一次会议表决通过决定,将每年的 12 月 4 日设立为“国家宪法日”。

（二）《中华人民共和国刑法》

《中华人民共和国刑法》(简称《刑法》)是为了惩罚犯罪,保护人民,根据《宪法》,结合我国同犯罪作斗争的具体经验及实际情况,制定的法律。我国《刑法》规定的刑罚有主刑和附加型两类:主刑有管制、拘役、有期徒刑、无期徒刑、死刑 5 种,刑法最严厉的处罚是死刑;

附加刑有罚金、剥夺政治权利、没收财产、驱逐出境(仅对于犯罪的外国人适用)4 种。《刑法》它不仅是一种威慑工具,更是一种对人性尊重和秩序维护的深刻表达。

(三)《中华人民共和国民法典》

《中华人民共和国民法典》(简称《民法典》)是新中国成立以来第一部以法典命名的法律,被誉为“社会生活的百科全书”和“保障民事权利的宣言书”,在中国特色社会主义法律体系中具有重要地位,是一部固根本、稳预期、利长远的基础性法律。2020 年 5 月 28 日,第十三届全国人民代表大会第三次会议表决通过了《中华人民共和国民法典》,自 2021 年 1 月 1 日起施行,是我国第一部超过千条的法律,几乎所有民事活动都能在《民法典》中找到依据,《民法典》影响着我们每个人的生活。《民法典》共七编、一千二百六十条。

二、国家安全法律法规

(一)《中华人民共和国国家安全法》

国家安全是民族复兴的根基,社会稳定是国家强盛的前提。《中华人民共和国国家安全法》(简称《国家安全法》)明确“将国家安全教育纳入国民教育体系”。《国家安全法》是国家安全领域的基础性法律,共七章八十四条,对政治安全、国土安全、军事安全、文化安全、科技安全等 11 个领域的国家安全任务进行了明确,自 2015 年 7 月 1 日起施行。国家安全目前涵盖 20 个方面的基本内容,随着时代的发展,国家安全涵盖的内容还会增加和丰富。

(二)《反分裂国家法》

为了反对和遏制“台独”分裂势力分裂国家,促进祖国和平统一,维护台湾海峡地区和平稳定,维护国家主权和领土完整,维护中华民族的根本利益,根据《宪法》制定《反分裂国家法》。2005 年 3 月 14 日,第十届全国人民代表大会第三次会议审议通过,自 2005 年 3 月 14 日起施行,该法共十条。该法以宪法性的规范规定了两岸关系的法理架构,把海内外中国人维护国家主权与领土完整的人民意志上升为国家意志。

(三)《中华人民共和国网络安全法》

《中华人民共和国网络安全法》(简称《网络安全法》)是我国第一部全面规范网络空间安全管理方面问题的法律。对于保障网络安全,维护网络空间主权和国家安全、社会公共利益,保护公民、法人和其他组织的合法权益,促进经济社会信息化健康发展有重要意义。《网络安全法》规定任何个人和组织使用网络应当遵守宪法法律,遵守公共秩序,尊重社会公德,不得危害网络安全,不得利用网络从事危害国家安全、荣誉和利益。2016 年 11 月 7 日,第十二届全国人民代表大会常务委员会第二十四次会议通过《中华人民共和国网络安全法》，自 2017 年 6 月 1 日起施行，共七章七十九条。

三、常用法律法规

（一）《中华人民共和国劳动法》

《中华人民共和国劳动法》明确规定了劳动者享有的多项权利，如平等就业和选择职业的权利、取得劳动报酬的权利、休息休假的权利等。这些条款旨在确保劳动者在工作过程中的合法权益不受侵犯。

（二）《中华人民共和国劳动合同法》

《中华人民共和国劳动合同法》强调对劳动者的保护，详细规定了劳动合同的订立、履行以及解除的法律责任，在更大程度上保护劳动者的正当权益。学习劳动法相关知识，有助于同学们掌握在未来就业过程中如何利用法律知识来维护自己的合法权益，避免落入求职陷阱。

（三）《中华人民共和国治安管理处罚法》

《中华人民共和国治安管理处罚法》是我国重要的治安法律法规之一，针对违法情节轻微尚不构成犯罪的行为，有“小刑法”之称。治安管理处罚法适用于公民、法人和其他组织在中华人民共和国境内从事的各种活动中违反治安管理行为的处罚。我国现行的《中华人民共和国治安管理处罚法》颁布于 2005 年，2023 年 9 月 1 日，十四届全国人民代表大会常务委员会第五次会议初次审议了《中华人民共和国治安管理处罚法（修订草案）》。修订草案将社会治安管理领域出现的新情况新问题纳入法律管理范围，旨在更好维护社会治安秩序。

（四）《中华人民共和国道路交通安全法》

《中华人民共和国道路交通安全法》是我国道路交通法治建设历程中的一座里程碑，能够增强道路交通的有效管理，提高管理水平，使交通管理更加科学、规范、高效。同时，该法也能够保护道路交通参与人的合法权益，保障公众的安全和利益。

（五）《中华人民共和国消费者权益保护法》

《中华人民共和国消费者权益保护法》规定了消费者享有知情权、选择权、公平交易权、获赔权、结社权、获知权、尊重权、监督权等，全面保护消费者权益。其中的七日无理由退货制度、明确保护个人信息、消费欺诈赔偿、虚假广告责任等内容广受社会关注。

（六）其他法律法规

大学生创业相关法律法规：《中华人民共和国公司法》《中华人民共和国合伙企业

法》等。

知识产权相关法律法规:《中华人民共和国著作权法》《中华人民共和国商标法》《中华人民共和国商标法实施条例》《中华人民共和国专利法》等。

延伸阅读

正当防卫

2024 年 2 月春节档上映的法律题材电影《第二十条》引发社会公众广泛关注，多个原型案例再次登上热搜。电影《第二十条》以正当防卫和法律为主题，讲述了一个扣人心弦的故事。电影的片名来源于《中华人民共和国刑法》第二十条：为了使国家、公共利益、本人或者他人的人身、财产和其他权利免受正在进行的不法侵害，而采取的制止不法侵害的行为，对不法侵害人造成损害的，属于正当防卫，不负刑事责任。正当防卫明显超过必要限度造成重大损害的，应当负刑事责任，但是应当减轻或者免除处罚。对正在进行行凶、杀人、抢劫、强奸、绑架以及其他严重危及人身安全的暴力犯罪，采取防卫行为，造成不法侵害人伤亡的，不属于防卫过当，不负刑事责任。

根据《最高人民法院、最高人民检察院、公安部关于依法适用正当防卫制度的指导意见》的规定，使用致命性凶器，严重危及他人人身安全的行为，应当认定为刑法第二十条第三款规定的“行凶”。正当防卫必须是针对“正在进行”的不法侵害。对于不法侵害已经形成现实、紧迫危险的，应当认定为不法侵害已经开始；对于不法侵害虽然被暂时制止，但不法侵害人仍有可能继续实施侵害的，应当认定为不法侵害仍在进行；对于不法侵害人确已失去侵害能力或者确已放弃侵害的，应当认定为不法侵害已经结束。对于不法侵害是否已经开始或者结束，要立足防卫人在防卫时所处情景，按照社会公众的一般认知，依法作出合乎情理的判断，不能苛求防卫人。法律不是冰冷的条文，而是对正义温暖的守护，法律的底色是道德人心。

第二节　依法依规行使权利和履行义务

我国《宪法》第三十三条规定:“任何公民享有宪法和法律规定的权利,同时也必须履行宪法和法律规定的义务。”公民既是权利的享有者,又是义务的承担者。在校大学生既是一名普通公民,享有我国公民的权利和义务,同时,作为受教育主体,也享有在受教育过程中法律规定的权利,履行应尽的义务。

一、大学生享有的权利

(一)普通公民的权利

1. 平等权

即公民在法律面前一律平等,不受任何差别对待,以及要求国家平等保护的权利。

2. 政治权利

公民依据《宪法》和法律的规定,参与国家政治生活的行为可能性,包括选举权和被选举权,监督权,言论、出版、结社、集会、游行、示威自由权利。

3. 社会经济权利

公民根据《宪法》规定享有的具有物质经济利益的权利,是公民实现基本权利在物质上的保障,主要包括公民合法财产的所有权和继承权,劳动就业权和取得报酬权,休息权,在年老、疾病或丧失劳动能力的情况下,从国家和社会获得物质帮助的权利。

4. 文化教育权利

公民根据《宪法》规定,在教育和文化领域享有的权利和自由,主要包括受教育的权利、从事科学研究的权利,从事文艺创作的权利与从事其他文化活动的权利。

5. 人身自由权

即公民不受非法逮捕、拘禁,不被非法剥夺、限制自由以及非法搜查身体;公民的人格尊严不受侵犯;公民的住宅不受侵犯;公民的通信秘密和通信自由受法律保护。

6. 宗教信仰自由

任何国家机关、社会团体和个人不得强制公民信仰宗教或者不信仰宗教,不得歧视信仰宗教的公民和不信仰宗教的公民。

(二)受教育主体所享有的权利

我国《中华人民共和国高等教育法》《普通高等学校学生管理规定》等法律法规中对大学生享有的权利和义务有详细全面的规定,高等学校的学生应当遵守法律、法规,遵守学生行为规范和学校的各项管理制度,尊敬师长,刻苦学习,增强体质,树立爱国主义、集体主义和社会主义思想,具有良好的思想品德,掌握较高的科学文化知识和专业技能,享有的权利具体包括:

(1)参加学校教育教学计划安排的各项活动,使用学校提供的教育教学资源,这是受教育者的一项最基本的权利。

(2)参加社会实践、志愿服务、勤工助学、文娱体育及科技文化创新等活动,获得就业创业指导和服务。

(3)申请奖学金、助学金及助学贷款。

(4)在思想品德、学业成绩等方面获得科学、公正评价,完成学校规定学业后获得相应的学历证书、学位证书。

(5)在校内组织、参加学生团体,以适当方式参与学校管理,对学校与学生权益相关事务享有知情权、参与权、表达权和监督权。

(6)对学校给予的处理或者处分有异议,向学校、教育行政部门提出申诉,对学校、教职员工侵犯其人身权、财产权等合法权益的行为,提出申诉或者依法提起诉讼;学生维护自身合法权益的民主权利。

(7)职业发展权,《中华人民共和国高等教育法》规定:“高等学校应当为毕业生、结业生提供就业指导和服务。”学校安排专门人员提供对毕业生提供指导,积极开展职业生涯规划和创业支持,广开渠道。

二、大学生应履行的义务

大学生作为社会中的一分子,肩负着众多责任和义务。我们应该按照法律法规的规定,遵守国家法律和社会公德,尊重知识、尊重师长,努力学习,不断提高自己的文化素养和综合能力。

(一)公民的义务

(1)遵守《宪法》和其他法律。

(2)维护国家统一和全国各民族的团结。

(3)保守国家秘密,爱护公共财产,遵守劳动纪律,遵守公共秩序,尊重社会公德。

(4)维护祖国的安全、荣誉和利益。

(5)依照法律服兵役和参加民兵组织。

(6)依照法律纳税。

(二)受教育主体的义务

(1)遵守学校章程和规章制度。

(2)恪守学术道德,完成规定学业。

(3)按规定缴纳学费及有关费用,履行获得贷学金及助学金的相应义务。

(4)遵守学生行为规范,尊敬师长,养成良好的思想品德和行为习惯。

(5)法律、法规及学校章程规定的其他义务。

三、大学生维权方式

在校大学生涉世未深,缺乏社会经验,在自身权益受到损害时,应该如何运用法律的武器,合法合理地维护自身权益呢?

维护权利的方式有协商、投诉、诉讼、仲裁、报警、控告等。

涉及财产纠纷、消费纠纷、合同纠纷等民事权利关系,可以采取:与经营者直接沟通,尝试达成和解协议;向消费者保护协会或者市场监督部门投诉;通过向法院提起民事诉讼、仲裁的方式解决。

涉嫌刑事犯罪的可以向公安机关报警处理,被害人对侵犯其人身、财产权利的犯罪事实或者犯罪嫌疑人,有权向公安机关、人民检察院或人民法院报案或者控告。

案例 4

大学生美容遇套路，校方、消协共维权

在校大学生木同学在视频网站刷到一家专业美容店 18.8 元的活动，于是到店体验。做了皮肤检测后，服务人员推荐购买短期套餐更划算，木同学表示近期无法连续到店委婉拒绝。服务人员又推荐购买不限次数的年套餐，木同学又以现金不足拒绝。在服务人员轮番洗脑推销下，木同学的服务项目从 18.8 元体验升为 500 元单次，多次升级，最终变成了 5800 元年服务，且产生了 5300 元贷款，两年期共需还款 7200 元。

7200 元对木同学来说已是高额消费，又背上了消费贷，在心理上产生了巨大压力。木同学也尝试在网上将服务打折卖给其他人，可服务人员宣称全国连锁可转套餐的说法并未得到其他店认可。木同学的辅导员发现了她的异常，在了解原因后向学院和大学保卫处报告了情况。学校保卫处联系到南京市消费者协会，希望能联合市消费者协会共同维护在校学生的合法权益。

处理过程及结果：2022 年 6 月 15 日，南京市消协联合学校共同赴该美容店维权。美容店接待人员以需向上级公司报告为由搪塞。南京市消协工作人员经查看营业执照，指出该美容店为个体工商户，应由其直接承担相关责任。同时，在调查过程中发现，该美容店诱导学生在办理贷款时隐瞒学生身份。南京市消协工作人员多次联系贷款办理公司和美容店负责人，最终为木同学取消了分期消费贷，退回已还一年的本金和利息。

点评：近年来，部分小额贷款公司以大学生为目标，通过和美容、培训、健身机构合作等方式进行诱导性营销，发放针对在校大学生的互联网消费贷款，引诱大学生过度超前消费，导致部分大学生陷入高额贷款陷阱，侵犯大学生合法权益，引起恶劣的社会影响。其实，早在 2017 年，银监会、教育部、人力资源和社会保障部就联合发布了《关于进一步加强校园贷规范管理工作的通知》（银监发〔2017〕26 号）。2021 年，中国银保监会办公厅、中央网信办秘书局、教育部办公厅、公安部办公厅、中国人民银行办公厅又联合印发了《关于进一步规范大学生互联网消费贷款监督管理工作的通知》（银保监办发〔2021〕28 号）。上述通知明确小额贷款公司不得向大学生发放网络贷款，放贷机构外包合作机构不得采取虚假、引人误解或诱导性宣传等不正当方式诱导大学生超前消费、过度借贷，不得针对大学生群体精准营销，不得向放贷机构推送引流大学生。

广大学生消费群体要树立正确的消费观念，及时纠正超前消费、过度消费、从众等消费行为；了解不良网贷的危害，提高金融安全防范意识；理性面对网贷问题，不要害怕和隐藏，多与同学、老师、家长交流。

第三节　遵纪守法，树立法治意识

党的二十大报告指出："弘扬社会主义法治精神，传承中华优秀传统法律文化，引导全体人民做社会主义法治的忠实崇尚者、自觉遵守者、坚定捍卫者。"大学生正处在人生成长的关键时期，大学期间对于一个人世界观、人生观和价值观的形成至关重要。培养大学生的法律意识以及法治精神，不仅是高校和学生未来发展的要求，更是推动社会进步的主要途径。学习和践行法治精神，既是我们的责任，也是我们的义务。

法治意识是依法行事的意识。"一切以法律为准绳"，严格依照法定程序行事，是法治；

法治应该成为大学生的一种行为方式和生活准则。

一、法治意识的内涵

(一)尊法:树立法治信仰

尊法是人们内心对法律的尊崇和信仰,体现了主动性和自愿性,做到遵守法律、恪守法律底线。在尊法的前提下,人们会从内心深处自觉自愿地敬仰和信守法律和规则。这体现的不仅仅是人们对法治理念和精神的一种认同,还包括对法律原则和宗旨的深切信仰和尊敬。

(二)学法:学习法律知识

学习法律知识是法治意识培养的一个基础内容,在校大学生可以通过书籍、互联网、法律报刊、课堂教育等学习法律知识。学习和了解法律体系,有助于大学生未来更好地参与社会生活,处理合法权益冲突和纠纷。

(三)守法:法律的生命力在于实施

制定法律的目的,就是使法律在社会生活中得到实施。大学生法治意识的培养不仅仅是普及法律知识、培养法治精神,还在于扩大遵法守法的人群基数、减少犯罪,推动社会朝着遵法守法的文明方向进步和发展。

(四)用法:提升法治能力

用法是指会充分尊重他人合法权利和自由,积极寻求法律途径解决纠纷和争议,自觉运用法律的武器维护自己的合法权利和利益。推进全面依法治国,根本目的是依法保障人民权益,尊重保障社会成员的各项基本权利。大学生作为国家未来的希望,正确运用法律,不仅能维护自身合法权益,更有助于提升我们社会整体的法治建设水平。

二、培养大学生法治意识的意义

(一)有利于促进大学生的全面发展,提升国民整体素质

大学生所拥有的知识、技能以及思维方式等都将对国家的发展产生深远影响,培养他们的法治思维能力是新时代对他们的要求,也是培养全民法治素养的重要途径。以法治思维作为自己的处世之道,形成一种理性的思考方式,成为一个更加崇高、更加完善的人,进而推动整个国家文明素质的提高。

（二）有利于全面推进依法治国

全面推进依法治国是中国特色社会主义事业的重要组成部分。高校法治教育对于此具有积极的促进作用，大学生应主动弘扬社会主义法治精神，坚定法治信仰，将法律规范作为个人社会行为和学生生活的指南。

（三）有利于建设平安和谐校园

高校是党培养国家未来建设者的重要领域和前沿阵地，其安全稳定工作的成效影响到高校的发展、社会的和谐。当前影响大学校园平安稳定的因素错综复杂，电信诈骗、校园贷、国外反华势力渗透、校园暴力等情况对平安校园工作提出了挑战。培养大学生法治思维，尊法学法守法用法，增强法律意识和安全防范意识，懂得运用法律手段勇敢地维护自身权益，从而使用校园更加平安和谐。

第四节　预防大学生违法犯罪

大学生正处于青春期中后期，心理正从不成熟走向成熟，价值观也处于形成与发展的关键时期。有些大学生的心理发展历程充满矛盾和危机，常因为一些小事或过激想法便走向违法犯罪之路，无论是对高校，抑或是对整个社会来说，都是巨大的损失。积极预防大学生违法犯罪，不仅关系到大学生个人的安全和利益，也影响到社会的和谐和稳定。

一、大学生违法犯罪的特点

近年来，大学生违法犯罪出现了一些新的趋势，犯罪数量在不断增加，女性犯罪的比例在上升，新的犯罪类型出现等。

（一）违法犯罪类型多样化且相对集中

大学生违法犯罪类型以诈骗、盗窃、抢劫等侵犯财产类型为主。少数大学生平时表现松散、学业不思进步、贪图享乐、法律观念淡薄，当生活费用无法支撑其歪曲的心理欲望时，就容易窥视他人财产，走上违法犯罪的道路。侵犯人身权利及与性有关的违法犯罪等类型也占比不少，这类案件主要表现为打架斗殴、人身伤害等违法犯罪行为。另外，一些大学生对“性解放”“性自由”等西方不良文化思潮不加辨别地接受，导致其与性有关的违法犯罪案例也不断出现。

（二）高智能化倾向明显

大学生具有较高的智商，在网络信息技术飞速发展的时代下，违法大学生将自己所了解、掌握的科技知识运用到违法犯罪之中,作案手段更加隐蔽,典型的例如利用互联网技术进行诈骗,这给公安机关的侦查也带来了更多困难。

(三)女性犯罪逐渐增多

女大学生犯罪率呈现上升趋势,已经成为不容忽视的社会问题,诈骗、盗窃等违法犯罪案件屡见不鲜,更令人惋惜的是,极少数女性受金钱万能观念和享乐主义的影响,竟然走上了卖淫的违法道路。

(四)暴力犯罪较多

从办案机关统计在校学生实施的违法犯罪行为的案件来看,大学生违法犯罪主要集中于妨害社会管理、破坏社会秩序、侵害他人权利等带有暴力特征的犯罪。其中,实施聚众斗殴、寻衅滋事、强奸、故意伤害等四类违法犯罪行为的人数,占比达 54.38%。受不良文化的影响,在大学生中的寻衅滋事、抢劫、杀人、聚众斗殴等案件逐渐增多,而且犯罪手段十分残忍。

二、大学生违法犯罪的主要类型

(一)侵犯财产型犯罪

侵犯财产型犯罪是指故意非法地将公共财产和公民私有财产据为已有,或者故意毁坏公私和财物的行为。如抢劫、盗窃、抢夺、诈骗、侵占、敲诈勒索、故意毁坏财物等,侵犯财产型犯罪也是司法实践中最为常见的犯罪类型,大学生违法犯罪以盗窃、诈骗、抢劫居多,尤其盗窃罪占比最高。

(二)暴力型犯罪

暴力型犯罪泛指采取某种暴力手段实施的犯罪,暴力犯罪是一种极其恶劣的行为,包括故意杀人罪、故意伤害罪、强奸罪、绑架罪等。随着社会进程的加快,人们的生活压力日益增大,暴力犯罪随之增加。由于暴力犯罪是严重危害公共安全、侵犯人身、破坏社会治安的行为,对社会的危害和犯罪后果往往比较严重,是我国司法机关打击的重点。

(三)高科技、高智能型犯罪

高科技、高智能型犯罪是指以高新科学技术成果为手段危害社会公共安全,侵犯国家、法人或自然人的合法权益的行为。科技犯罪作为与社会经济和科学技术进步相伴而生的一种新型犯罪,根源于高新科学技术的产生与发展,并且依赖技术力量的实施。信息革命给人类带来福祉的同时,也造就了一批全新的高智商罪犯。大学生对新生事物的接受能力较强,掌握专业知识和技能,因此对于部分自控能力较差、法律意识淡薄的学生,很容易利用网络进行高科技、高智能犯罪。典型的如帮信罪、破坏计算机信息系统罪。

(四)替考、作弊型犯罪

替考、作弊型犯罪是指在法律规定的国家考试中,组织他人作弊的、为他人实施或组织作弊提供作弊器材或者其他帮助的、向他人非法出售或者提供试题或答案的、代替他人或者让他人代替自己参加考试的等破坏考试公平竞争规则的犯罪活动。《中华人民共和国刑法》新的修正案不仅规定考试作弊行为本身要受到刑罚处罚,还将组织作弊、帮助作弊的行为入刑,这意味着只要为作弊者提供帮助,都将构成犯罪,并且对此类犯罪行为最高可判处七年有期徒刑并处罚金,惩罚力度明显加大。

三、预防大学生违法犯罪的途径

做好犯罪预防工作有利于从根源处减少犯罪对社会和个人造成的危害,维护社会的发展和稳定。立足大学生犯罪的特点和原因,在预防和措施上也有独特之处,重点在于以教育、保护为主的事前预防。

(一)加强法治教育,提升大学生的法治意识

要加强对学生的法治教育,使学生养成遵纪守法的良好习惯。大学生法治教育是加强法治建设、提升法治素养及营造法治氛围的核心路径,是引领青年投身法治中国建设的重要渠道。高校开设大学生法治教育相关课程应当从大学生自身的实际需求出发,以大学生毕业之后可能用到的与自身利益息息相关的法律知识为主要内容,通过法治展览、宣传画、发放法律书籍等形式加强法制宣传教育,要更有效地发挥课堂教学的主渠道作用,加强与外界的联系、构建多方参与的法制第二课堂。

(二)加强心理健康教育,及时化解心理疾患

心理健康教育是根据学生生理心理发展的规律,运用心理学的教育方法,培养学生良好的心理素质,促进学生整体素质全面提高的教育。部分大学生心理不健康是导致其违法犯罪的一个重要因素,对大学生出现的不良心理及时予以关怀和疏导,有意识地开展心理健康知识讲座,提高他们的情绪自控能力和挫折承受能力,促进大学生人格的全面完善,从而有效预防违法犯罪。

(三)强化家庭教育,营造良好的家庭教育环境氛围

良好的家庭环境是社会文明的缩影,家长的品行及其教育方式对大学生的健康成长发挥着不可替代的作用,是预防大学生违法犯罪的关键因素。家长应注重提高家庭教育素

养，改善家庭教育方法，注重对子女责任感的培养，同时不断提升家校沟通合作效果，在家长和学校之间建立起便捷、及时、高效的沟通渠道。

□课后思考

1.《中华人民共和国刑法》规定的刑罚种类有哪些？

2. 张三在超市买了一瓶高档白酒，经鉴定为假酒，张三可以采取哪些方式来维护自身的合法权益？

3. 结合自身，谈谈如何预防大学生违法犯罪。

第四章 人身安全

学习目的与要求

1. 重视人身安全,提升安全意识。能够自觉提高思想品德修养和法律基础,关注人身安全知识学习,能够以案为鉴。

2. 了解校园欺凌、打架斗殴、性侵害、黄赌毒的定义和危害,能够识别并自觉抵制和防范。

3. 了解大学生社交中常见的安全隐患,并能够及时识别和防范。

4. 若遭遇人身安全问题,能够随机应变,知晓应对方式。

学习重点

1. 高校校园欺凌的定义、特点、危害及防范。

2. 高校打架斗殴的特点、危害及防范。

3. 高校性侵扰的定义、特点、危害及防范。

4. 黄赌毒的定义、危害及防范。

5. 正确开展宿舍、恋爱、网络、师生等人际交往,并防范安全隐患。

学习难点

1. 知易行难,提升思想认识,切实构建防范意识体系。

2. 建立起人身安全知识构架,并能够与时俱进地更新人身安全知识库。

第一节　预防人身侵害、保障生命安全

案例 5

女大学生骑共享电动自行车意外身亡

2023 年 9 月 27 日，某理工大学大一女生小木（化名）在搭乘同学驾驶的共享电动自行车返回宿舍途中意外摔倒，致头部重伤昏迷不醒。10 月 28 日，小木离世，死亡原因为硬膜下出血、脑疝。

点评：本案例反映出以下问题。

一是学生安全意识不足。学生在骑行共享电动自行车时，没有采取足够的安全措施，如佩戴头盔等，导致头部受到重伤。

二是风险评估不足。学生可能没有意识到骑行过程中可能存在的风险，如道路状况、车速等，从而没有采取相应的预防措施。

三是安全教育缺失。学校和社会可能没有对学生进行足够的安全教育，包括交通安全、骑行安全等方面的知识。

一、防范校园欺凌

（一）校园欺凌的概念及形式

校园欺凌是指在学校或校园周边发生的，可能造成受害者身体、心理、性等方面伤害的一种攻击性行为。这种行为可能表现为多种形式，包括身体上的暴力行为（如殴打、推搡、踢打等）、言语上的攻击（如辱骂、威胁、嘲笑、诽谤等）、心理上的压迫（如孤立、恐吓、敲诈等）以及性方面的侵犯（如性骚扰、性暴力等）。

校园欺凌行为通常是反复发生的，且受害者往往处于弱势地位，如年龄较小、身体较弱、性格内向、残疾或性取向不同等。校园欺凌不仅对受害者的身心健康造成伤害，还会对施暴者和周围的目击者产生负面影响。

校园欺凌不仅会对被欺凌者造成身心伤害，甚至会留下长期的心理创伤，而且影响了校园的正常秩序，影响恶劣，是学校师生需要共同努力抵制的暴力行为。我们现在常见的校园欺凌主要有肢体欺凌、语言欺凌、社交欺凌、网络欺凌等形式。

肢体欺凌，主要指以肢体或器械殴打、攻击被欺凌者的暴力行为。

语言欺凌，主要指用语言威胁恐吓、侮辱被欺凌者的语言暴力行为。

社交欺凌，主要指通过操控人际关系等方式孤立被欺凌者的行为。

网络欺凌，是随着传媒网络发展，而逐渐出现的以网络为渠道的欺凌行为。

（二）大学校园欺凌的特点及产生的原因

1. 大学校园欺凌的特点

大学校园中欺凌与中小学校有所同、有所不同，主要特点如下。

（1）隐蔽性。与中小学相比，大学生的心智更为成熟，欺凌行为可能更加隐蔽，例如通过网络平台进行言语攻击、散布谣言等。

（2）群体性。大学校园中的学生来自不同的地域和家庭背景，他们可能会因为某些共同点而形成小团体。在这些团体中，可能会出现排挤、孤立或欺凌其他同学的现象。

（3）精神伤害。大学生普遍更加重视精神层面的需求，因此大学校园欺凌可能更多地表现为精神上的伤害，如言语侮辱、诽谤、威胁等。

需要指出的是，以上特点并不是绝对的，不同的大学校园可能存在不同的情况。为了预防和解决大学校园欺凌问题，学校和社会应该加强教育和管理，提高学生的法律意识和道德素养，营造一个和谐、平等、尊重的校园环境。

2. 大学校园欺凌的成因

大学校园欺凌的成因是多方面的，以下是一些可能的因素。

（1）个体差异。大学生来自不同的家庭背景、文化环境和地域，个体之间可能存在较大的差异，这些差异可能导致一些学生在群体中处于弱势地位，容易成为欺凌的对象。

（2）竞争压力。大学期间，学生面临着学业、就业、社交等多方面的竞争压力。一些学生可能会通过欺凌他人来提高自己的竞争力或获得心理上的满足。

（3）心理问题。一些施暴者可能存在心理问题，如情绪不稳定、缺乏同理心、控制欲强等，这些问题可能导致他们对他人进行欺凌。

（三）校园欺凌处理方法与防范措施

由于校园欺凌现象普遍存在且已严重危害部分学生的身心健康，我国高度重视防范校园欺凌工作，国务院、教育部等部门颁布了反校园欺凌的政策性文件，各地也陆续出台相应的规章制度，防范校园欺凌工作日渐趋于完善。2016 年，我国政府出台了《关于开展校园欺凌专项治理的通知》，首次从国家层面确定了“校园欺凌”这一概念。2017 年 4 月一系列文件的出台，更是提高了社会各界对校园欺凌的关注和认识。在此背景下，大学生更要不断增强防范校园欺凌意识，敢于大胆对校园欺凌现象说不。

1. 遭遇校园欺凌处理方法

（1）保持冷静。首先要保持冷静，不要惊慌失措或激怒欺凌者，以免情况进一步恶化。

（2）寻求帮助。尽快向信任的人寻求帮助，如老师、家长、辅导员或学校管理员。

（3）记录证据。尽量保留与欺凌行为相关的证据，如短信、邮件、社交媒体信息或目击证人。

(4)报告欺凌行为。向学校或相关机构报告欺凌行为。

2.预防校园欺凌防范措施

大学已不断加强预防校园欺凌的各项制度,加强思想道德和法律基础知识的教育,加强师生沟通和联络,搭建朋辈互助平台,力求共同构建防范校园欺凌的体系。作为大学生可以通过做到以下几点预防校园欺凌。

(1)配合学校德育教育,不断提升思想道德水平,增强法律意识,树立正确的人生观、世界观、价值观,正所谓"学到源头理自通"。

(2)严格执行学校的各项规章制度,从我做起,从小事做起。

(3)不断增强防范校园欺凌的意识,不做施暴者、协助者、附和者、旁观者。

二、远离打架斗殴

案例6

高校食堂就餐排队引发打架斗殴

2023年,某高校两名学生在食堂排队时,因为拥挤发生碰撞,进而引发口角。随后,双方的情绪越来越激动,开始互相推搡和辱骂。周围的同学试图劝解,但两人并未停止争吵。

在冲突升级后,其中一名学生突然出手打了对方一拳,引发了更激烈的打斗。其他学生见状,赶紧将两人拉开,并报告了学校的保卫部门。保卫人员迅速赶到现场,控制住了局面,并将受伤学生送往校医院进行检查和治疗。

事后,学校对涉事学生做了严肃处理,包括警告、记过等处分。同时,学校也开展了相关的安全教育活动,强调遵守校规校纪、文明交往的重要性。

点评:此案例提醒学校要加强对学生的心理健康教育、法治教育和沟通技巧培训,引导学生正确处理人际关系,树立良好的道德观念。

这类事件不仅影响学生的个人成长和校园安全,也可能对社会产生不良影响。因此,全社会都应关注大学生的成长问题,共同营造和谐的校园环境和社会氛围。

(一)大学生打架斗殴的行为特征

大学生打架斗殴的行为特征包括以下几点。

(1)冲动性。大学生通常处于年轻、热血的阶段,情绪容易冲动,可能因为一些小的矛盾或争执而迅速升级为打架斗殴。

(2)群体行为。大学生往往生活在集体环境中,如宿舍、班级等,群体之间的关系复杂。打架斗殴有时会涉及多个学生,形成群体行为。

(3)暴力倾向。部分大学生可能存在暴力倾向,表现为对他人使用身体上的暴力行为,包括拳击、踢打、拉扯等。

（二）打架斗殴的危害

打架斗殴是校园内的一大公害，是违法违纪行为，危及人身安全，极易酿成治安、刑事案件。轻则伤人肌肤，要受到治安处罚；重则伤人筋骨甚至要人性命，要依法追究刑事责任。给社会、行为人本人及家庭带来不良影响。

打架斗殴不仅常常葬送自己的美好前程，而且妨碍内部团结，不利于优良校风和学风的建设，破坏大学生成才的优良环境，损害大学生的良好形象，对学校正常的教学环境造成恶劣影响，影响学校声誉。

根据打架斗殴的危害程度和违法性质，其法律后果有以下几个方面。

1. 民事责任

在打架斗殴中，行为人给对方的人身或财产带来损害，行为人要承担赔偿责任。如果行为人属无行为能力的人，自己不能承担赔偿责任的，则由监护人承担。

2. 行政责任

有责任能力的行为人，如果侵犯他人人身权利，殴打他人，造成轻微伤害，或者结伙斗殴，寻衅滋事，扰乱公共秩序，尚不够刑事处罚，可依照《中华人民共和国治安管理处罚法》的规定处十五日以下拘留、二百元以下罚款或者警告。

3. 刑事责任

依照《中华人民共和国刑法》规定，在打架斗殴中，有责任能力的行为人故意非法损害他人人身健康达到轻伤以上的，或故意非法剥夺他人生命的，分别构成故意伤害罪和故意杀人罪；行为人过失致人重伤或死亡的，分别构成过失致人重伤罪和过失杀人罪；如果出于私仇、争霸或其他不正当目的而纠集多人结伙斗殴，其首要分子和积极参加者构成聚众斗殴罪，聚众斗殴中致人重伤、死亡的，以故意伤害罪或故意杀人罪定罪处罚；如果在公共场所无事生非，起哄闹事，殴打伤者无辜，肆意挑衅，横行霸道，破坏公共秩序情节严重的，构成寻衅滋事罪。

（三）预防打架斗殴

打架斗殴有如此多危害，我们在大学校园应做到以下几点，以预防打架斗殴事件。

1. 退一步，海阔天空

无论争执是由谁引起的，都应冷静克制，不可冲动。应当牢记“退一步，海阔天空”“男子汉能屈能伸”，退让不是怯懦，而是一种气度。

2. 共同建设文明校园

很多纠纷都是由口角引起，而口角都是恶语伤人导致的。有时一句文明用语“对不起”

“不好意思”等，就能化干戈为玉帛。另外，做到按时就寝、先来后到排队、不乱丢垃圾等文明行为，就能达到减少纠纷和冲突的目标，共同建设文明校园是每个人的责任。

3. 当一个“益友”

有时当事人很难当下保持冷静和理智，这时朋友的引导和规劝显得尤为重要。益友是那些帮你恢复理智的人，而不是“助纣为虐”“煽风点火”地看热闹不嫌事大的人。

三、防范性骚扰

近年来，高校性骚扰事件屡屡曝光，引起了社会的广泛关注。

性骚扰事件的加害者不仅包括教师，还包括学生、职工等不同身份的人。这表明性骚扰问题在高校中较为普遍，需要引起各方的重视。高校性骚扰事件不仅对受害者造成了伤害，还对整个高校乃至社会产生了恶劣的影响。这些事件损害了高校的形象，也影响了公众对高校教育环境的信任。

目前，我国在性骚扰方面的法律制度还不够完善，导致受害者在维护自身权益时面临困难。许多高校在性骚扰的教育和预防方面存在不足，导致学生对性骚扰的认识不够，缺乏应对能力。

（一）性骚扰的概念

从世界范围看，高校性骚扰的发生具有一定的普遍性。性骚扰指向被害人施加与性有关的语言与行为，通常通过学习、深造、就业和生活方面的恐吓、威胁、冒犯或迫害，达到性目的。性骚扰也可能发生于同性之间，受害者可能是任一性别。

性骚扰严重影响受害人的身心健康、学业表现，降低其自尊心和信心。遭遇严重性骚扰的受害人，甚至会出现长期的精神抑郁和自杀倾向。同时此类案件对高校的安全环境造成破坏，影响了学校教育目标的实现，也有可能降低学校的声誉。

构成性骚扰的行为包括但不限于：

（1）性挑逗。不受欢迎的、不合时宜的、冒犯的性接近，包括不受欢迎的性语言，个人关注，身体触碰和性举动。譬如以跟踪、挡住去路等方式进行施压；故意触碰对方的肢体等俗称“吃豆腐”的行为。

（2）性贿赂。以利益承诺、利诱方式要求他人从事与性有关的行为或与性相关的活动。譬如某大学博导性骚扰女学生事件；校方、院系领导、学科带头人、任课教师或辅导员等，以约会或发生性行为，作为加分、及格、好的成绩、推荐升学、介绍就业等特别优待的条件。

（3）性胁迫。以利益承诺、利诱方式要求他人从事与性有关的行为或与性相关的活动。例如老师以成绩、重修、开除学籍等威胁学生，要求学生提供性服务。

（4）性迫害。恶劣的性迫害或性侵害。性迫害在法律上已经构成强制猥亵或强奸。

(二)高校发生性骚扰的成因

1. 权力不平等现象的存在

在高校中,教师与学生之间存在一定的权力差异。教师在教学、指导学生等方面拥有一定的权力,而学生往往处于被动接受的地位。这种权力不平等可能导致某些教师滥用职权,对学生进行性骚扰。

2. 性别不平等现象的存在

社会中存在的性别不平等现象在高校中也有所体现。某些人可能持有错误的性别观念,认为男性具有优越性,从而对女性进行性骚扰。

3. 缺乏教育和意识

许多人可能没有接受过关于性骚扰的正确教育,不了解其严重性和危害性。这导致他们对自己的行为缺乏认识,意识不到自己的行为已经构成了性骚扰。

(三)大学生防范性骚扰、性侵害的措施

(1)加强自我防范意识,学习法律法规,不断更新观念。很多人至今仍认为性骚扰及性侵害仅仅发生在女性身上,殊不知越来越多的案件说明,不论男生女生都应加强防范意识。

(2)提升自我保护能力,学习一些基本的自卫技能,如防身术、擒拿技巧等,以备不时之需。同时,保持身体健康,增强体质,提高应对突发情况的能力。

(3)寻求帮助和支持,一旦遭遇性骚扰或性侵害,要保持冷静,及时呼救或报警。可以向身边的人求助,或者向学校、警方等相关部门报告。同时,保存好相关证据,以便后续维权和追究责任。

案例7

女大学生在图书馆遭遇性骚扰

2023年10月,某大学一名女生在网上发文求助称,7月11日18时至20时20分,她在该大学文理学部图书馆北门走廊,受到该大学外国语言文学学院一男生的性骚扰。事发后该女生欲通过正常渠道解决问题,但经过三个月漫长的等待仍未能解决,且双方陷入僵局,因此她选择曝光,希望可以推动事情尽快解决。

10月11日,某大学发布情况说明,学校关注到有学生举报遭受性骚扰的有关网络信息,已成立工作组,对整个事件进行调查。10月13日,某大学发布一个情况通报,称对涉及该校学生的网上举报,经调查核实,根据相关规定,学校研究决定,给予2022级本科生肖某某记过处分。

点评:在该事件中,院方在处理举报事件时,没有完善好反馈制度,调查结果没有及时通知当事人,反映出相关制度的不完善,也限制了受害者的维权途径。

该事件也提醒我们,需要加强对校园性骚扰的认识和重视,建立健全的预防和处理机制,保障受害者的权益,维护校园的安全和公正。

知识链接

如果不幸遭遇了性侵害怎么办?

（1）第一时间报警。在有条件的情况下，应当立即报警，配合警方取证，体液、毛发、衣物或床单上的残留物等最佳取证时间是案发后数小时内。千万不能先洗澡、清洗衣物等，会破坏证据留存。

（2）到医院检查身体，防范性病、艾滋病等传染疾病。针对艾滋病，在72小时内服用阻断药物，可以有效阻断艾滋病毒。

（3）进行心理咨询，治愈心理伤害，将伤害程度降至最低。

四、抵制黄赌毒

黄赌毒，指卖淫嫖娼，贩卖或者传播黄色信息，赌博，买卖或吸食毒品的违法犯罪现象。在我国，黄赌毒是法律严令禁止的活动，是公安机关重点打击的违法行为。黄赌毒的刑罚从拘留至死刑不等。

（一）黄色诱惑

1.“黄”的概念和危害

“黄”是指具体描绘性行为或者露骨宣扬色情的书刊、影片、录像带、录音带、图片和其他淫秽物品，以及组织、强迫、引诱、容留、介绍他人卖淫嫖娼等违法犯罪活动。

“万恶淫为首”，黄色书刊、图片、视频等淫秽物品，对于日趋成熟的大学生群体诱惑力很大。据不完全统计，大学校园有七成大学生不同程度地接触过淫秽物品。

究其缘由，大学生在入大学以前，忙于应考，生活既单调又被家长、学校、教师严格地管束和控制。进入大学之后生活更为自由，加之网络色情图片、视频等普遍且易得，导致有些大学生沉迷色情，终日里只想满足欲望，从而影响个人身心健康和学业。

案例8

大学生赵某某盗用并恶意修改他人照片被行政拘留

2022年6月，一份女生发帖维权称自己遭某大学商学院赵某某造黄谣。女生表示自己跟赵某某是高中同学兼曾经的好友，赵某某盗用她发在朋友圈的图片修改后发帖，对她和其他几名受害者进行侮辱。被揭穿后，赵某某本人及其家人并未道歉或解释，他的朋友还劝女生不要传播赵某某隐私。

赵某某是受害者的微信好友，盗用并恶意修改受害者发布在朋友圈的照片，将图片发布到黄色网站，并用极为不堪的语言对这些受害者肆意羞辱。受害者发现自己照片被盗用、遭恶意修改并被上传至黄色网站后，随即报了警。经过警方侦查，证实赵某某的行为属实。赵某某受到惩罚，行政拘留10天，被学校开除学籍。

点评：该事件涉及侵犯他人隐私、传播淫秽物品、网络暴力等违法和不道德行为，给受害者带来了极大的伤害和困扰。

这一事件也提醒我们，个人在使用互联网时应当尊重他人的隐私权，不传播淫秽物品，不实施网络暴力。

2. 拒绝“黄”

随着移动网络的发展，移动支付的便利，淫秽物品的传播载体从传统的书刊、画册、影碟、录像转为直接在互联网上通过手机软件传播，作为大学生应该从我做起，自觉抵制网络黄色诱惑。

（二）赌博诱惑

1. “赌”的定义及危害

“赌”通常指赌博，是一种以金钱或其他有价值的物品为赌注，通过随机或不确定的方式来决定胜负的行为。

赌博的危害包括但不限于以下几点。

(1) 经济损失：赌博可能导致个人或家庭的财产损失，甚至陷入严重的债务困境。

(2) 心理健康问题：赌博可能引发焦虑、抑郁、自卑等心理问题，对个人的心理健康产生负面影响。

(3) 社会问题：赌博可能导致家庭破裂、社会不稳定等问题，对社会秩序和安全造成威胁。

(4) 法律问题：在许多国家和地区，赌博是非法的，参与赌博可能会导致法律后果。

(5) 成瘾问题：赌博可能导致成瘾，使参与者无法自拔，对其生活、工作和人际关系造成严重破坏。

案例 9

在校大学生网络赌博成瘾犯诈骗罪

2021 年 7 月，某学院一在校大学生谭某因网络赌博成瘾，为筹集赌资，编造母亲生病、女朋友出事等理由，在该学院宿舍楼内骗取多名同学的信任，采用微信、支付宝当面转账的方式，共九次累计骗取数万元，诈骗所得被其全部用于网络赌博。 最终，谭某因犯诈骗罪，被判处有期徒刑三年五个月。

点评：这起案例反映了大学生面临的赌博诱惑和风险，以及赌博对个人和社会的严重危害。 因此，我们需要加强对大学生的赌博预防教育，提高他们的风险意识和抵御能力，同时也需要加强对赌博犯罪的打击力度，维护社会的和谐与稳定。

2. 拒绝“赌”

随着网络的不断发展，一些赌博软件、网站也不断地出现在了日常生活当中，赌博行为呈现出网络化、移动化、隐秘性更高等特点，并不断向校园渗透。因此，大学生应从以下方面建立防范赌博的安全意识。

(1)充分认识赌博的危害,关注新闻时事,以他人之鉴,时刻警醒自己。大学生应当培养高尚的情操,多参加健康积极的文体活动,充实自己的业余活动。

(2)思想上要时刻警惕,目前赌博形式多种多样,有的网络赌博甚至伪装成一般游戏,比如扑克牌游戏、捕鱼游戏、消消乐游戏等,一开始网络赌博常常会给些“甜头”,让玩家小钱赢些“大奖”,一旦成瘾后,就会开始让玩家输钱,但是往往这时,思想不够警惕的话,“扳本”心理占上风,总是想把输掉的钱赢回来,便越陷越深。因此对待“赌博”,能不接触就不接触,不幸中招,也要及时抽身。

(3)共建防止赌博的安全网。如果发现同学、朋友、家人参与赌博,应及时制止。若同学不为所动,可向老师或学校有关部门报告。

(三)毒品陷阱

1.“毒”的定义及危害

毒品是指能够使人体产生依赖性、危害性极大的物质,包括鸦片、海洛因、冰毒、大麻等。毒品会对身体和心理健康造成严重的损害。

毒品的危害主要包括以下几个方面。

(1)身体健康:毒品会对身体各个系统产生损害,如神经系统、心血管系统、呼吸系统、免疫系统等。长期使用毒品可能导致药物依赖性、成瘾性、身体功能衰退、疾病感染和死亡。

(2)心理健康:毒品会对心理健康产生负面影响,引发焦虑、抑郁、幻觉、妄想等心理问题。

(3)社会问题:毒品使用常常与犯罪活动相关联,如盗窃、抢劫、贩毒等。毒品还会破坏家庭关系、导致失业、社会隔离和贫困。

(4)法律问题:在大多数国家和地区,持有、使用和贩卖毒品都是违法行为。违反毒品相关法律可能导致社会声誉受损、刑事处罚等后果。

案例 10

大学生李某某贩卖合成大麻素类物质被警方抓获

根据警方调查，李某某在得知合成大麻素类物质已被列入管制品的情况下，仍然多次向他人贩卖，其中还包括未成年人，总共获利885元。 2023年4月，某地人民法院对这起案件进行了审理，并以贩卖毒品罪判处被告人李某某有期徒刑七年，并处罚金2万元。

点评：这起案件反映出部分大学生对毒品的危害认识不足，同时也暴露了毒品预防教育的重要性和紧迫性。 毒品不仅会对个人的身体健康造成严重的损害，还会导致法律后果，影响个人的前途和未来。 因此，学校和社会应该加强对毒品的宣传和教育，提高大学生的防范意识，让他们远离毒品的侵害，不要触碰法律红线。

2. 拒绝"毒"

(1)提高思想意识,筑牢心理防线。目前很多大学生还认为毒品离自己很远,未建立起心理防线。根据目前的情况,贩毒者会虚假宣传新式毒品无成瘾性、或有减肥、提神等功效,将毒品包装得与零食无异,甚至不惜无偿提供毒品。大学生由于社会阅历浅,辨别是非能力弱,若未提前筑牢思想防线,很容易上当。

(2)多看、多学。新型毒品层出不穷,要经常关注官方新闻讯息。如一些新式毒品,可以通过皮肤接触,渗入毒性,让人防不胜防。

(3)慎重交友,杜绝攀比。"近朱者赤,近墨者黑。"有很多大学生是在从众心理、攀比心理的作用下,走上吸毒贩毒的道路。

据统计,在"黄赌毒"犯罪分子中"单一型"的占少数,"复合型"的占多数,嫖、赌、抽、抢、偷五毒俱全者所占比例更高。最主要的原因是"黄赌毒"属于挥霍金钱的行为,一般人的经济收入根本无法承受,在他们"手中无粮"的时候,必然会出现以贩养吸、卖淫买毒、以贪养赌等连环犯罪,有的还盗窃、诈骗、敲诈勒索、抢夺抢劫,甚至在光天化日之下杀人越货。

因此大学生一定要时刻绷紧抵制黄赌毒的弦,防范新型黄赌毒的侵害。大学生一定要不断提升思想境界,培养良好的兴趣爱好,塑造良好的人格和自控力,以理性、乐观、积极的态度对待人生,排除侥幸、坐享其成、逃避的心理,才会从根本上远离"黄赌毒"。

第二节　社交安全

一、校园安全之人际交往

校园人际关系对大学生每个人的情绪、生活、学习等都有很大的影响,甚至对组织气氛、组织沟通、组织运作、组织效率及个人与组织之关系均有极大的影响。

(一)校园安全之同学间人际交往的特点

1. 广泛性与时代性

随着信息社会的来临,计算机网络的飞速发展,现代化通信工具的普遍应用,当代大学生人际交往的广泛性与时代性特点主要是通过交往方式的改变体现出来,从"以寝室为中心"的社交方式,向"社会工作"和"QQ、微信等新兴网络社交"方式转变。这一现象反映了当代大学生交往方式及交往观念的改变,大部分的学生不再抱有狭隘的交友观念,转而追求建立更加广泛、多样的人际关系。

2. 交往的迫切性

首先，随着大学生生理、心理的逐渐成熟，他们的交友需要日益迫切；其次，入学后环境的改变使得他们有迫切适应新环境、结识新朋友的需要；再次，择业的自主性也使得当代大学生有迫切与人沟通、多方面获取信息的需要。

3. 理想性仍存，实惠性需求上升

人际交往最基本的动机就在于希望能从交往对象那里得到自己需求的满足。当代大学生的人际交往显示出了新变化，有的大学生进行人际交往是为了“结交更多的朋友、丰富大学生活”，有的大学生把“有利于将来事业发展”作为社交首要目的。交往目的呈现出年级差别，低年级学生是为了丰富大学生活，而高年级学生则更加注重寻求有利于将来事业发展的社会资源。

4. 不平衡性

不平衡性主要体现在当代大学生贫富的差别上。有调查显示，经济上拮据的大学生在人际交往中较多地表现为交往被动、性格内向等，甚至个别学生还会由此产生自卑、孤僻等不良心理。

5. 开放性

当代大学生人际交往的开放性主要表现在与异性的交往上。正处于青春期的大学生随着生理的成熟以及性意识的产生，对于爱情特别渴望和敏感，加之大学生们对校园里广泛的同龄异性交往大多持认同态度，与以往的大学生相比，当代大学生异性之间的交往呈现出明显的开放性特点。

案例 11

某高校两名女生因为琐事产生口角最终导致一人坠亡

2024 年 1 月，某高校两名女生因为琐事产生口角，最终导致一人坠亡。受害者小丽（化名）与舍友小芳（化名）之间的关系原本密不可分，却因为一件微不足道的事情爆发了矛盾。小丽借给小芳一本心爱的书籍，却发现书籍被涂鸦糟蹋，愤怒中的小丽责备了舍友小芳，随后双方的口角升级为激烈的争执。在争执过程中，情绪失控的小芳推开了小丽，致使小丽连退数步后不慎撞上窗户，最终从高楼坠亡。

点评：这起案例提醒我们要重视情绪管理、沟通理解、尊重他人以及安全意识。希望这样的悲剧不再发生，让我们共同营造和谐、安全的校园环境。

（二）校园安全人际交往措施

1. 彼此包容，互相理解

要容许不同声音、不同习惯、不同观点，每个人的成长环境不同，生活习惯不同，天南地北住在一起是缘分，应当互相欣赏优点、包容缺点，这是宿舍人际交往的第一个准则。

2. 相互关心,互帮互助

俗话说“远亲不如近邻”,作为在大学期间,室友是待在一起时间最长的、最为亲密接触的同学,应做到互帮互助,当室友遇到困难的时候,第一时间伸出援手。

3. 互相谦让,增进沟通

同宿舍的同学之间保持良好的人际关系,是宿舍社交安全的核心,而保持良好人际关系的途径,不外乎“宽容、谦让、互助、关心”这些关键词,只有将心比心,坦诚相待才能建立良好的人际关系,从而提高同学们的学习和生活质量。

二、恋爱交往安全

恋爱交往安全是建立健康、平等和尊重的恋爱关系的基础。通过关注身体、情感、心理、沟通、个人信息等方面的安全,我们可以更好地保护自己和对方,享受健康、快乐的恋爱关系。

“窈窕淑女,君子好逑”“愿得一人心,白首不相离”,自古爱情便是甜蜜、幸福的代名词,大学生除了享受恋爱带来的美好之外,还会遭遇恋爱失败的情况,但是不正确的恋爱观、不成熟的情感控制、不妥当的处置方式,导致部分学生无法接受恋爱失败的后果,从而发生一些安全事件。

目前大学生在恋爱中存在的主要影响安全的问题有以下几点。

(1)情感困扰和心理健康问题:大学生在恋爱中可能会经历情感的波动和困扰,例如失恋、争吵、嫉妒等,这些问题可能导致心理压力增加,影响情绪和心理健康。

(2)性健康问题:不安全的性行为可能导致性传播疾病的风险增加,包括艾滋病、性病等。缺乏正确的性教育和避孕知识也可能导致意外怀孕等问题。

(3)网络和社交媒体的风险:随着社交媒体的普及,大学生在恋爱中可能面临网络欺凌、隐私泄露、虚假身份等问题,这些都可能对个人安全和隐私构成威胁。

需要注意的是,以上问题并不是普遍存在于所有大学生的恋爱中,但它们是一些需要关注和重视的方面。为了确保恋爱中的安全,大学生应该提高自我保护意识,学习正确的人际关系技巧和沟通方式,寻求适当的支持和帮助,以及遵循健康、平等和尊重的恋爱原则。同时,学校和社会也应该提供相关的教育和支持资源,帮助大学生建立健康的恋爱关系。

案例 12

女大学生在恋爱期间被男友杀害

2020 年 7 月，21 岁的女大学生小李在地铁上遇到了自称为国家公职人员的洪某。相识十几天后，两人便确定了恋爱关系并同居。在恋爱期间，洪某表现出强烈的控制欲，不许小李与其他男性或女性朋友联系。然而，小李并不知道洪某实际上并非国家公职人员，而是一个沉迷于网络游戏、格斗等暴力元素的人。洪某曾多次计划杀害小李。最后一次，他借着吵架和小李冷战，制造她失联的假象，实际上却哄骗她独自前往云南的西双版纳。在那里，他与张某和曹某一起将小李杀害。

2023 年 5 月 7 日，经最高人民法院核准，云南省西双版纳傣族自治州中级人民法院依照法定程序对洪某执行死刑，检察机关依法派工作人员临场监督。

点评：这起案件反映出在恋爱关系中，个人的人身安全至关重要，需要及时察觉并处理恋爱对象的异常行为和控制欲，保护自己的生命安全。

那么大学生应当树立怎样的恋爱观，如何处理恋爱事件，如何在恋爱中保护好自己的人身安全呢?

（1）要正确处理好爱情与学业的关系，以学业为重。

（2）擦亮双眼，学会鉴“渣”。

（3）要树立正确的恋爱观，不应以貌取人、过分看重对方家庭背景等。

（4）要建立正确的恋爱消费观。

综上，大学生一定要重视恋爱交往安全，不能盲目被爱冲昏了头脑，在恋爱过程中保持理智，以学业为重，保持人格的独立和自主，保护好个人权益，避免感情纠葛，让爱情为大学生活添彩，而不是成为一种负担。

三、网络交往安全

如今网络社交平台发展迅速，除了 QQ、微信等通信社交软件，许多短视频、游戏也都具有社交功能，可以说网络社交无处不在。网络社交具有开放性、自由性、虚拟性的特征，也因此存在一些潜在安全威胁。

案例 13

大学生网络交友不慎惨遭被骗

某高校的在校大学生侯某，在放假期间通过网聊认识了一位自称在日本读书的王某。两人聊得很投机，侯某也逐渐对王某产生了好感，并毫无防备地将自己的一切都告诉了王某。毫无社会经验的侯某就此陷入了王某的陷阱，开始不断给王某转账。资金不够了，王某就开始怂恿侯某在网上贷款。等侯某贷款还不上时，王某就让她再从另一个网贷平台上贷款来还前面的债。后来王某索性骗来侯某的支付宝及微信账号和密码，背着她又在其他几家网贷平台上贷款。就这样，侯某身上的债越背越多，最后竟欠债 18 万余元。此时的王某已将侯某拉黑，消失得无影无踪了。

点评：在上述案例中，大学生侯某在网络交友时，没有注意保护自己的隐私和安全，轻易地将自己的个人信息和联系方式告诉了对方，并且在没有充分了解对方的情况下，就与对方建立了男女朋友关系，从而给了不法分子可乘之机。

为了避免类似的事件发生，大学生在网络交友时应该提高警惕，保护好自己的隐私和安全，不要轻易相信陌生人，也不要轻易与陌生人见面。

目前大学生网络交往安全问题主要集中在以下方面。

（1）大学生的判断辨别能力较差，社会经验不足，防范意识较弱，在网络社交过程中，对交往对象身份不予核实，难以识破骗局，一步一步引诱被骗，小到淘宝兼职、大到骗财骗色。

（2）抵制错误思想的腐蚀。网络上鱼龙混杂，充斥着许多错误的思想和观点，比如拜金主义、享乐主义等。

（3）网络并非法外之地。大学生在网络世界畅游时，极易迷失自我道德品质底线，在网络上发布不实言论，或发布攻击性言论，成为语言暴力的实施者。

综上，大学生在网络交往中应该注意以下问题。

（1）应该自觉提高思想道德品质和法律基础水平，树立正确的人生观、世界观、价值观，在网络社交中，也应当注意自己的言行，正确看待舆论事件，杜绝网络暴力行为。

（2）加强学习，多关注社会案件，增加自身阅历，从而提高防范意识、鉴别水平，谨防急功近利、贪利等心理作祟，理性对待网络交友，深入交往，请务必核实对方身份，切忌盲目受骗。

四、师生交往安全

师生交往是大学生人际交往的重要组成部分，教师的专业水平、学生对教师的信任程度、师生沟通是否顺畅等都直接影响着学生的学业、生活，乃至三观的形成。因此，正确地处理师生交往，也是大学生的人际交往重要一课。

老师和学生之间的关系是一类特殊的人际关系，老师在交往中往往扮演的是学术权威、思想引领、生活导师等角色，而学生是跟随老师步入学术殿堂，提升自身思想境界，学习老师的人格品质的跟随者。目前我国大学师生关系总体上体现出老师为人师表，学生尊师重道的良性发展态势，大学校园中的师生关系也逐渐向民主平等方向发展。但师生之间的互动存在着一定的隐患，尤其是师生之间存在着年龄、权力等方面的差异，如果师生之间过于接近或过于暧昧，就可能引发不必要的社会和伦理争端。老师必须与学生保持适当的距离，对学生保持适当的尊重，才不会步入“伦理的灰色地带”。

在师生关系中，应制订明确的规则，确保教育公平，保障师生权益。在大学教学过程中，师生之间的亲密接触应受到一定的限制，既能避免因私取利而产生的不良影响，又能促进师生之间的和谐相处。

1. 师生关系的对等和尊重

师生互动的本质就是师生之间的对等和尊重。教师应当平等地看待每一位同学，不得利用自己手里的权力，向他们施加压力，也不要给他们特别优待，更不要让他们和自己建立不正当的人际关系。

2. 老师和学生之间要有界限，要守规矩

老师在教学中要注意师生之间的界限，要时刻警惕自己的行为是否过分。教师对学生不可过于亲密，特别是情感上要保持距离，以免产生不好的师生关系，从而损害了学校的名誉和学生的名誉。

在教学过程中，应把握好师生之间的界限，将“学业辅导”与“私人辅导”区分开来，避免“德育偏离”带来负面影响。师生关系要明确，严格遵守规矩，师生关系才能有实际保障。

3. 对师生关系的监督和关注

通过对师生关系的监督和关注,可以更好地改进课堂气氛,更好地规范师生的行为。老师要处理好与同学之间的关系,防止不良人际关系的产生,维护良好的品德和职业声誉。

拓展阅读

1.《非暴力沟通》,作者马歇尔·卢森堡博士。 学会沟通,是建立良好社交关系的第一步,本书提出通过观察、感受、需要以及请求四部曲,构建平和沟通,摆脱语言暴力。

2.《自控力》,作者凯利·麦格尼格尔。 本书告诉人们如何改变旧习惯、培养健康的新习惯,以及克服拖延、抓住重点、管理压力的方法。

□课后互动

以小组为单位,就以下问题进行交流讨论:如果你是他/她,你会怎么做?

1. 我是一名女生,今年 20 岁。上高中的时候我学习很刻苦,除了学习没有其他的爱好,也没什么朋友。因高考成绩不理想,补习了一年。考入大学后,班主任安排我当寝室长,我也想好好与寝室同学相处。但时间一长,我发现自己真的无法和室友们相处。我习惯早睡,她们却喜欢聊到深夜;我比较爱干净,她们却喜欢乱丢乱搭,把寝室搞得乱七八糟。我以寝室长的身份给她们提出一些建议和要求。她们不但不听,反而恶言相骂。就这样我与室友经常因为一些琐事发生争执。我认为自己是对的,但她们并不理睬,几乎没人跟我说话。现在我和室友的关系很糟糕,已经到了孤立无援的地步。

2. 我是一名男生,进入大学后,认识了温柔可人的小可(化名),我们已经恋爱了 6 个月了。这学期以来,她对我有些冷淡,发信息经常不回,约她一起散步,她也总是推脱。我怀疑她喜欢上了他们班长。这个家伙以前追过小可,仗着家里有钱,经常找借口接近小可。我要找个机会好好教训这个狂妄的小子,让他知道我的厉害,也让小可重回我的身边。

□课后思考

1. 大学生应当怎样远离打架斗殴?
2. 大学生如何防范性骚扰?
3. 大学生怎样抵制黄赌毒?
4. 在与他人交往中需要注意哪些问题?

第五章 财产安全

学习目的与要求

1. 了解大学生活中可能发生的财产安全事故。

2. 了解高校盗窃案、抢夺抢劫案、大学生诈骗与敲诈、大学校园贷发生的原因、特点及作案手段,掌握相应的预防与应对方法。

3. 了解大学生实体店购物和网购中可能遇到的财产安全事故,掌握相应的预防与应对方法。

学习重点

1. 学会运用所学知识预防和应对生活中可能遇到的各种财产安全事故。

2. 学会辨识不良校园贷和网购陷阱这两种新型威胁财产安全的作案手段,学会保护人身和财产安全。

学习难点

1. 掌握各种财产安全事故的处理和应对办法。

2. 辨识如诈骗、校园贷和网购陷阱中的作案手段。

第一节　提高警惕，保障财产安全

大学生活中如果发生了被盗、被骗、被抢，就必然使大学生的财产受到损失。因此，大学生要提高安全意识，做好防盗、防骗、防抢等防范工作，以确保财产安全。

一、预防盗窃

盗窃案件是大学校园中的多发性案件，盗窃是指一种以非法占有为目的，秘密窃取国家、集体或他人财物的行为。

以作案主体进行分类，盗窃案可分为外盗、内盗和内外结伙盗窃三种类型。

高校中内盗发案率比较高，少数大学生对自己要求不严，人生观和价值观发生扭曲，法律意识淡薄，不顾家庭和自身经济承受能力，追求时髦，从而导致没有钱花就去偷，逐步走上违法犯罪道路。

预防和打击高校盗窃案，不仅是公安机关和学校保卫部门的重要任务，也是每个大学生应尽的责任和义务。增强防盗意识，了解校园内盗窃犯罪的基本情况、规律和特点，掌握防盗的基本常识和技能，是做好防盗、保证安全的基础。

案例 14

“红装大盗”——自习室的惯偷

2023 年 9 月下旬，某派出所接到来自辖区三所高校多名在校大学生的报案，在教学楼自习室学习期间，离开教室仅数分钟，放在桌上的储物包就被盗走。民警了解到，被盗物品有手机、耳机、现金、学生证甚至校园卡。结合现场勘查情况和受害学生描述，民警认定三所高校内发生的多起盗窃案系同一人所为。

办案民警在“盯”了长达 121 个小时的监控后，“筛”出了嫌疑人：一女子在不同案发时间，在案发高校正门均有出入。10 月 1 日，三组侦查员分别在三所高校设伏守候，在其中一所高校将嫌疑人抓获。

嫌疑人李某系无业人员，有多次盗窃前科。民警通过深入核查发现，犯罪嫌疑人李某在该辖区共作案 12 起，并连带破获其他辖区同类案件 20 起。11 月初，李某因涉嫌盗窃罪被依法采取刑事强制措施。

点评：此校园盗窃案件被盗物品——现金和电子产品均为大学校园容易被盗物品，盗窃发生地点是教学楼自习室。被盗案件中的小偷通过购买假证或偷窃的学生证进入校园，躲避学校保安检查，乘学生离开教学楼自习室的一段时间进行作案。建议现金之类的贵重物品要么随身携带，要么锁好保管，在教学楼自习室内也不要离开自己视线范围，不让盗窃分子有可乘之机。

（一）大学校园里容易被盗的物品

（1）现金、银行卡等。这类物品盗走后都能及时花掉，而且不易辨认。

（2）电脑、手机、相机、名牌手表、黄金饰品等，贵重物品被盗后，犯罪分子将其卖掉可以变成现金。

(3)自行车、电动自行车。自行车一直是被盗的重点目标,且被盗数量不断增长。

(4)校园卡、品牌衣物(鞋子、包包、化妆品)等生活用品和学习用具。由于大部分同学不重视这些东西的看管,有些人乘虚而入。

(二)大学校园里容易发生盗窃案件的地方

(1)学生宿舍。学生的现金、贵重物品、生活用品主要放在宿舍里,宿舍是最容易发生盗窃的场所。有些同学缺乏警惕性,安全防范意识太差,如有的同学看到陌生人在宿舍里乱窜漠不关心,有的同学随便留宿外人或出借钥匙等。

(2)教室、图书馆、食堂、操场、浴室等公共场所。学生的现金、贵重物品、学习用品放在书包里,书包放在教室、图书馆、食堂,人离开了,物品被盗;贵重衣服、物品在锻炼身体时放在操场,洗澡时放在浴室的衣柜中,也容易被盗。

(三)盗窃分子作案的主要手段

(1)顺手牵羊。盗窃分子乘主人不备,将财物顺手盗走。

(2)溜门盗窃。盗窃分子乘室内无人房门未锁之机,溜进门来,将室内的贵重物品盗走。

(3)窗外钓鱼。盗窃分子乘室内无人或室内人员睡觉之机,用竹竿、木棍等工具在窗户外边,将室内的衣服等物品钩走。

(4)翻窗入室。盗窃分子乘窗户敞开之机,割破纱窗,进入室内盗窃。

(5)撬锁入室。盗窃分子乘室内无人之机,撬坏门锁,入室盗窃。

(6)先盗钥匙,再盗物品。盗窃分子乘人不备,在宿舍等处偷来钥匙,然后尾随学生认清他的宿舍,再乘宿舍无人之际用钥匙开门,进行盗窃。

除上述六类外还有偷配钥匙预谋行窃的,也有以找人卖东西等名义混入宿舍相继行窃的等。

(四)盗窃分子的主要作案时间

盗窃分子作案时必然要回避人,尽量不让人发觉。一般来说,盗窃分子在作案时间上有如下规律。

(1)上课时间。上课时间学生大都去上课,特别是上午前两节课,宿舍内几乎空无一人,是盗窃分子的可乘之机。

(2)夏秋季节。天气炎热,许多学生敞开门窗睡觉,为盗窃分子大开方便之门。

(3)新生入学、老生毕业之际。新生对大学情况尚不了解,加上缺乏生活经验,警惕性不高;老生毕业时,宿舍内进进出出的人较多,学生忙于离校,警惕性放松,也容易发生被盗。

(4)放假前后。放假前,学生忙于复习考试,精力集中在学习上。放假期间,绝大多数学生回家,宿舍内人员很少。开学后,学生带来现金较多,稍有疏忽,也易被盗。

(5)早操时间。早操时间一些同学不愿起床,睡眼蒙眬时,给溜门盗窃分子提供了可乘之机。

(五)高校盗窃案件的特点

由于客观场所和作案主体的特殊性,决定了高校盗窃案件有以下一系列特点。

(1)时间上的选择性。不法分子在有人的情况下是不会行窃的,作案人必然选择作案地点无人的空隙实施盗窃。例如,上课期间的宿舍和下班的时间或节假日期间的实验室、办公室、财会室、计算机室等通常均处于无人状态,作案人便会乘隙而入。

(2)目标上的准确性。高校中内盗案件比较多,财会室、计算机室在什么位置,作案人都掌握得一清二楚;哪个学生有钱或贵重物品,常放在什么地方,作案人都基本上了解。不动手便罢,一旦动手目标十分准确。

(3)技术上的智能性。高校中盗窃案件的作案主体,一般以高学历、高智商的人为多,有的本身就是大学生。他们盗窃技能高于一般盗窃作案人员。他们经常会用你的钥匙开你的锁,或制作“万能”钥匙等,进行智能型违法犯罪活动。

(4)作案上的连续性。如上所述,正是由于作案人比较“聪明”,所以其第一次作案很容易得手。“首战告捷”以后,作案人往往产生侥幸心理,作案人极易屡屡作案而形成一定的连续性。

(5)作案人员构成特点。一是外部人员窜入高校内部作案,二是内部大学生作案。

(六)预防盗窃,确保财产安全

(1)要牢固树立防盗意识,克服麻痹思想。千万不要以为大学校园是太平世界,是保险箱。盗窃分子的眼光时时盯着大学校园,特别是盯着缺乏经验的大学生。因此,要时刻提高警惕。

(2)妥善保管好现金、银行卡等。现金最好的保管办法是存入银行,绝不能怕麻烦。储蓄的密码应选择容易记忆且又不易解密的数字。如果银行卡被盗后及时到银行挂失。因购买贵重物品而需要大额现金时,应当天取当天用,因故不能当天购物时,应将钱再存入银行。

(3)保管好自己的贵重物品。贵重物品不用时,不要随便放在桌子上、床上,防止被顺手牵羊、溜门盗走或窗外钓鱼盗走,要放在抽屉、柜子里,并且锁好。寒暑假离校时应将贵重物品带走,或托给可靠的人保管。贵重物品、衣物最好做上一些特殊记号,一旦被盗,报案时好说明,认领时也有依据。

(4)养成随手关窗锁门的好习惯。上课、参加集体活动、出操、锻炼身体等外出离开宿舍时,要关好窗、锁好门。一个人在宿舍时,即便上厕所、上水房洗衣服,几分钟、十几分钟的时间即可回来,也要锁好门。

(5)在教室、图书馆看书,在食堂吃饭时,不要用书包占座,不在书包里放现金、贵重物品、钥匙,防止书包被盗或书包内的现金、贵重物品、钥匙被盗。

(6)不带较多的现金和贵重物品到公共浴池去洗澡。

(7)自行车、电动自行车要养成随手锁车的好习惯,尤其好车要严锁严管,最好存放在有人看管的车棚里。

(8)发生被盗,要保护好现场,及时报案。如发现门窗被打开,或窗上玻璃被打碎、纱窗被割破、室内物品被翻得比较乱,这是室内发生盗窃的明显标志。遇到这种情况不要急于到室内查找自己的物品。首先要保护好犯罪分子留下的现场,以便公安人员在现场提取犯罪分子留下的痕迹;其次,要马上报告学校保卫部门或公安机关,请他们来现场调查了解;再次,配合公安保卫部门查破案件,讲明丢失或被盗情况及自己物品的特征。

二、预防抢劫和抢夺

抢劫是指以非法占有为目的,以暴力、胁迫或者其他方法施行的将公私财物据为己有的一种犯罪行为。抢夺是指以非法占有为目的,乘人不备,公然夺取他人的财物。这两类犯罪行为同时都侵害了他人的人身权利,而且容易转化为凶杀、伤害、强奸等恶性案件,严重侵犯大学生的财产及人身权利,威胁大学生生命安全。这两类犯罪行为在大学校园里远比盗窃行为发生得少,但也时有发生,因此,也必须积极防范。

(一)大学校园里抢劫、抢夺案件的特点

(1)案发时间多为晚上,特别是校园内夜深人静、行人稀少时;午休时间也可能发案。

(2)发案地点多为校内偏僻场所,人少的地段。

(3)抢劫、抢夺的对象多为携带贵重物品的人、滞留在阴暗处的恋爱男女或独自一人的,特别是女同学。

(4)犯罪分子抢夺的目标是现金、贵重物品。

(5)犯罪分子较凶残,多数携带凶器,极具侵害性。

(6)作案人一般为校园附近农村、工厂或城镇中不务正业有劣迹的小青年。

(二)大学生如何预防抢劫、抢夺

根据上述大学校园中抢劫、抢夺案件的特点,要做到以下几点。

(1)外出时不要携带过多的现金和贵重物品,特别是必须经过抢劫、抢夺易发生地段,如果因购物需要必须携带大量现金或较多的贵重物品,应请同学随行。

(2)现金或贵重物品最好贴身携带,不要置于手提包或挎包内。

(3)不外露或向人炫耀贵重物品,应将现金、贵重物品藏于隐蔽处。

(4)尽量不要在午休、夜深人静时单独外出,特别是女同学;不要在僻静、阴暗处行走、逗留。如必须通过僻静阴暗处,最好要结伴而行,或者携带一些防卫工具。

(5)发现有人尾随或窥视,不要紧张,露出胆怯神态,可以大胆回头多盯对方几眼,或哼首歌曲,或大叫同学、教师的名字,并改变原定路线,立即向有人、有灯光的地方走去。

(6)不要单独滞留或行走在偏僻、阴暗处。女生独自外出或回校,穿着不要过于时髦、暴露。

(三)发生抢劫、抢夺时的对策

万一遭遇抢劫、抢夺时,大学生应当保持精神上的镇定,根据所处的环境,对比双方的力量,针对不同的情况采取不同的对策。

(1)案发时要在保证自身安全的情况下尽力反抗,分析犯罪分子和自己的力量对比,只要具备反抗的能力或时机有利,就应发动进攻,以制服或使作案人丧失继续作案的心理和能力。

(2)与作案人尽量纠缠。可利用有利地形和利用身边的砖头、木棒等足以自卫的武器与作案人形成僵持局面,使作案人短时间内无法近身,以便引来援助者并对作案人造成心理上的压力。

(3)实在无法与作案人抗衡时,可以看准时机向有人、有灯光的地方或宿舍区奔跑。

(4)巧妙麻痹作案人。当已处于作案人的控制之下而无法反抗时,可按作案人的需求交出部分财物,并采用语言反抗法,理直气壮地对作案人进行说服教育,晓以利害,从而造成作案人心理上的恐慌。切不可一味地求饶,应当尽力保持镇定,与作案人说笑斗口,采取幽默方式表明自己已交出全部财物并无反抗的意图,使作案人放松警惕,以便自己看准时机进行反抗或逃脱其控制。

(5)采用间接反抗法。趁其不注意时在作案人身上留下记号,如在其衣服上擦点泥土、血迹,在其口袋中装点有标记的小物件,在作案人得逞后悄悄尾随其后注意其逃跑去向等。

(6)如果敌强我弱,采取灵活做法,要镇静,注意观察作案人,尽量准确记下其特征,如身高、年龄、体态、发型、衣着、胡须、语言、行为等特征。

(7)及时报案。要在最短时间内向公安机关、学校保卫部门报案,说明发案时间、地点,犯罪分子特征,自己财物损失情况等。作案人得逞以后,很有可能继续寻找下一个目标,甚至在作案现场附近的商店和餐厅进行挥霍。及时报案和准确描述作案人特征,有利于有关部门及时组织力量布控、抓获作案人。

(8)无论在什么情况下,遇到抢劫时只要有可能就要大声呼救,或故意高声与作案人说话。犯罪分子逃跑时,应大声呼叫周围的群众,堵截追捕,迫使犯罪分子放弃所抢物品。

三、预防诈骗

诈骗是危害公民财产安全的一种违法犯罪行为。它是指以非法占有为目的,用虚构事实或者隐瞒真相的方法,骗取公私财物的行为。提防和惩治诈骗分子,除需要依靠社会的力量和法治以外,更主要的还是大学生自身的谨慎防范和努力,认清诈骗分子的惯用伎俩,以防止上当受骗。

案例 15

网络游戏诈骗

2021 年 3 月 27 日,某高校学生王某报警称,一名游戏好友想要购买其游戏账号,王某添加对方 QQ 后,经商量交易价格为 1500 元,但对方要求王某要在某网站平台上完成交易。交易完成后,王某在网站提现时,提示账号被冻结。网站客服告知王某需要充值提现的双倍金额才可以解冻,于是王某将 3000 元转给客服提供的银行账户再进行提现操作。后又提示账户仍被冻结。王某遂又充值 12000 元,但仍未提现成功。客服告知王某提供身份证和学生证照片,可少充值 50%。于是王某又给客服转账 6400 元。之后发现被骗,遂报警处理,共损失 21400 元。

点评:本案是典型的网络游戏诈骗,属于网络诈骗的一种。随着网络技术的发展,网络已成为大学生生活的一部。但大学生也应该注意到网络已成为诈骗的"重灾区",提高防诈意识,增加防诈知识,保护好自己的"钱袋子"。

(一)大学生上当受骗的原因

大学时代少不了人际交往,这都是极为正常的事情。然而值得提醒的是,少数大学生忘却了世界的多样性和复杂性,忘记了美与丑、正义与邪恶并存,因而不加选择或不懂选择,轻率交友,却落得不幸的结局,这些正是诈骗分子屡屡得手的根本原因。

诚然,同学们的初衷往往是无可非议的,但是,从众多受骗上当的事实中反思,不难看出大学生身上的确存在一些容易被利用的因素。

(1)思想单纯,防范意识较差。主要原因是大学生社会生活经验少,思想单纯,分辨是非能力差。有的学生感情用事,疏于防范,落入骗子设下的圈套。

(2)贪小便宜,急功近利。贪心是受害者最大的心理缺点。很多诈骗分子所以屡屡得手,很大程度上是利用了人们的贪心,受害者往往是被诈骗分子开出的"好处""利益"所吸引,这些人见"利"就上,最后落得"捡了芝麻,丢了西瓜"的可悲下场。

(3)有求于人,轻率行事。每个人免不了有求他人相助的事,能否如愿这就要看是何事,对象是谁。如果不辨青红皂白,为达目的而轻率交友,弄不好会上当受骗。

(二)诈骗作案的主要手段

随着社会治安的日趋复杂,形形色色的违法犯罪分子往往在我们年轻幼稚、思想单纯的大学生头上打主意，借结交之际或推销之名，变换手法，施展骗术，引大学生上当。

（1）伪装身份诈骗。有些不法分子会冒充学姐学长向学生推销教材、课程、电话卡套餐等，切记要认真核实，最好是通过正规渠道进行办理或购买。不仅如此，更有些不法分子冒充公检法或学校相关部门，以银行卡出现问题，退还学费、发放助学金、缴费等为理由，对学生或学生家长实施诈骗。

（2）培训机构诈骗。一些培训机构的工作人员装作学姐学长来博取同学的信任，进行专业证书、考研考公辅导等课程的推广。这些人员会给学生分析优缺点等，目的就是洗脑，让学生心甘情愿加入培训机构。最开始的免费的或者低价的，慢慢地就会让学生交定金，然后就是几千几万的培训费。

（3）冒充快递类诈骗。不法分子给受害者发送短信，以取件码未打印、快递未入库等，诱骗受害人添加好友，之后将受害人拉到理财群、刷单群等，再进一步诱导受害人登录钓鱼网站或下载不明 App 进行投资等，以此骗取钱财。

（4）冒充客服诈骗。不法分子冒充京东、淘宝、天猫等平台客服，声称受害者账户有问题，网购订单需退货退款理赔等，如不及时处理将影响其征信或造成财产损失，给受害者制造心理恐慌，致使受害者一步步跳进不法分子设好的陷阱，最终造成财产损失。

（5）网络投资诈骗。不法分子通过冒充好友或各种渠道发布虚假投资广告，利用网络授课、建立投资群等方式对受害人进行洗脑，打造虚假的成功案例，提高可信度，诱导受害人在虚假网站或者软件上不断注入资金，最终上当受骗。

（6）刷单诈骗。不法分子通过网站、QQ 群、微信等方式邀请受害者刷单，然后让受害者先进行小额刷单，返还本金及佣金，加深信任，最后再给受害者派发大额刷单任务或多次刷单，并以“系统故障”和“任务未完成”等理由不还本金和佣金。

（7）网络兼职诈骗。很多大学生想减轻家里负担或改善生活，会利用课余时间兼职打工。骗子瞄准这部分人群以招工为由向大学生收取培训费、保证金、中介费、会员费、办卡充值、办理健康证的手续费等实施诈骗。

（8）网络游戏诈骗。利用升级代练、低价售物、买卖账号等骗局骗取大学生财物。

（9）二手平台交易诈骗。以次充好，骗子通常会用低于市场价的价格来吸引买家，到手之后发现货品是假的；保证金骗局，主要针对平台规则不太熟悉的卖家，骗子往往假冒成顾客，以宝贝拍不了或无法付款，需要支付保证金为借口，引导卖家，然后再通过所谓的客服进行诈骗；退款诈骗，骗子假冒成网络店铺的客服，拨打电话或发送短信谎称拍下的货品缺货，需要退款，在获取受害者的信任之后，引诱受害者提供银行卡号和密码，或者是让受害者转账汇款。

（三）应对诈骗的措施

“害人之心不可有，防人之心不可无”，对任何人，特别是陌生人，不可以轻信，也不可以盲目随从。

（1）如果遇到有人通过 QQ 或微信聊天且涉及转账的，一定要通过电话核实，以免被骗。

（2）在选择培训机构时，切勿贪图便宜，不轻易相信代理和推销。切记，凡是预先收取资料费、内容费等，都是诈骗。

（3）收到自称快递公司、快递员的电话或信息后，要第一时间拨打全国统一客服热线，登录快递公司官网或在购物平台查询自己的快递信息，确认包裹情况。不要向对方泄露自己及关系人的身份信息、通信方式、存款、银行卡等情况。不要轻信来路不明的微信、电话和短信。面对突如其来的转账、汇款要求，务必要谨慎，一定要核实清楚，千万不要随意转账、汇款。

（4）切勿轻易相信来电的客服人员，第一时间通过电商或快递公司的官方客服平台进行确认，切勿私下转账汇款。

（5）高回报、低风险的网络投资理财、虚拟刷单一定是诈骗，不信不试，不是正规平台的理财网站、App 坚决不信不下载。

（6）网络刷单本身就是违法行为，不要轻易相信网上"高佣金""先垫付"等兼职刷单信息，千万别被高额的报酬迷惑，如不幸被骗，立即报警。

（7）通过正规渠道寻找兼职，警惕非法费用的陷阱，在找兼职工作过程中如需先收费、后干活都不要支付。那些工作简单轻松没有太高能力要求、回报又高的兼职，很多都是以赚钱为幌子的骗局。另要防范传销陷阱，对传销骗局要保持高度警惕。

（8）游戏消费要量力而行，不要相信"免费领取""低价充值"和"高价回购"等虚假信息，在交易游戏装备或者游戏账号时，一定要通过官方平台。一旦发现被骗，要注意收集相关转账记录、聊天记录等证据，并在第一时间拨打报警电话。

（9）个人网购二手物品时，一定要在官方指定的沟通软件上聊天，并且不要轻易相信对方发送的改价链接。

（10）积极安装并使用"国家反诈中心"App，以帮助识别并阻止潜在的诈骗行为。

四、防止敲诈勒索

敲诈勒索罪是指以非法占有为目的，对被害人使用恐吓、威胁或要挟的方法，非法占用被害人公私财物的行为，其犯罪对象是公私财物。从敲诈勒索罪的客观要件入手，敲诈勒索的客体只能是财产所有权，因而其犯罪对象只包括公私财物，而不包括人。

（一）提高预防敲诈勒索的意识

（1）谨防"首感效应"。

（2）谨防"标签效应"。

(3)谨防“贪利心理”。

(4)谨防“急功近利”。

(5)谨防“盲目同情”。

(6)谨防被人抓住把柄而被敲诈。

(二)识别常见的敲诈勒索方式

(1)通过上网聊天交友,取得信任后,诱惑进行裸聊及编造谎言进行敲诈。

(2)编造学生在学校受到意外伤害或者过错,对学生家长及亲属实施敲诈。

(3)冒充学校工作人员进行敲诈。

(4)利用别人恋爱行为进行敲诈。

(三)掌握敲诈勒索处理方法

(1)如果大学生已经上当受骗发生被勒索财物时,要立即向学校保卫部门或就近的公安部门报案,要如实回答公安保卫人员提出的各种问题。

(2)尽可能地掌握各种证据,证明对方用何种方式进行威胁,保留通话录音及微信记录,寻找知情人,提供证人证言,以便给公安机关侦破案件提供线索。

(3)如受伤,要立即拍照取证,去医院进行治疗取得病例,还需提供医院票据和费用票据等。

五、校园贷的预防与应对

校园贷是指在校学生向各类借贷平台借钱的行为,借贷人仅需向非法借贷平台提供身份证和个人信息,通过审核、支付一定手续费,就能申请信用贷款。据调查,校园消费贷款平台的风控措施差别较大,个别平台存在学生身份被冒用的风险。此外,校园贷还会导致缺乏自制力的学生过度消费。

案例 16

校园贷诈骗

2022 年 4 月，刘某接到自称是京东的客服电话。 对方称刘某开通的京东金融学生贷利率过高，超过国家规定，帮其撤销。 刘某按照对方的要求下载“腾讯会议” App 并绑定中国银行转账 47200 元后发现被骗。

点评：一旦接到此类自称平台客服人员的电话，一定要提高警惕，注意甄别，应登录官方网站或拨打官方客服电话咨询。 如有疑问，可拨打“96110”全国反诈电话。

(一)校园网贷的危害

(1)网络贷款会给大学生心理产生极大的压力,让大学生的生活陷入网贷的泥潭中不能自拔。

(2)网贷会促使大学生不良消费以及连环贷款,容易使其消费理念及价值观产生偏颇。

(3)若大学生不能及时还清贷款,可能导致辍学、自杀等情况的发生。

(4)网贷会使原本幸福的家庭陷入网贷的阴影,增加了大学生家庭的经济负担以及父母的心理负担。

(5)网贷的大学生在同学及朋友间的信誉受损,影响正常的人际交往。

(二)校园贷的套路

(1)培训贷。大学生求职时,公司要求支付高额培训费用,很多学生无力承担,公司便以“培训贷”的名义为其办理贷款,从而欠下高额贷款。

(2)回租贷。贷款公司以“抵押”手机的形式借款,要求读取学生的通信录,逾期后按照通信录骚扰学生的家人、朋友,甚至要求学生不断续期、更换其他平台“填窟窿”。

(3)多头贷。学生被诱导从多个校园贷平台进行贷款,形成一种“以贷还债”式的多头贷。

(4)美容贷。将整形、美容与巨额负债结合在一起,通过去头息、刻意逾期等手段,布下连环套,一些女生因此沦为套路贷团体赚钱的机器。

(5)兼职贷。通常是有公司提出给学生先领工资后兼职,让学生选择工资金额,每个月做相应时间兼职还月供。但想兼职需填个人信息,再去网站注册并签协议,而协议里就有分期贷款项目。

(6)刷单贷。不法分子利用大学生求职心理,以贷款购物刷单获取佣金名义进行的新型网贷诈骗。

(7)最新套路“注销校园贷”。针对有注册网贷平台账号或有贷款记录的,骗子会声称“根据国家相关政策需要配合注销账号,否则会影响个人征信”;针对无注册网贷平台账号或无贷款记录的,骗子则称“你的身份信息被盗用注册了网贷账号,需要配合注销,否则会影响征信”。由于骗子能够准确说出对方的各项隐私信息,甚至主动将自己的真实身份信息向学生展示,学生因此放松警惕,进而将从网贷平台提现的借款全部转入骗子提供的名为“清查账户”,实为骗子的个人账户中。

(三)校园网贷的防范措施

(1)树立正确消费观念,拒绝过度消费。树立正确的价值观和消费观,克服虚荣、从众、攀比的心理,理性消费。

(2)重视金融知识学习,提高防范意识。大学生应有意识地学习基本的金融知识,了解相关的法规政策,提高辨别合法金融服务的能力,提高对金融诈骗和不良借贷的防范意识。

(3)注重保护个人隐私,切勿轻信他人。提高警惕,谨慎使用个人信息,不随意填写和泄露个人信息,妥善保管身份证、银行卡。

(4)学会甄别借贷平台,寻求正规渠道。若确实需要贷款,一定要和父母、老师沟通,评估自己的还款能力,寻找正规的银行机构贷款。贷款前要认真阅读合同内容,明确贷款额度、利率、还款方式、违约责任等。

第二节 购物安全

一、实体店购物安全

实体店是千百年流传下来的商品经营模式,在当前电子商务不断发展的潮流下,实体店购物有其自身不可替代的优点。比如在实体店购物可以看到实物,即买即食的物品,实体店购买更有时效性。因此,实体店购物还是一种必然的存在。

(一)实体店消费可能存在的陷阱

(1)以小恩小惠当诱饵,骗取更大利益。

(2)用很大的名头或专家名义骗取信任。我们经常会看到一些商家打着一些很大的名头或者专家的名头来销售商品。涉及一些专业性的证书和专家认定,我们可以到网上进行这类信息的核实,如果信息是虚假信息,我们一定要及时地向有关部门披露。

(3)大打亲情牌,让你陷入陷阱,让消费者觉得自己好和销售者达成了一种较为亲密的关系,那么消费者购买产品也是理所当然了。

(4)以真套牢,以假调包。消费者试用时的产品是真的,购买到手的却是假货或次品。

(5)附加条款,小字显示,混淆视听。有些商场搞“优惠活动”,大字注明优惠,附带条件小字显示,让消费者落入陷阱。

(二)实体店购物可能出现的财产安全问题及应对方法

(1)在实体店购物时要认清所购买物品的品牌、质量,防止价格过度虚高。某些商贩利用大众“贪便宜”的心理搞促销活动,实则背后有消费陷阱或连带消费。或者是类似只要提供个人信息就可免费领取物品的活动造成自身信息泄露。

(2)在商场购物时,要看管好自己随身携带的物品,尤其是贵重物品,特别是在重大节日、人流量大的商场、超市。

(3)采用现金支付时,防止自己现金被调换成假钞和找零中混杂有假钞,从而造成直接经济损失,要做到现钞当面清点。采用刷卡支付时,要做到保护好自己的银行卡和密码。采用当前流行的微信支付或支付宝支付时,一定要设置支付密码,且要保护好自己的支付密码。

(4)实体店购物要记得保留购物小票或索要发票,作为所购商品售后的凭证。

(5)在实体店购物时,一旦发生财产损失事件,第一时间保留证据并报警。

二、网上购物安全

随着电子商务领域不断发展,网络、通信和信息技术取得突破性进展,影响了越来越多投资者的思维方式,许多商家开起了在线商店,向消费者展现出一种新的购物理念,网上购物热潮掀起,网上购物的现象正随着以下几个趋势呈现。

(1)网上购物人群性别和年龄阶段较为集中。网上购物主要集中在青少年、大学生以及女性人群上,尤其大学生更容易接受新的事物,网购就成为最受大学生欢迎的一种购物方式。

(2)网上商品价格参差不齐,但价格普遍低于市场价格。如今网店蓬勃兴起,价格普遍低于市场价格,因为网上商店相对传统商店少了中间环节,同时省去了实体店面的租金费用,成本就相应的较低,加之大部分的网上商店的进货渠道又很便捷,同样使网上商店成本降低,导致所销的商品价格降低。

(一)大学生网购兴起的原因

(1)网购的便利性和新颖性。网购的便利性是促使大学生网购的主要影响因素,网购没有时间的限制,对大学生来说,网购无疑是最佳的选择。网购方便快捷的特性也迎合了大学生的需求,对于挑选、对比各家的商品来说,网上的选择性更大,而且可以由商家快递传送,直接省去了传统购物舟车劳顿的辛苦,这是传统购物无法达到的。

(2)大学生的求廉心理。对于大学生而言,由于自身可支配的资金少,在消费时价格会是考虑因素之一,而网店商品价格低,满足了大学生追求物美价廉的消费心理。

(二)网购的好处

(1)符合大学生的消费水平。网络购物中的商品价格虽然参差不齐,但其价格普遍低于市场价格,购买者通常都可以在网店中以一个比较低廉的价格购买到自己所需物品的替代品。大学生的收入来源较少,可以支配的资金数额不多,所以在选择商品的过程中,网络平台更加符合大学生的消费需求。

(2)满足大学生的生活需要。网络平台上的商品,由于信息交换量大,更新速度快,几乎任何一个受到关注的商品,都会在第一时间以各种形式迅速地席卷整个网购平台。网络购物的商品品种齐全、更新速度快,不用出门,就能买到本地买不到的商品。由此可见,网络商品十分适应当代大学生的心理和生活各方面的需要。

(3)适应大学生生活节奏。在生活节奏普遍较快的现代,年轻人特别是大学生都偏向于“快餐式”生活,生活节奏较快。网购这种新型的线上购物方式可以方便快捷地与全国各地甚至海外的网络卖家进行对话和交易,使各地的卖家、买家通过互联网联系在一起,形成网购交易链的整体。

(4)顺应当代社会生活。21 世纪是电子商务的时代,随着互联网走进千家万户,网上购物作为一种新型购物方式,不仅方便省时间,而且在一定程度上保证了货币流通的安全。

(三)网购的弊端

(1)影响正常的学习。任何事物都有两面性,网购既有好处,也有弊端。前面说到网购的群体主要集中在青少年和大学生中,学习是他们的主要任务。现今手机的普及,学生人手一部手机,随时随地可以点开各种软件进行网上购物,不论是上课还是休息时间,很多人可以说是沉迷于网购。这种做法扰乱了学生的正常学习。

(2)乱花钱现象严重。因为网上购物形式新颖,较实体商店来说更方便、快捷、便宜,吸引大批年轻人把钱花费在网店上。再加上有如“双十一”等特价活动,许多平时很少网购的人都在这一天大买特买。有的大学生头脑一热付了款,东西到了又不想要了,乱花钱现象十分严重。

(3)网购容易被骗。网络世界是个虚拟的世界,买主和商家谁也看不见谁,对方的人品也毫不知情,一不小心就有被骗的风险。除了钱会被骗,所买的商品也会被骗。许多到货的商品颜色与图片不符,质量与商家说得天差地别,究其原因,是警惕性不高,没有安全意识所致。

(4)易与他人产生纠纷。有些对商品不满意的买家为了维护自己的利益不惜与卖家纠缠到底,告上法庭的也大有人在。

网购这一新事物的出现是社会、经济发展的产物,发展也有一个过程,遵循一定的发展规律,势必会利弊共存。这就需要我们正确地对待网购,多多利用“利”为自己及大家服务,共同建设出一个良好的购物环境。

(四)正确应对网购

(1)正确看待网购。网购的利与弊也是相生相克、相互依存的。这个特点就决定了我们要正确看待网购必须用客观的态度。将网购的利弊统一起来,才能客观地看待网购,最终促进自己更好地网购。既看到网购的好处,也看到网购的弊端。充分利用网购对人们的好处,同时善于发现潜在的好处,让网购更好地为人们服务。看到网购的弊端,避免对人们的不良影响。同时,作为网购的主体,大学生应该结合自身情况理性购物。首先,要克服盲目猎奇的心理,适度网购;其次,克服从众心理,不能出现如攀比、追求奢侈,更不能进行超出自己以及家庭现有收入水平的消费;另外,大学生还应该认识到自己网购的真实需求,有计划有目的地进行合理的消费。

(2)熟悉遵守网络管理的相关法律法规是基础。熟悉相关法律法规,不仅有利于大学生在网购时摆正心态，及时辨别网购中的虚假、极端等行为，在受到商家不合理对待时也能及时采取合法合理的方式，可以积极维护自己的合法权益。大学生要善于并积极传播相关法律法规，并以身作则，践行文明网购，使大学生身边及社会上其他群体也得到积极的影响，从而扩大网购的积极性，响应国家的法治号召。

（五）大学生如何进行网购

（1）提高自制力。网上购物因物美价廉吸引了大学生，价廉并不代表物美，在下单之前应该时刻提醒自己该商品是否为近期所需。当遇网络促销时，提高自制力，降低购买频率。购物需在一些闲暇的时间进行，不要在课堂上或者忙正事的时候浏览购物网页。

（2）提高安全意识。大学生在网购中安全意识薄弱。为此，在网上购物之前，应该充分了解相关网站知识。其次，当我们进入了网站选购自己所需的物品之前，先要查看售货公司和商家的信用度。查看公司是否已经通过工商登记注册。查看商家的信用情况，主要通过该商家的交易次数、个人信用度、网友对其的评论留言三方面综合考察。第三，勿被不合常理的低价所诱惑，勿被巨额奖金或奖品所诱惑。第四，在购物下单前，多与店主交流，一方面了解交易商品的细节问题，如邮费、商品质地、号码、功能等，另一方面，通过回答可以知道商家的责任心、售后服务等情况。第五，使用银行卡或信用卡支付时，要建立专门的购物卡，切忌一卡多用；卡内金额以购物付款额为准，不宜多放，确认无误时才输入密码，如果可以，应在每一次付款后更改密码。

□课后互动

以小组为单位，就以下问题进行交流讨论：

1. 大学生如何防范“校园贷”事件发生。
2. 大学生在网购过程，如何避免发生财产损失。

□课后思考

1. 大学盗窃案件有哪些特点？大学生如何预防盗窃？
2. 大学生面对抢劫、抢夺时，应该采取哪些措施？
3. 诈骗者常用的诈骗手段有哪些？
4. 试论述网购的优缺点。

第六章
公共舆论与卫生安全

学习目的与要求

1. 了解公共舆论安全的基本概念、原则和法律法规，为正确参与公共讨论提供理论支撑。
2. 督促大学生养成良好的生活卫生习惯，远离疾病。
3. 具备饮食卫生方面的一般常识。
4. 拒绝烟酒，文明与健康同行。
5. 知悉常见传染病、艾滋病现状及传播途径，知悉预防方法。

学习重点

1. 培养大学生具有公共舆论安全意识、良好信息鉴别能力。
2. 良好的生活卫生习惯，健康伴随一生。
3. 大学生的饮食健康。

学习难点

1. 公众素养提升与教育引导、公共舆论安全应对策略。
2. 流行性感冒、病毒性肝炎等传染病的传播途径，知悉预防方法。
3. 学会基本的食物中毒应急处置方法。
4. 正确看待艾滋病的感染者。
5. 了解大学为什么成为艾滋病的“重灾区”。

第一节　公共舆论安全

随着信息技术的迅猛发展,互联网已成为公众表达意见、交流思想的重要平台。公共舆论作为社会意识的集中体现,其安全性对于维护社会稳定、促进民主政治发展具有重要意义。

在全球化的今天,信息传播的速度和范围不断扩大,公共舆论的影响力也随之增强。舆论的安全与否直接关系到国家安全、社会稳定和公众利益。因此,研究公共舆论安全具有重要的理论价值和实践意义。

公共舆论安全是指在社会公共领域中,舆论信息的传播、交流、表达不受非法干扰、破坏和侵害,能够保持健康、有序、稳定的状态。

一、大学生公共舆论安全

大学生公共舆论安全是指在大学生群体中,关于公共事务、社会热点等话题的舆论表达、传播和交流过程中,能够保持健康、有序、稳定的状态,不受非法干扰、破坏和侵害。这涉及大学生在参与公共事务讨论、表达个人观点时,能够理性、客观地对待信息,不信谣、不传谣、不造谣,同时具备一定的辨别虚假信息的能力。

大学生作为社会的中坚力量,其言论和行为对社会舆论安全具有重要影响。因此,大学生公共舆论安全不仅关乎个人素质和修养,更关系到社会稳定和发展。为了维护大学生公共舆论安全,大学生自身需要提高信息素养和媒介素养,增强对网络信息的辨识能力和防范意识;同时,政府、学校和社会各界也应加强对大学生的教育和引导,为其提供一个健康、和谐的舆论环境。

案例 17

某大学学生受伤事件

2023 年 12 月，某大学继续教育学院发生一起学生受伤事件。 女生赵同学称，因一名男同学出于玩笑将其坐着的板凳抽走，导致她摔倒并肋骨骨折。 赵同学通过网络平台表达了对学校处理方式的不满，指出学校未充分重视其伤势。 校方回应称，事发后男生已陪同女生前往医院进行治疗并支付了费用，双方在 2024 年 1 月 14 日已在派出所达成和解，赔偿款项也已支付。 此外，赵同学已自愿退学。

点评：这起事件揭示了校园安全管理的不足以及高校在舆情危机应对方面遭受的挑战。 高校应当加强校园安全管理，明确学生的行为规范，防止类似恶作剧事件的发生。 同时，高校在应对舆情危机时，应积极与学生沟通，及时回应关切，避免事态恶化。 此外，涉事男生的行为和态度也引发了公众讨论，提醒我们在日常生活中要尊重他人，避免过激行为。

二、公共舆论安全现状

(一)国内外舆论环境对比

当前,国内外舆论环境呈现出多元化、复杂化的特点。国内舆论环境受到政策调控、社会热点等多种因素的影响,而国际舆论环境则受到地缘政治、国际关系等因素的影响。通过对比分析国内外舆论环境的异同,可以更好地把握公共舆论安全的发展趋势。

(二)网络安全法律法规现状

网络安全法律法规是保障公共舆论安全的重要基础。目前,我国已经制定了一系列网络安全法律法规,如《中华人民共和国网络安全法》《中华人民共和国个人信息保护法》等。这些法律法规的出台为维护公共舆论安全提供了法律保障。

(三)舆论安全事件案例分析

近年来,国内外发生了多起舆论安全事件,如网络谣言、恶意攻击等。通过对这些事件的案例分析,可以深入了解舆论安全问题的产生原因、影响范围及应对措施,为防范类似事件的发生提供参考。

三、公共舆论安全影响因素

(一)社交媒体发展与影响

社交媒体作为信息传播的重要渠道,对公共舆论安全产生着深远影响。一方面,社交媒体提高了公众参与度,促进了信息的快速传播;另一方面,社交媒体也容易出现虚假信息、网络谣言等问题,对公共舆论安全构成威胁。

(二)网络谣言传播机制分析

网络谣言是影响公共舆论安全的重要因素之一。通过对网络谣言的传播机制进行分析,可以揭示其传播规律,为防范和打击网络谣言提供科学依据。

(三)公众心理与行为特点

公众心理与行为特点对公共舆论安全具有重要影响。在特定情境下,公众心理的变化可能导致舆论的波动甚至失控。因此,深入研究公众心理与行为特点,有助于更好地把握舆论动向,维护公共舆论安全。

四、公共舆论安全应对策略与建议

（一）政府监管与治理措施

政府应加大对网络空间的监管和治理力度，完善相关法律法规体系，提高执法效能。同时，政府还应推动建立多部门协作机制，形成合力维护公共舆论安全。

（二）媒体自律与责任担当

媒体作为舆论传播的重要载体，应自觉遵守法律法规和职业道德规范，提高信息传播的准确性和公信力。媒体还应积极履行社会责任，引导公众理性看待社会问题，维护社会稳定。

（三）公众素养提升与教育引导

提高公众信息素养和媒介素养是维护公共舆论安全的关键。政府、学校和社会各界应共同加强对公众的信息素养教育和媒介素养培训，提高公众对网络信息的辨识能力和防范意识。

公众素养的提升是维护公共舆论安全的基础。通过教育引导，提高公众的信息鉴别能力、批判性思维和网络素养，有助于形成健康、理性的公共舆论氛围。这要求：

（1）加强基础教育，培养公众的批判性思维和独立思考能力。

（2）开展网络素养教育，使公众能够正确识别网络信息的真伪，避免盲目传播不实信息。

（3）鼓励公众参与社会实践，通过实践锻炼提高公众的判断力和责任感。

通过深入研究和分析公共舆论安全的现状及影响因素，提出有效的应对策略与建议，有助于维护社会稳定、促进民主政治发展。公共舆论安全政府监管与治理措施、媒体自律与责任担当以及公众素养提升与教育引导是相互关联、相辅相成的。只有政府、媒体和公众共同努力，才能营造一个健康、稳定、有序的公共舆论环境。

第二节　保持良好的卫生和生活习惯

杰出的思想家培根说："习惯是人生的主宰，人们应当努力求得好习惯。"大学生保持良好的卫生和生活习惯，对他们一生的健康发展至关重要。随着社会的发展，人类的生产与生活习惯、行为方式都发生了巨大变化，由于人类生活习惯、行为方式和心理等社会因素导致的疾病越来越多，健康促进工作的重要意义已经为越来越多的人所认识，行为干预在生活方式病中的预防和治疗作用也已经为世界各国的大量研究所证实。

一、均衡饮食，拒绝烧烤油炸食品

人体生长发育共需要七大营养素：蛋白质、碳水化合物、脂肪、维生素、矿物质、纤维素和水，这些都是维持人体生命的元素。人体的营养是金字塔形的，最底层是谷类食物，每天约占32%，第二层是蔬菜和水果各占30%和13%，鱼、禽、肉、蛋等动物性食物位于第三层占13%，奶类和豆类食物合占第四层，约占10%，第五层塔尖是油脂类，每天不超过2%。而现在的情况不是营养不够，而是营养不全。大学食堂一般都会引进专业的餐饮公司托管，营养搭配比较全面，坚持到食堂就餐，就能满足每天的营养需求。

瑞典国家食物管理局和斯德哥尔摩大学的科学家经过研究，发现富含淀粉的食物在经受高温油炸或烧烤时能生成对人类身体极为有害的污染毒物——丙烯酰胺。丙烯酰胺是食物，特别是富含淀粉的食物，诸如土豆、甘薯、面粉等在经受较长时间过度加热、烧烤或油炸情况下自然生成的，主要食品有油炸土豆片、炸薯条、爆米花、烤面包、饼干等。

大学生一般都是在离家很远的地方上大学，没有父母的精心照顾，导致学生在学校暴饮暴食现象严重，上午没有课程安排，就会睡到中午，把早饭和午饭一起吃，并且随意乱吃一些垃圾食品，忽视食品营养合理、均衡搭配。三餐饮食不规律，饮食营养结构搭配不均衡，造成身体内分泌紊乱，对学生身体新陈代谢造成干扰。要注意吃早餐，有调查显示，女生经常吃早餐的比例在38%左右，一定吃的比例在15%左右。男生经常吃的比例在30%左右，一定吃的比例在14%左右，充分说明了男生的饮食习惯没有女生的好。

为了身体健康，要改变我们的饮食习惯，尽量少食用油炸和过度烧烤食品，少食用油条、油饼，少进烧烤店，多食用一些水果、蔬菜，以保持我们食物结构的平衡，这样才能保证我们的饮食合理、安全，有利于我们的健康。

二、坚持规律的作息时间

有针对大学生的调查显示，比较同意或者同意规律作息时间的学生占到总人数的50%左右，认为自己作息时间比较不规律的占到25%左右，非常不规律的占到10%左右。晚上不睡觉，早上起不来，中午不午睡的比较普遍。

科技不断进步，电脑和网络不断普及，无论是家庭还是学生自己几乎都有电脑。但是，网络环境还不是很完善，一些不良信息的传播，吸引了学生的大部分时间，尤其是当代大学生这个群体受害面是最广泛的。长时间的上网，导致眼睛、腰、颈椎等出现相关问题，危害当代大学生的健康。例如，一些大学生沉迷网络游戏，上课睡觉，晚上去网吧，甚至更严重的是白天黑夜无时无刻不在网吧度过，荒废了学业，最后不能顺利毕业。

作息时间不固定，黑白颠倒。根据现代医学研究，合理的作息时间，对促进身体荷尔蒙分泌有着良好的作用，并且为人体的每个器官创造了良好的工作环境，但长时间的熬夜就像赌博,睡眠就是筹码。由于大学课程安排情况,全日制的教学形式,使得学生有课就去上,没课就在寝室睡觉等,促使了很多大学生养成晚睡晚起的作息习惯,不良的生活方式也随之养成了。长时间的熬夜会扰乱人身体的生物钟,一定程度上降低了人体免疫力。

三、自我减轻压力

随着市场经济不断发展,激烈的竞争导致学生竞争压力增大,但过度的竞争就会造成学生长时间处于紧张状态,进而导致严重的心理健康问题。现代的大学生面临人际关系压力、就业压力、顺利完成学业的压力,学校各种奖学金、优秀干部评选等都会给学生造成严重压力,导致学生心理负担不断加重。结合目前人类的身体状况和各种疾病威胁,世界卫生组织相关专家做出总结和分析,导致各种疾病发生,甚至死亡的罪魁祸首就是缺乏锻炼。现在的大学生动手实践能力较动脑能力弱,学校的一些体育课程,学生都是被迫参与的,没有主动行为,对体育课不感兴趣,不仅造成了大学生身体抵抗能力下降,而且对学生健康水平提高没有起到一个很好的促进作用。

四、让讲卫生成为习惯

讲卫生,最简单、最普通、最日常、最基本,却也最重要。良好的卫生习惯,就是一道阻断感染的隔离墙,反之就是一条传播病菌的通道。

讲卫生包括个人卫生、环境卫生及食品卫生。个人卫生就是勤洗澡、勤洗手、勤换衣、勤剪指甲等。个别大学生进校后,衣服、袜子轮着穿,基本不洗,宿舍里臭味熏天。大学生一般都住在学校,有调查显示,宿舍卫生堪忧,食品残渣、果皮随手丢弃现象普遍,这样很容易滋生细菌、传播疾病。部分同学还在宿舍内吸烟,给公共卫生带来了很大的破坏。食品卫生要做到不喝生水,吃熟食,餐具洗净消毒,不吃来历不明、腐败和过期食品,不食用“三无”食品。值得重视的是,有现象表明,方便面在大学生中很畅销,方便面经过高温油炸,蛋白质、矿物质、维生素均严重不足,营养价值低,还存在脂肪氧化的问题,经常食用不利于大学生的身体健康。

五、远离烟酒

调查显示,大学里高年级饮酒的学生比例高于低年级,大学一年级到四年级,学生饮酒比例不断增高。由于四年级面临就业、学生聚会等各种场合,导致饮酒比例高达45%以上。

大学生酗酒的危害是多方面的,涉及身体健康、心理健康、社交关系等多个方面。建议大学生树立正确的饮酒观念,适度饮酒或选择不饮酒,建立健康的生活方式,注重身体和心理健康的综合发展。同时,学校和社会也应加强对大学生酗酒问题的关注和引导,提供必要的帮助和支持。

吸烟有害健康,烟气成分中含有致癌成分,这是全社会的共识,会对学生的呼吸系统造成损害,还会降低人体对氧气的摄取量,降低人体的肺活量。

第三节 饮食安全

一、常见的食物中毒及其预防

食物中毒是指吃了不洁或有毒食物而导致的疾病。通常在吃了有问题的食物 1 ~ 72 小时内发病,病情严重者可以致命。食物中毒一般分为微生物性(包括细菌性和真菌性食物中毒)、化学性、有毒动植物中毒。

细菌性食物中毒是指进食含有细菌或细菌毒素的食物而引起的食物中毒。在各类食物中毒中,细菌性食物中毒最多见,其中又以沙门氏菌、金黄色葡萄球菌最为常见,其次为蜡样芽孢杆菌。细菌性食物中毒发病率较高但病死率较低,多发生在气候炎热的季节。

(一)常见细菌性食物中毒

1. 沙门氏菌食物中毒

沙门氏菌常存在于被感染的动物及其粪便中。进食受到沙门氏菌污染的禽、肉、蛋、鱼、奶类及其制品即可导致食物中毒。一般在进食后 12 ~ 36 小时出现症状,主要有腹痛、呕吐等。

2. 金黄色葡萄球菌食物中毒

金黄色葡萄球菌存在于人或动物的化脓性病灶中。进食受到金黄色葡萄球菌污染的奶类、蛋及蛋制品、糕点、熟肉类即可导致食物中毒。一般在进食后 1 ~ 6 小时出现症状,主要有恶心、剧烈的呕吐(严重者呈喷射状)、腹痛、腹泻等。一般在 1 ~ 3 天痊愈,很少死亡。

3. 蜡样芽孢杆菌食物中毒

蜡样芽孢杆菌主要存在于土壤、空气、尘埃、昆虫中。进食受到蜡样芽孢杆菌污染的剩饭、剩菜、凉拌菜、肉、豆制品即可导致食物中毒。

4. 预防措施

(1)严把食品的采购关。禁止采购腐败变质、油脂酸败、霉变、生虫、污秽不洁、混有异物或者其他感官性状异常的食品,以及未经兽医卫生检验或者检验不合格的肉类及其制品(包括病死牲畜肉)。

(2)注意食品的储藏卫生,防止尘土、昆虫、鼠类等动物及其他不洁物污染食品。

(3)食堂从业人员每年必须进行健康检查。凡患有痢疾、伤寒、病毒性肝炎等消化道疾病(包括病原携带者),活动性肺结核,化脓性或者渗出性皮肤病以及其他有碍食品卫生的疾病的，不得从事接触直接入口食品的工作。食堂从业人员有皮肤溃破，外伤、感染、腹泻症状等不要带病加工食品。食堂从业人员工作前、处理食品原料后、便后用肥皂及流动清水洗手。

(4)加工食品的工具、容器等要做到生熟分开。加工后的熟制品应当与食品原料或半成品分开存放，半成品应当与食品原料分开存放。

(5)加工食品必须做到烧熟熟透，需要熟制加工的大块食品，其中心温度不低于70℃。

(6)剩余食品必须冷藏，冷藏时间不得超过24小时，在确认没有变质的情况下，必须经高温彻底加热后方可食用。带奶油的糕点及其他奶制品要低温保藏。

(7)储存食品要在5℃以下。若做到避光、断氧，效果更佳。生、熟食品分开储存。

(二)化学性食物中毒

化学性食物中毒是指误食有毒化学物质，如鼠药、农药、亚硝酸盐等，或食入被其污染的食物而引起的中毒，发病率和病死率均比较高。

毒鼠强中毒：毒鼠强毒性极大，对人致死量为5～12毫克。一般在误食10～30分钟后出现中毒症状。轻度中毒表现为头痛、头晕、乏力、恶心、呕吐、口唇麻木、酒醉感。重度中毒表现为突然晕倒，癫痫样发作，发作时全身抽搐、口吐白沫、小便失禁、意识丧失。

亚硝酸盐中毒：摄入亚硝酸盐0.2～0.5克就可以引起食物中毒，3克可导致死亡。发病急，中毒表现为口唇、舌尖、指尖青紫等缺氧症状，重者眼结膜、面部及全身皮肤青紫。中毒症状有头晕、头痛、无力、心率快等。

化学性食物中毒预防措施如下。

(1)严禁食品储存场所存放有毒、有害物品及个人生活物品。鼠药、农药等有毒化学物品要标签明显，存放在专门场所并上锁。

(2)不随便使用来源不明的食品或容器。

(3)蔬菜加工前要用清水浸泡5～10分钟后，再用清水反复冲洗。一般要洗三遍，温水效果更好。

(4)水果宜洗净后削皮食用。

(5)手接触化学物品后要彻底洗手。

(6)加强亚硝酸盐的保管，避免误作食盐或碱面食用。

(7)苦井水勿用于煮粥，尤其勿存放过夜。

(8)食堂应建立严格的安全保卫措施。严禁非食堂工作人员随意进入学校食堂的食品加工操作间及食品原料存放间。厨房、食品加工间和仓库要经常上锁，防止被人投毒。

(三)有毒动植物中毒

有毒动植物中毒是指误食有毒动植物或摄入因加工、烹调方法不当未除去有毒成分的动植物食物引起的中毒。发病率较高、病死率因动植物种类而异。近几年学校常见的集体有毒动植物中毒有四季豆中毒、生豆浆中毒、发芽马铃薯中毒等。

(1)四季豆中毒。未熟四季豆含有的皂苷和植物血凝素可对人体造成危害,如进食未烧透的四季豆可导致中毒。一般在进食未烧透的四季豆后1~5小时出现症状,主要有恶心、呕吐、胸闷、心慌、出冷汗、手脚发冷、四肢麻木、畏寒等,一般病程短,恢复快,愈后良好。

预防措施:烹调时先将四季豆放入开水中烫煮10分钟以上再炒。

(2)生豆浆中毒。生大豆中含有一种胰蛋白酶抑制剂,进入人的机体后会抑制体内胰蛋白酶的正常活性,并对胃肠有刺激作用。进食后0.5~1小时出现症状,主要有恶心、呕吐、腹痛、腹胀和腹泻等。一般无须治疗,很快可以自愈。

预防措施:将豆浆彻底煮开后饮用。生豆浆烧煮时将上涌泡沫除净,煮沸后再以文火维持煮沸5分钟左右。

(3)发芽马铃薯中毒。马铃薯发芽或部分变绿时,其中的龙葵碱大量增加,烹调时如未能去除或破坏掉龙葵碱,食用后就容易发生中毒,尤其是春末夏初季节多发。一般在进食后10分钟至数小时出现症状。先有咽喉抓痒感及灼烧感,上腹部灼烧感或疼痛,其后出现胃肠炎症状,剧烈呕吐、腹泻。此外,还可能出现头晕、头痛、轻度意识障碍、呼吸困难。重者可因心脏衰竭、呼吸中枢麻痹死亡。

预防措施:马铃薯应低温储藏,避免阳光照射,防止生芽;不吃生芽过多、黑绿色皮的马铃薯;生芽较少的马铃薯应彻底挖去芽的芽眼,并将芽眼周围的皮削掉一部分。这种马铃薯不易炒吃,应煮、炖、红烧吃。烹调时加醋,可加速破坏龙葵碱。

二、防范食品中毒措施

(1)勤洗手是饮食安全的第一步。

(2)路边饮食、零食拒入口,疾病远离我们。

(3)不买包装不完整、标示不明的食品,不吃隔餐食品、牛奶。

(4)购买眼睛、鳞片明亮有光泽、肉质有弹性、无腥臭味的鱼;呈粉红色具弹性的肉;绝不买头、脚部以及尾扇部变黑、头部快脱落的虾。

(5)防交叉污染。买回家中的食物,应分类分区存放;烹调时,生、熟食分开处理,保持餐具与食器清洁。

(6)禽畜类食物先除去内脏、清洗,并依每餐分量个别包装存放冰箱;蔬菜去污、除烂叶,不以一般报纸(可用白塑料薄膜纸)包裹置冰箱内,防油墨食入体内有碍健康。

(7)在选购食品时,务必做到“六不买”。无证无照经营的食品不能买;有包装的食品标签内容不全的不能买;感觉不好的食品不能买;假冒伪劣、掺杂使假的食品不能买;露天经营的食品不能买;过期食品不能买。

三、食物中毒方法处理

如果就餐后出现呕吐、头晕、冒冷汗、发烧、腹泻等症状，疑似食物中毒的，可以采取以下的处理方法。

(1)封存。将吃过的食物、呕吐物、大便样本封存，交医院化验。在学校就餐的学生发生食物中毒后要迅速报告学校。在外就餐的学生应索要发票作为凭据，报告卫生监督部门（举报电话：12320），避免更多的人受害。

(2)饮水。饮用大量加盐的温水促进呕吐，以稀释毒素。

(3)催吐、用手指压迫咽喉，尽可能地强迫患者将胃里的食物吐出；侧卧，防止呕吐物堵塞气管，引起窒息。

(4)就诊。不要拖拉，及时去医院救治。

第四节　日常用药安全

一、药物的概念及常见种类

根据《中华人民共和国药品管理法》的规定，药品是指能用来预防、治疗、诊断人的疾病，或者能有目的地调节人的生理功能的物质（如维生素类）。简单地说，有明确的适应症，有规定的用法、用量的物质就是药品。

根据不同的分类标准，可以将药物进行如下分类。

1. 按药品管理分类

分为处方药和非处方药。处方药就是必须凭执业医师或执业助理医师处方才可调配、购买和使用的药品。非处方药（又称 OTC 药物），是指经国务院药品监督管理部门批准生产，不需医生处方，消费者即可自行判断、购买和使用的药物。消费者要正确使用非处方药，切记在使用前要仔细阅读使用说明书。

2. 按功能与用途分类

分为抗生素、心脑血管用药、消化系统用药、呼吸系统用药、泌尿系统用药、五官科用药、抗风湿类药品、注射剂类药品、糖尿病用药、皮肤科用药、妇科用药、抗精神病药品、清热解毒药品、维生素、矿物质药品、抗过敏药等。

3. 按药品品种分类

分为中药和西药。中药是指中医理论指导下应用的天然药物及其制品，包括中药材、中药饮片和中成药。西药即为有机化学药品、无机化学药品和生物制品。看其说明书则有化学名、结构式，剂量上比中药精确，通常以毫克计。需要注意的是，很多中成药中添加了西药成分,应谨遵医嘱用药,避免用药过量。

二、用药误区

2018 年 10 月 17 日,中国药学会发布了“2018 年公众十大用药误区”,分别是:追求疗效滥用药、自行停药没危害、胰岛素有依赖性、使用药品不得法、别人能用我就能用、不良反应很可怕,偏方秘方治大病、海淘药品放心用、换季就去洗血管、回避风险不接种等用药错误行为。其中在大学生中比较常见的有以下几种。

1. 追求疗效滥用药

滥用药物很常见,部分年轻人追求尽快起效,一种药吃两天没效果,就换一种,甚至还有几种药物混在一起吃。滥用药物的危害很大,过量用药对肝肾功能影响较大。有的药物混用,甚至有不可逆的肝肾毒性,严重的将危害生命。

大学生要端正治疗用药观念,大多疾病有其病程病理,药物起作用也是渐进的过程,因此切忌追求快速起效而滥用药物。

此外,常见的服药方式中,安全性方面,口服 > 肌肉注射 > 静脉注射,因此建议优先考虑口服给药,避免滥用注射剂。

2. 自行停药没危害

一项网络调查显示,在何时停药问题上,所有人都选择“自己感觉好了就停药”,在治疗达到预期效果后,很多人会选择在疗程未结束便停药。但并不是所有药物都想停就能停,停药不当,有时会引起反跳现象、阶段现象、停药危象等停药综合症。不要症状刚刚消失,就停止用药,药物自行停药反而更容易导致耐药。如抗生素一定要遵医嘱按时按量服用。一般抗生素应使用至症状消失或化验结果正常后 3 天才可停药。

3. 使用药品不得法

药物的使用一定要谨遵医嘱或认真阅读药品说明书。以用药时间为例,大部分人的第一反应是最好是在饭后服用以免伤胃,减少副作用。事实上,有些药物在吃饭时甚至空腹服用效果更佳。不同类型的药物服用时间和方式也各有不同。饭时服药是指进餐少许后服药,药服完后可继续用餐。这主要是因为食物中的油类有助于药物的吸收,可以及时发挥药效。空腹服药是指在餐前 1 ~2 小时或餐后 2 小时左右服药,可避免食物对其吸收的影响,药物可迅速进入小肠发挥药效。

4. 别人能用我就能用

生活中,还经常会遇到这种情况,听说别人吃了什么药疗效非常好,就也买来试试,殊不知每个人体质不同、基础水平不同,此外还有合并禁忌等情况。所以切忌不能道听途说,使用不适应自己身体状况的药物。

5. 不良反应很可怕

药品上市前都会进行安全性研究,然后在药品说明书中详细列举可能出现的不良反应。部分人在阅读过说明书后,对其中的不良反应担心不已,不敢服用。事实上,不良反应发生是有概率的,并不是所有人在服用后都会出现说明书中列举的所有不良反应。即使出现不良反应,也应由专业医师权衡利弊,并不能因此耽误治疗。此外,有些不良反应是可以避免的。比如有些药物消化道不良反应发生率较高,可改为饭后服用,这样会大大减少消化道的不良反应。这里需要提醒的是,用药后一旦出现较严重不良反应,应及时就医,避免引发严重后果。

三、安全用药

我们大学生应牢固树立安全用药的意识,并积极掌握用药基本常识,对家人、朋友用药不当的行为予以阻止,谨遵医嘱安全用药。关于安全用药我们要牢记五个关键时刻。2019年3月,世界卫生组织向公众发布了一个针对用药的特别提醒——用药安全“五时刻”,不同时刻,要提出具体问题并寻求答案,以降低用药相关风险。呼吁所有国家未来5年内将严重、可避免的药物相关伤害减少50%。这五个时刻分别是:认识药品、服用药品、加用药品、检查药品和停用药品。

1. 认识药品

这个药品的名称是什么,作用是什么?服用这个药品有什么风险,可能出现什么副作用?我的疾病还有别的治疗方法吗?是否已经告诉了医生我的过敏史和其他健康状况?我如何储存这个药品?

2. 服用药品

我应该什么时候服药,每次服用的剂量是多少?我应该如何服用这个药品?进食和饮料对正在服用的药物有影响吗?漏服了怎么办?当我出现副作用怎么办?

3. 加用药品

我必须加用别的药吗?我是否已告知医生正在服用的药?现在服用的药物会不会出现相互作用?如果怀疑有相互作用,我该怎么办?我能正确管理现在的多个药品吗?

4. 检查药品

是否保留了用药清单?每种药物我吃了多久?是否服用了现在不需要的药品?医生定期检查了我的药品吗?应该多久检查一次?

5. 停用药品

我应该在什么时候停药?我的药品中是否存在不能骤然停用的药物?如果药品用完了我该怎么办?如果因出现一些不良反应而停药,我应向哪里报告?如何处理多余或过期的药品?

四、识别处理药物不良反应

大学生应学会识别药物不良反应并联系医生，在医生的指导下采取有效措施处理。

(1)出现严重的不良反应。如尿量明显减少、黄疸、乏力等，可能是药物引起了肝肾功能损害、血细胞减少等，患者应立即停药并及时就医，医生会给予必要的保肝、升高血细胞治疗。对危及生命的不良反应，如急性肾功能衰竭、急性重型肝炎等，医生会采取有力的措施积极抢救。

(2)对药物产生过敏反应，或由于遗传因素造成的特异性反应。如过敏性休克、过敏性药疹、磺胺药引起的溶血性黄疸等，一经发现，应立即停药。因为这一类不良反应与用药的剂量无关，而且反应的严重程度难以预料。

(3)不良反应的产生与服药剂量有关，而且反应较重，难以耐受，需在医生的安排下，减量或改用其他药物。例如，一种抗高血压药物服用剂量较大时，可以出现明显不良反应，若改成联合用药控制血压，则每一种药物剂量都不大，可使不良反应降到最低程度。

(4)药物不良反应较轻，按病情不允许停药，可在医生的安排下继续用药，同时作对症处理。例如，为了避免药物的胃肠道反应，可改在饭后服药；服用容易在尿中形成结晶的药物(如磺胺类药物等)时，应多饮水以增加尿量，可以减少药物对肾脏的损害。

第五节　常见传染病防治

一、传染病定义和特征

传染病是由细菌、病毒、寄生虫等特殊病原体引发的，具有传染性的疾病。其主要特征是：有特异的病原体；有传染性；有流行性、季节性、地方性；有一定潜伏期；有特殊临床表现，包括高热、肝脾肿大、毒血症、皮疹等。

二、传染病的预防和救治

(一)传染病防治总则

有效地抑制传染病的流行，关键在于切断传染病的传播链，即控制传染源、切断传播途径、保护易感人群。为此，要做到：

(1)养成讲卫生的好习惯，注意个人卫生、食品卫生、环境卫生。

(2)加强身体锻炼，提高免疫力。

(3)按规定接种疫苗。

(4)对传染病人要早发现、早报告、早治疗、早隔离，防止交叉感染。

(二)各季节高发传染病

1. 春季

春季流行的传染病主要包括流行性脑脊髓膜炎(简称流脑)、麻疹、水痘、腮腺炎、猩红热、风疹、流感等呼吸道传染病;甲型病毒性肝炎;接触传播引起的手足口综合症等。

防治方法:居室常通风、熏醋消毒素,被子勤晾晒、疫苗按时注,春季好郊游、莫去人密处。

2. 夏季

夏季是肠道传染病高发期,主要包括细菌性食物中毒、细菌性痢疾、阿米巴痢疾、病毒性肠炎、伤寒、病毒性肝炎等。

防治方法:食物采购严把关、餐具消毒双保险、个人卫生要注意、生蔬凉拌莫多餐、瓜果食前先去皮、大型家宴要消减、室内清洁灭蚊蝇、保证营养足睡眠。

推荐食品:杀菌食品如大蒜、洋葱、韭菜、香葱、蒜苗、醋;凉性排毒食品如苦瓜、丝瓜、黄瓜、番茄、茄子、芹菜、生菜、芦笋、豆瓣菜。

3. 秋季

秋季位于夏、冬之间,因此,夏冬季节的传染病都可能在秋季发生。此外,脊髓灰质炎也常在秋季发生。

脊髓灰质炎预防方法;出生足 2 个月、3 个月、4 个月儿童各服一次脊髓灰质炎减毒活疫苗,积极参与各次强化免疫,服食糖丸。

4. 冬季

受气候和人口流动(春运)等因素的影响,易发生呼吸道传染病的局部性大暴发。冬季常见的传染病包括普通感冒、流行性感冒、麻疹、水痘、风疹、腮腺炎、流脑等,主要通过空气飞沫传播。

防治方法:按时接种疫苗、注意增减衣服、加强体育锻炼。

三、几种传染病的症状和预防

(一)病毒性肝炎

1. 病毒性肝炎定义

病毒性肝炎是由肝炎病毒引起的、以肝脏损害为特征的一组传染病。我国人群中甲型肝炎病毒的感染率高达 80%,发病率居病毒性肝炎首位,占 40%~50%。

2. 传播途径

肝炎患者或无症状携带者可成为病毒性肝炎的传染源。病毒性肝炎的传播途径可分为两种:一种主要经直肠道传播,如甲型肝炎;另一种主要经血液传播,包括母婴垂直传播、医源性传播(如使用不洁医疗器械、输血及血液制品等)及性传播等,如乙型、丙型肝炎。人类对各种病毒性肝炎普遍易感,各种年龄均可发病。

急性甲型肝炎起病急,临床表现的阶段性较为明显,可分为3期:黄疸前期、黄疸期和恢复期,总病程2~4个月。急性乙型肝炎起病较慢,常无发热,其他表现与甲型肝炎相似,但部分病例可转变为慢性肝炎。

3.预防措施

病毒性肝炎作为一种传染性强、传播途径复杂的传染病、其预防应采取综合措施,具体包括以下几个方面。

(1)管理传染源。对急性甲型肝炎病人应采取早期隔离措施。急性黄疸性肝炎病人如不能住院治疗时,应在医生指导下,在家严格隔离治疗,一般从发病日期起隔离3周(不能确知发病日者,可从确诊日期算起)。必须做到:①病人与健康人不在一张床上睡眠,病人的被、褥、衣物要与健康人分开,并进行消毒。②病人的食具、漱口用具、水杯、脸盆、毛巾、便盆等也与健康人分开使用。病人要单独吃饭,剩余的食物不要给他人吃。③病人的书报、刊物、物品、玩具等不要借给他人传阅、玩耍,必须经过消毒处理后才能转借他人。④在病人隔离期间,邻居、亲友不要到病人家串门,尤其儿童不要与病人一起玩耍。⑤病人在患病期间不要串门,不要到公共场所,更不要到饮食部门用餐。

(2)慢性肝炎也有传染性,应同样注意隔离。对于甲型肝炎病人的密切接触者要注意观察,一般观察45天,没有发病的才可视为健康人。

(3)切断传播途径。①提倡用流动水洗手,注射时要一人一针一管,用后高压或煮沸消毒;不使用他人生活用具,搞好个人卫生。②非必要时不输血及血制品;输血员要进行筛选。③肝炎病人确诊后,病人家应及时做一次较彻底的消毒,食具、漱口用具、毛巾等要煮沸30分钟,家具、物体表面、地面要用3%漂白粉液擦拭。病人的粪便要用漂白粉或生石灰进行搅拌后放2小时倒掉。病人使用的便器要专用,使用后,用3%漂白粉水浸泡2小时后再洗刷。病人和大家应做到饭前、便后用2%过氧乙酸溶液浸泡洗手2分钟。

(4)保护易感人群。①注射人体免疫球蛋白,适用于接触甲型肝炎的儿童,注射越早越好。②注射乙肝疫苗和乙肝免疫球蛋白,用于阻断母婴传播。以上两种都最好在医生指导下应用。

(二)流行性感冒

1.流行性感冒定义

流行性感冒是由流行性感冒病毒引起的急性呼吸道传染病,传染性强、传染迅速、发病急。

流行性感冒潜伏期短，1～2天。症状轻的，仅觉全身不适，持续1～2天。症状重的，畏寒高热、体温可达39～40℃、四肢腰背酸痛、头痛，全身中毒症状严重。

2. 传播途径

流行性感冒主要通过病人咳嗽、喷嚏等飞沫直接传播，发病3天内传染性最强。

3. 预防措施

保持良好的个人及环境卫生，勤洗手，使用肥皂或洗手液并用流动水洗手，不用污浊的毛巾擦手。双手接触呼吸道分泌物后（如打喷嚏后）应立即洗手。每天开窗通风数次（冬天要避免穿堂风），保持室内空气新鲜。在流感高发期，尽量不到人多拥挤、空气污浊的场所，不得已必须去时，最好戴口罩。

4. 流感疫苗的接种

一般来说，年龄在6个月以上，没有接种禁忌者均可自愿自费接种流感疫苗。建议60岁以上人群；慢性病患者及体弱多病者；小学生和幼儿园儿童；养老院、老年人护理中心、托幼机构的工作人员；服务行业从业人员，司乘人员，商业及旅游服务的从业人员；经常出差或到国内外旅行的人员等要接种流感疫苗。

（三）肺结核

1. 肺结核定义

肺结核由结核杆菌引起，是当今严重危害公众健康的慢性传染病，肺结核主要通过呼吸道传播，每个人都有可能被传染。

肺结核的临床症状主要是咳嗽、咳痰，如果这些症状持续2周以上，应高度怀疑得了肺结核，要及时到医院看病。肺结核患者还会伴有痰中带血、低烧、夜间出汗、午后发热、胸痛、疲乏无力、体重减轻、呼吸困难等症状。

2. 防治措施

（1）咳嗽、咳痰2周以上，应怀疑得了肺结核，要及时就诊。

（2）肺结核患者咳嗽、打喷嚏时，应避让他人、遮掩口鼻。

（3）肺结核患者不随地吐痰，要将痰液吐在有消毒液的带盖痰盂里，不方便时可将痰吐在消毒湿纸巾或密封痰袋里。

（4）肺结核患者尽量不去人群密集的公共场所，如必须去，应当佩戴口罩。

（5）居家治疗的肺结核患者，应尽量与他人分室居住，保持居室通风，佩戴口罩，避免家人被感染。

（6）加强营养，提高人体抵抗力，有助于预防肺结核。

（7）接种卡介苗可预防儿童重症结核和结核性脑膜炎。

（四）新型冠状病毒感染

1. 新型冠状病毒感染症状

2019 新型冠状病毒，2020 年 1 月 12 日被世界卫生组织命名为“2019-nCoV”新型冠状病毒感染有以下症状。

（1）新型冠状病毒感染后人体早期的症状和一般病毒感染引起的感冒症状有相似之处，主要表现为疲倦、乏力、肌肉酸痛，也有少数病人会表现为胃肠道的反应，比如腹痛和腹泻。

（2）随着病情的发展，病人会出现发烧的症状，发烧度数在 37.3℃以上。另外还会出现呼吸道相关症状，包括咳嗽、喉咙疼痛等。

（3）随着症状的加重，病人会出现呼吸困难、胸闷、气短，甚至会出现呼吸窘迫等严重症状。进行影像学的检查会发现肺部有磨砂玻璃一样的肺间质的改变。表现严重的还会出现脓毒血症、感染性休克、凝血功能障碍和肾功能衰竭等。

2. 传播途径

目前可以确定的新型冠状病毒感染的传播途径主要为直接传播、气溶胶传播和接触传播。直接传播是指患者喷嚏、咳嗽、说话的飞沫，呼出的气体近距离直接吸入导致的感染；气溶胶传播是指飞沫混合在空气中，形成气溶胶，吸入后导致感染；接触传播是指飞沫沉积在物品表面，接触污染手后，再接触口腔、鼻腔、眼睛等黏膜，导致感染。

3. 预防措施

新型冠状病毒感染的预防方法，做好个人防护是最切实可行的方法，包括以下几方面。

（1）保持手部和呼吸道卫生，坚持安全饮食习惯。

（2）尽可能避免与任何表现出有呼吸道疾病症状（如咳嗽和打喷嚏等）的人密切接触。

（3）多饮水、注意休息，提高免疫力。

（4）居住及工作环境中多保持通风状态。

（5）行为习惯就是要做到戴口罩、勤洗手、不聚集。

第六节　艾滋病预防

案例 18

大学生因追求新鲜感感染了人类免疫缺陷病毒（艾滋病病毒，HIV）

李华（化名），一名大学二年级的男生，因为好奇和追求新鲜感，参与了不安全的性行为活动。 他没有使用安全套，也没有对性伴侣的健康状况进行了解。 不久后，他被诊断出感染了 HIV。

点评：这起案例凸显了大学生在性行为中缺乏安全意识和保护意识的问题。他们可能因为好奇、追求新鲜感、情感受挫等原因采取了不安全的性行为，从而导致了 HIV 的感染。

高校应该加强对大学生的性教育和艾滋病预防知识的普及。学校可以组织相关的讲座、培训和宣传活动，让学生了解艾滋病的传播途径、预防措施和危害，提高他们的安全意识和保护意识。

总之，大学生应该树立正确的性观念和安全意识，采取正确的预防措施，保护自己和他人免受 HIV 感染的风险。同时，高校也应该建立健全的性健康服务体系，为学生提供全方位的支持和帮助。

一、认识艾滋病

艾滋病又称“获得性免疫缺陷综合征”，英文缩写是“AIDS”。它是一种死亡率极高的传染病，传播途径主要有性接触、血液和母婴。艾滋病病毒（又称人类免疫缺陷病毒，HIV）侵入人体后，可以破坏人体的免疫系统，使人体发生多种难以治愈的感染和肿瘤，最终导致死亡。艾滋病病毒在人体内的潜伏期平均为 8～9 年，患艾滋病以前，可以没有任何症状地生活和工作多年。当艾滋病病毒感染者的免疫系统受到病毒的严重破坏，以至不能维持最低的抗病能力时，感染者便发展成为艾滋病病人。目前还没有能够彻底治愈的药物和方法，所以感染了艾滋病病毒，除了药物控制延缓寿命外，没有好的治愈办法，如果不治疗的话，一般生存期不会超过 2 年。

二、艾滋病在中国的现状

联合国艾滋病规划署最新发布《2023 全球艾滋病防治进展报告——终结艾滋病之路》，报告显示，全球目前有 3900 万艾滋病病毒感染者，其中 2980 万正在接受抗逆转录病毒治疗，2022 年有 130 万艾滋病病毒新发感染，63 万人死于艾滋病相关疾病。根据中国疾病预防控制中心的数据，截至 2024 年 6 月 30 日，我国报告现存活艾滋病病毒（HIV）感染者/AIDS 患者超过 130 万人，报告死亡 47 万余人。

艾滋病在中国的现状呈现出几个特点。首先，艾滋病在中国的感染者数量仍然较大，但治疗覆盖率在逐渐提高。其次，青年人和老年人是艾滋病感染的高发人群，尤其是青年群体的比例持续增加。这部分人群对艾滋病的认知误区和侥幸心理也较多，因此青年防艾教育亟待加强。

目前，我国输血传播基本阻断。全面实施临床用血艾滋病病毒核酸检测全覆盖，经输血及使用血液制品传播病例接近零报告。母婴传播得到有效控制。全面实施预防艾滋病母婴传播工作全覆盖，此外，尽管输血传播已经基本阻断，母婴传播得到有效控制，但性传播仍是主要的传播途径，尤其是男男同性传播在 15～24 岁群体中占比较高。这提示我们需要继续关注性教育普及和性健康服务的提供，以降低艾滋病的传播风险。

总的来说，艾滋病在中国的现状仍然严峻，需要政府、社会和公众共同努力，加强预防、治疗和关怀支持工作,以实现艾滋病的全面控制和消除。

三、艾滋病易感人群

包括性乱者、药瘾者、血友病患者及 HIV 感染者的婴儿。

(1)性乱者。包括同性恋者、不洁性交者、多个性伴侣者,经常出入不正当娱乐场所者都是 HIV 的好发人群。

(2)药瘾者。静脉药瘾者和血制品使用人群好发。

(3)某些疾病人群。如血友病患者及 HIV 感染者的婴儿为本病的高危人群。

四、艾滋病预防措施

由于艾滋病毒广泛存在于感染者的血液、精液、阴道分泌物、乳汁以及伤口的渗出液中,具有很强的传染性,所以艾滋病的预防主要是切断传播途径,避免接触传染源。

大学生预防艾滋病,首先就要洁身自爱,避免婚前性行为,必须要发生性行为时一定要用避孕套做好防护措施。还要注意不吸毒,不与他人共用牙刷、毛巾、剃须刀等个人卫生物品。不要到涉足色情的场所及一些如网吧、酒吧等人口密集的娱乐场所,以免被人欺骗或者是扎针感染艾滋病。

五、正确对待艾滋病病毒感染者

艾滋病病毒感染者,即指体内存在 HIV,但还未出现 AIDS 临床症状和体征的人。艾滋病病人是指感染艾滋病病毒后已经到发病期,即 CD4 细胞计数在 200 以下的人或者出现艾滋病相关症状、各种机会性感染及肿瘤。随着抗艾滋病病毒疗效的提高,艾滋病病毒感染者不再意味着"死刑判决"。

(一)从内心接受艾滋病病毒感染者和艾滋病病人

患了艾滋病的人,本身已经特别不幸了。而正常的日常生活接触是不会被传染上艾滋病病毒的,病毒也仅通过几种极其有限的方式传播(如无保护性行为,共用针具吸毒,直接血液交换等),所以不需要有任何特殊对待。我们要从内心里接受他们、尊重他们,和平、友善地和他们相处。

(二)参加关爱艾滋病病毒感染者和艾滋病病人的公益活动

每个城市的疾控中心和相关的公益组织每年都会开展艾滋病宣传活动和关爱活动。有时间的话,可以积极报名参加一下这些公益活动,真实地感受一下帮助和关爱艾滋病病毒感染者和艾滋病病人,那是一件很有意义的事情。这是一个特殊的群体,他们不需要你的同情,他们需要的是一个朋友、一份理解和一张张笑脸。

(三)将心比心,学会换位思考

很多人认为艾滋病病毒传播的途径都是通过不道德的行为,因此会有点歧视或害怕感染者。这是非常不正确的想法。我们既不知道每个人到底是因为什么原因感染,也不能让病毒成为人类道德的审判官。如果你是一名艾滋病人,你希望别人怎么看待你,别人怎么帮助你,或者别人怎么与你相处?所以,在这个问题上,我们不要因为自己想怎么样就怎么样,要学会换位思考,所谓“己所不欲,勿施于人”,将心比心,换位思考,然后再去行动。

(四)亲人的安慰和包容、社会的关爱和温暖

感染了艾滋病病毒,也许有人会自暴自弃,也许有人会不堪一击,同时身体免疫能力也在逐步下降,这时更需要亲人的安慰、鼓励和包容。所以作为亲人,应该坦荡一点,和往常一样一起吃饭、散步等,鼓励他们好好生活,要对未来有信心,要耐心等待可以治愈的医学技术或者抗病毒药物的诞生。很多艾滋病病毒感染者和病人其实都很勇敢,很坚强地对抗着病毒。所以社会要以零歧视的状态来对待他们,号召全社会一起行动,让他们真实体验到温暖、关爱和包容。

拓展阅读

艾滋病患者是否有隐私权?

艾滋病患者当然有隐私权，这是基本的人身权利。

《艾滋病防治条例》于2006年1月18日经国务院第122次常务会议通过，自2006年3月1日起施行。2019年3月2日，国务院颁布并实施第709号国务院令，修改《艾滋病防治条例》。 该条例第六十四条规定：1987年12月26日经国务院批准，1988年1月14日由卫生部、外交部、公安部、原国家教育委员会、国家旅游局、原中国民用航空局、国家外国专家局发布的《艾滋病监测管理的若干规定》同时废止。 该条例第三十九条规定：未经本人或者其监护人同意，任何单位或者个人不得公开艾滋病病毒感染者、艾滋病病人及其家属的姓名、住址、工作单位、肖像、病史资料以及其他可能推断出其具体身份的信息。

□课后互动

以小组为单位,就以下问题进行讨论:

1. 我们大学生如何做到洁身自好?
2. 假如你的同学小王在许多同学面前怂恿你去不良场所,你应该如何拒绝?

□拓展训练

问:艾滋病主要的预防措施是什么?

答：艾滋病的预防主要是切断传播途径，避免接触传染源。

问：如何正确看待艾滋病患者？

答：1. 对于艾滋病患者我们首先不要歧视他，因为，歧视艾滋病患者的这种行为对于患者来说比艾滋病病毒更可怕。

2. 我们要教育他积极面对生活和自己的疾病，及时到医院进行检查治疗。现在对于艾滋病的治疗，已经比从前有了很大的改观。

3. 我们在做好防护的前提下，可以像正常人一样地交往、饮食、外出等，不要远离或者疏离患者。

4. 关心艾滋病患者、给他信心，增加他的勇气。在生活和工作中多帮助患者，让他知道自己没有被大家、被社会抛弃。

第七章
交通与旅游安全

学习目的与要求

1. 掌握交通安全相关法律法规和基本常识,牢固树立交通安全意识。
2. 熟悉大学生常见的交通安全事故的类型和原因,学会规避交通安全风险。
3. 掌握交通事故应急处置的流程,具备交通事故应急处置的基本能力。
4. 了解旅游中的安全风险,学会如何合理规划安全旅游计划。

学习重点

1. 交通安全的基本常识。
2. 大学生常见的交通安全事故类型、成因及预防。
3. 旅游安全常识。

学习难点

1. 交通安全的法律法规。
2. 交通事故现场处置流程。

第一节 交通安全常识

案例 19

某大学生酒驾发生交通事故

2022 年 12 月 29 日晚上，放假回家的大学生舒某接到好友李某的邀约，骑电动自行车到盐边县新县城某烧烤店喝酒。 当晚一起喝酒的还有李某、石某、余某等人。 次日 0 时 15 分，饮酒后的舒某未按规定佩戴安全头盔驾驶电动自行车回家，当行驶至新城阳光路段，车辆驶离路面与人行道上的景观树碰撞，致舒某的头部、颈部、肺部等多处受伤。 舒某受伤后呈现持续性植物生存状态，构成一级伤残。 后来，舒某家属起诉4 名“酒友”索赔，经调解获补偿 8.3 万元。

点评：一次寻常的酒局，一次夜晚的骑车，却造成了一名大学生重伤变成植物人的惨痛结局。 我们可以看到造成悲剧的主要原因是舒某违反交通法律法规酒后驾驶电动车和未按规定佩戴安全头盔，这是他对交通安全的侥幸心理作祟，更是对交通法律法规漠视的后果。 同时，几名“酒友”因未能制止舒某酒后驾驶的行为，承担了应有法律责任，更在心里埋下了难以磨灭的歉疚。

根据世界卫生组织 2023 年 12 月 13 日在瑞士日内瓦发布的《2023 年全球道路安全现状报告》，全球交通事故死亡人数每分钟超过 2 人，每日超过 3200 人，交通事故是导致 5 ~ 29 岁儿童和青年死亡的主要原因。 根据交通事故统计，近几年涉及大学生的道路交通事故呈上升趋势，年平均增长率达 15%，大学生提高交通安全守法意识至关重要。

一、步行安全

(1)步行时,走人行道,靠右侧行走。

(2)横穿马路,要走人行横道。行走时,先看左侧车辆,后看右侧车辆。

(3)设有交通信号灯的人行横道,绿灯亮时,可通行;红灯亮时,禁止通行。

(4)设有自助式交通信号灯的人行横道,要先按人行横道使用开关,等绿灯亮、机动车停驶后,再通过;红灯亮或显示“等待”信号时,禁止通过。

(5)设有过街天桥或地下通道的区域,走过街天桥或地下通道,不横穿马路。

(6)无人行横道与通过设施的区域,横穿马路时,要在确认安全后,再通过。

(7)不在机动车道、非机动车道上打闹、猛跑。

(8)不跨越各种交通护栏、护网与隔离带。

(9)路面有雪或结冰时,谨防滑倒。

(10)上学路上禁止穿轮滑鞋或使用滑板。

二、非机动车安全

(1)骑电动自行车、自行车,请靠右行。机动车、非机动车应各行其道。骑电动自行车、自行车应在非机动车道内行驶，不要占用机动车道。在没有非机动车道的道路上，应在道路的最右侧行驶。

(2)行经交叉路口时，不要抢黄灯、闯红灯。在没有信号灯的路口，更要谨慎观察，确认安全再通行。

(3)横过马路下车推行，骑电动自行车、自行车过马路时，走人行横道或过街通道，并下车推行，谨慎通过。

(4)转弯时要提前给出转向提示，开启转向灯或打手势提醒过往车辆和行人注意，不要突然猛拐。

(5)一定要佩戴安全头盔。电动自行车等非机动车不像汽车一样有防护措施，且其稳定性能差。一旦出事，人会直接接触地面，而往往最先着地的便是头部。头部是人体最为脆弱的部位，只要受到碰撞，很容易造成颅脑损伤。而骑车时佩戴安全头盔能在发生交通事故时最大限度地保护驾驶人，将伤害降到最低。

三、乘车安全

(1)要选择有交通管理部门认可、有准运资格、质量优良的客运车。发现驾驶员患有妨碍安全行车的疾病、酒后开车或疲劳驾驶的，不要乘坐该车；发现驾驶人员无驾驶证、机动车不具备载客准运资格或有明显质量问题的，不乘坐该车；不坐超载车。

(2)乘坐公共汽车时，应找座位坐好，没有座位时，应该抓好车内扶手站稳；乘坐小型客车，无论前后排都要主动系好安全带；乘坐二轮摩托车要戴好头盔，在驾驶员身后分开跨坐，不得偏坐或倒坐。

(3)在车辆行驶过程中，不要与驾驶员闲谈或妨碍驾驶员操作，不要随意开启车门、车厢和车内的应急设施，不把身体的任何部位伸向车外，不要向车外抛投物品，不要在车内随意走动、打闹。

(4)上下车时不要拥挤争抢，从机动车右侧上下车，开关车门时不得妨碍其他车辆和行人通行；下车后，需横过行车道时，应确定没有车辆过往后，从车尾部穿行，切不可从车头贸然通过。

(5)不携带易燃、易爆、强腐蚀性等违禁物品乘车。

(6)机动车发生故障或交通事故须在行车道停车时，除救险外，乘车人须迅速离开车辆和行车道。

第二节　大学生常见的交通安全事故、原因及预防

大学校园内外发生交通事故的主要原因是思想上麻痹和安全意识淡薄。许多大学生刚刚离开父母，缺乏社会经验，对校园和周边环境不熟悉，交通安全意识比较淡薄，有的同

学在思想上还存在校园内骑车和行走肯定比校外道路上安全的错误认识。本节从校内和校外两方面就近几年来大学生比较常见的交通安全事故、原因及预防进行说明和讲解，希望同学们引以为戒。

一、大学生校内常见交通安全事故及成因

大学校园不同于中小学校，往往占地面积更大，各校园内虽然都有专人负责车辆管理，对机动车也有限速要求，但道路交通确实比中小学阶段更为复杂，机动车、电动自行车、自行车、行人较多，尤其是上下学时，人群和各类车辆聚集。但大学生往往还存在固有思维，认为校园内部交通更安全，不用像在校外一样遵守交通规则。因此在校内常见学生不在人行道行走，甚至有在机动车道跑跳追逐的情况，都造成了校园内的交通安全隐患。

(1)行走时注意力不集中。这是大学生校内容易出现安全事故的最主要原因，表现为行人走路时边走路边看手机、边听音乐，或者左顾右盼，心不在焉。2021 年 9 月 5 日，某大学金融学仅报到 3 天的研一女生张某某，在经过宿舍东侧路上时，被一辆倒车的圆通快递运输车撞倒碾压，送医急救无效身亡。这样的事故令人唏嘘感叹，货车驾驶员难辞其咎，但同时也应看到如果该生步行时能够更加注意周边情况，及时避让正在倒车操作的货车，或许结局会有所不同。

(2)在道路上跑跳追逐活动。部分大学生活泼好动，嬉戏打闹，甚至有时还在路上进行球类或滑板等活动，这更是增加了发生事故的可能性。在校内开展体育娱乐等活动一定要避开车流、人流密集区域，在指定安全区域内活动，在步行前往活动区域的途中不能“边走边秀”。

(3)骑“飞车”。校园内，宿舍与教室、图书馆等之间的距离比较远，所以许多大学生选择骑车出行，这也成为大学里的一道风景线。但部分学生骑车技术也实在“高超”，居然骑着非机动车与汽车比快慢，且不按规定佩戴头盔，殊不知就此埋下了祸根。2023 年 9 月 27 日，某大学大一女生小木(化名)，搭乘同学小梦驾驶的共享电动自行车返回宿舍途中意外摔倒。小木头部着地伤势严重，在重症加强护理病房(ICU)中昏迷了 31 天后离世。未佩戴安全头盔是造成小木头部重伤的重要原因。因此，同学们在校内一定要避免不佩戴安全头盔、过速骑行非机动车辆等危险行为。

二、大学生校外常见交通安全事故及成因

(1)行走时发生交通事故。大学生余暇空闲时购物、观光、访友要到市区活动，这些地方车流量大，行人多，各种交通标志眼花缭乱，与校园相比交通状况更加复杂，若缺乏通行经验发生交通事故的概率很高。因此应当提前查询熟悉路线，做好线路规划，遵守交通规则，在人行道上行走。

(2)乘坐交通工具时发生交通事故。大学生离校、返校,外出旅游、社会实践,寻找工作等都要乘坐各种长途或短途的交通工具。全国各地高校大学生因乘坐交通工具发生交通事故的情况时有发生,有时甚至造成群体性伤亡,教训十分惨重。

(3)使用“共享交通工具”时发生交通事故。随着互联网时代的发展,城市街道上到处可见共享交通工具,有共享电动自行车、共享汽车等,只需扫码登记等简单操作,就可以使用这些交通工具,然而这些交通工具质量和状态良莠不齐,车辆的状况难以肉眼评估,且大学生的驾驶水平和经验也存在不足,使得共享交通工具成为影响大学生交通安全的重要隐患。2023 年 11 月 23 日深夜,某高校两名大学生驾驶共享汽车因操作不当,加上车速过快、路况不熟、夜间视线不佳等原因,导致车辆漂移侧翻,在某桥附近落水,车辆损毁严重。万幸,两名大学生落水后自救上岸。当地交警部门作出认定,当事人驾车未按操作规范做到安全文明驾驶,应负全部责任。

三、校内外交通安全事故预防

凡事重在预防,等到事故发生再追悔莫及,都为时已晚,所以大学生一定要重视校内外交通安全事故的预防,主要是以下几方面。

(1)提高交通安全意识。不管是校内还是校外,发生交通事故最主要的原因是思想麻痹,安全意识淡薄。因此大学生要自觉提升交通安全意识,主动适应大学校园对于交通安全常识提出的新要求。大学生对待交通安全,千万不能存侥幸心理。大学生应该意识到淡薄的交通安全意识和不良的行为习惯既是对自己生命的不负责,也是对他人生命安全的漠视。

(2)自觉遵守交通法规。除提高交通安全意识,还必须自觉遵守交通法规,尤其是不要因为在校内就放松对自己的要求。如在道路上行走,应走人行道,无人行道时靠右边行走;走路时要集中精力,“眼观六路,耳听八方”;不与机动车抢道,不突然横穿马路,翻越护栏,过街要走人行横道;不闯红灯,不进入标有“禁止行人通行”“危险”等标志的地方。

(3)掌握交通安全的基本常识。大学生一定要不断丰富和充实自己的交通安全常识,通过网络、课堂等方式,及时更新自己的交通安全“知识库”,并向身边亲人、朋友普及交通安全知识,抵制存在交通事故风险的行为。

第三节　交通事故现场处置

案例 20

女大学生路遇车祸,临危不惧冷静处置

2021 年 2 月 12 日，正是大年初一阖家团圆的日子。 家住湖南省某县的女大学生邹同学在散步途中遇到一辆黑色轿车失控径直冲入了路边的硬化沟。邹同学迅速上前查看车内的情况。看到驾驶员晕厥后，她立即拨打了报警和急救电话，后又冒险拦车求援、第一时间送伤者就诊、保护现场、录像取证、联系伤者家人、待伤者转危为安后悄然离开……24 岁的女大学生邹同学情急中一系列教科书式的应急救援，成功挽救了一条生命。后来，获救的周先生专程来到邹同学的学校，将一面写着“无私救人献爱心 品德高尚暖人心”的锦旗和一封感谢信送到邹同学的手上。

点评：邹同学路遇车祸发生后，正是她的临危不惧和冷静的处置，成功挽救了伤者的生命。可见掌握交通事故的正确处置方法，能够在关键时刻挽救宝贵生命、减少交通事故造成的损失。

一、交通事故逃生常识

（一）翻车后的逃生方法

由于与障碍物撞击，导致汽车翻车后，应采取正确的逃生方法。

(1)熄火。这是最首要的操作。

(2)调整身体。不急于解开安全带，应先调整身姿。具体姿势是双手先撑住车顶，双脚蹬住车两边，确定身体固定，一手解开安全带，慢慢把身子放下来，转身打开车门。

(3)观察。确定车外没有危险后，再逃出车门，避免汽车停在危险地带，或被旁边疾驰的车辆撞伤。

(4)逃生先后顺序。如果前排乘坐了两个人，副驾人员先出，因为副驾位置没有转向盘，空间较大，易出。

(5)敲碎车窗。如果车门因变形或其他原因无法打开，应考虑从车窗逃生。如果车窗是封闭状态，应尽快敲碎玻璃。由于前风窗玻璃的构造是双层玻璃间含有树脂，不易敲碎，而后车窗则是网状构造的强化玻璃，敲碎一点即整块玻璃就全碎，因此应用专业锤在车窗玻璃一角的位置敲打。

（二）汽车落水后的逃生方法

(1)保持清醒的头脑。汽车落水后，在车内的人千万不要惊慌，应迅速辨明自己所处的位置，确定逃生的路线和方案。

(2)调整自己的呼吸。刚落水时，车内还没有完全进水，这时，调整自己的呼吸很重要。保持冷静，始终要将口鼻保持在水面之上，哪怕只有一点点空间，都会为你的自救和别人对你的营救争取时间。

(3)在车落水后，要马上打开电子锁，以防失灵。要用手动方式打开电子锁，即把插销用手拨开。

(4)尽快打开车门逃生，如果车门不能打开，手摇的机械式车窗可摇下后从车窗逃生。

(5)对于目前多数电动式车窗，如果入水后车窗与车门都无法打开，这时要保持头脑冷静,将面部尽量贴近车顶上部,以保证足够空气,等待水从车的缝隙中慢慢涌入,车内外的水压保持平衡后,即可打开车门逃生。

(三)车辆火灾事故逃生方法

(1)打开车门有序撤离。汽车起火后,千万不能惊慌失措,应该看清失火情况和部位,然后在驾驶人打开车门后,选择远离火源方向的车门有序撤离。如果火焰小但封住了车门,乘客可用衣物蒙住头部,从车门冲下。

(2)紧急情况砸窗逃生。万一车门无法开启,应当按动紧急按钮开门,或者用安全锤砸破车窗玻璃逃生。跳窗时需注意脚下的安全,还要避免被玻璃碎片等尖锐物体划伤。成功逃离车身后要尽快远离现场,这不仅是避免受到火焰和飞溅碎片伤害的需要,同时也是为他人留出逃生空间。

(3)使用救生锤。救生锤的正确使用方法是用力敲击车窗玻璃边缘,而不是玻璃中间位置,击碎的玻璃最好用脚将其踢出。如果车辆救生锤缺失,不要试图用手和脚将玻璃击碎,因为大部分人都不具备击碎这种安全玻璃的力量,此时应借助随身携带或车上有的硬物来敲击玻璃,如利用灭火器等。

(4)别忘车顶天窗也可紧急逃生。一般情况下,尽可能从前后车门疏散。但事故中,车门很可能失灵,无法正常开启。即使车门能正常开启,慌乱的乘客也可能会在门口挤成一团,出现人为拥堵。部分车型也可利用车顶天窗紧急逃生。

(5)学会利用车载灭火器。汽车配有灭火器,位置一般在驾驶座后部和车身中间。小型私家车灭火器一般在行李舱底板下。

(6)身上着火处理。如在逃生过程中衣服不慎起火,乘客应尽快脱下衣服,用脚踩灭。如来不及脱下衣服,可就地打滚,将火压灭,切忌快速奔跑。发现他人身上的衣服着火时,可以脱下自己的衣服或用其他布物,将他人身上的火捂灭。不得用灭火器往人身上喷射。

二、交通事故处置流程

(1)立即停车。无论驾驶哪种车辆发生交通事故后,必须立即停车。停车以后,按规定拉紧驻车制动,切断电源,开启危险信号灯。如在夜间发生事故,还须开示廓灯、尾灯。在高速公路发生事故时,还须在车后按规定设置危险警告标志。

(2)及时报案。当事人在事故发生后应及时将事故发生的时间、地点、肇事车辆及伤亡情况,打电话或委托过往车辆、行人向附近的公安机关或执勤交警报案。在警察来到之前,不能离开事故现场,不允许隐匿不报。在报警的同时,也可向附近的医疗单位、急救中心呼救、求援。如果现场发生火灾,还应向消防部门报告。交通事故报警电话号码为110或122。当事人应得到接警机关明确答复才可挂机,并立即回到现场等候救援及接受调查处理等。

(3)抢救伤者。当事人确认受伤者的伤情后,能采取紧急抢救措施的,应尽最大努力抢救,包括采取止血、包扎、固定、搬运和心肺复苏等,并设法送就近的医院抢救治疗。对现场散落的物品,应妥善保护,注意防盗防抢。

(4)保护现场。保护现场的原始状态,包括其中的车辆、人员、牲畜和遗留的痕迹、散落物不随意挪动位置。当事人在交通警察到来之前,可以用绳索等设置保护警戒线,防止无关人员、车辆等进入,避免现场遭受人为或自然条件的破坏。为抢救伤者,必须移动现场肇事车辆、伤者等,应在其原始位置做好标记,不得故意破坏、伪造现场。

(5)做好防火防爆措施。事故当事人还应做好防火防爆措施。首先,应关掉车辆的发动机,消除其他可能引起火警的隐患。不要在事故现场吸烟,以防引燃易燃易爆物品。载有危险物品的车辆发生事故时,要及时将危险物品的化学特性,如是否有毒、易燃易爆、腐蚀性及装载量、泄漏量等情况通知警方及消防人员,以便采取防范措施。

(6)协助现场调查取证。在交通警察勘察现场和调查取证时,当事人必须如实向交警部门陈述交通事故发生的经过,不得隐瞒交通事故的真实情况。

(7)过往车辆驾驶人员和行人遇见交通事故,应当予以协助。协助事故当事人向事故处理机关报告;协助有关部门维护现场秩序;积极抢救伤者等。行人若目睹事故的发生经过,应该向交警部门阐明事实。如果有肇事驾驶员逃逸,应该记录下肇事车辆的车牌号码及逃逸方向,向交警部门报告。

此外,大学生如遇交通事故,还应及时向学校和家长说明情况,尤其是遇到不知道如何处理的情况要信任老师和亲人,及时向他们求助。

第四节 旅游安全

大学生一般长时间远离家人生活学习,具有相对自由的独立活动时间和费用,这为其假期中或在校学习期间开展旅游活动提供了便利。但部分大学生旅游安全意识不强,崇尚所谓“说走就走”的旅行,出发前往往没有做好必要的安全知识学习和准备,不能有意识地评估可能出现的危险,极可能在准备不足的情况下遭遇安全问题。

一、大学生旅游可能涉及的安全问题

大学生普遍社会经验不足,外出旅游应当还是结伴出行,不要做“独行侠”。应提前做好旅游规划,准备好各项所需物品,旅行途中除了要注意交通安全外,还要注意以下安全事项。

(一)住宿安全

(1)要通过正规平台提前定好住宿宾馆或旅馆。对于宾馆实际情况与描述不符合的情

况,或存在明显安全隐患的宾馆,不要办理入住并及时更换住处。

(2)进出宾馆房间随时关门锁门,退房时把钥匙交回总台,不要让陌生人进入房间。

(3)正确使用房间电器等设备,不要在床上吸烟,不要把衣物放在电灯台架上,避免发生火灾等事故。

(4)进入房间后,要熟悉宾馆安全通道和紧急出口等疏散标志,遇到火灾时不要搭乘电梯。

(5)离开宾馆前要记录该宾馆的地理位置和联系电话,以备游玩后安全返回。

(6)离开宾馆时应当随身携带贵重物品,不要将贵重物品放在宾馆,避免财物遗失。

(二)观光安全

(1)观光游览时要遵守景区的安全提示,注意景区警示牌,服从工作人员指挥,不做危险行为。

(2)不要在危险地带攀爬树木、拍照、跨越护栏,不可拥挤,前往险峻处观光应充分考虑自身条件是否可行,不要强求和心存侥幸。

(3)在拍照、摄像时注意往来车辆,注意是否有禁拍标志,不要在设有危险警示标志的地方停留。

(4)要慎重参加带有刺激性的活动项目,量力而行,提高自我保护意识,服从安全人员的指挥。

(5)不要乘坐无标志的车辆,注意交通安全。

(6)如果报名了团队旅游,要服从领队和导游的安排,紧跟团队,不要擅自离队。记下导游的手机号码,以防万一离队后联系方便。记住旅游车车牌号和所在停车场位置,以便走失后找回。

(三)消费安全

(1)在旅游途中消费时,应通过正规途径购票、乘车、购物等,如果一味图便宜,很容易上当受骗。

(2)购物时要保管好随身携带的物品,不到人多,拥挤的地方购物和消费,在试衣服时,最好请同行人员陪同和看管物品。

(3)不要当众数钱,并避免在同一个地方大批量地购买贵重物品。

案例 21

大学生外出旅游上当受骗

2023 年 4 月，大学生小岳和同学们在外出旅行时遇到了一件糟心事。在去某景区旅游时，沿途遇到许多自称是景区“接驳服务人员”的人，劝说小岳一行人乘坐自己的车辆前往景区，结果却将他们带到了景区附近的一处假景点，并且索要了上百元车费，让小岳等人大呼上当。

点评：小岳遭遇的情况并非个例，在一些社交平台上，可以发现大学生旅游上当受骗的案例并不少见。被忽悠进入高额美容驾驶员、旅行遭遇黑车驾驶人员、景区门票黑心黄牛、寺庙算命骗局……在旅行中，部分大学生由于缺少充分的攻略准备和社会经验，往往容易被不良商家或组织欺骗。因此大家要增强安全意识，不贪小便宜，学会辨别消费陷阱。

(四)人身安全

(1)不做“独行侠”,更尽量避免与陌生人结伴而行。随着网络的蓬勃发展,很多年轻人通过网络搜索等寻找志同道合的陌生人一起去探险、穷游,但这是十分危险的。

(2)不去未开发,偏僻的地方旅游。很多有冒险精神的大学生热衷于登山,特别是去那些荒无人烟,陡峭的山上挑战自己,觉得这样可以从身心上全面地锻炼自己,然而,很多人因为把探险想得太美好,往往忽略了安全。

(3)在旅游途中尽量避免与他人起冲突,控制好情绪,如遇紧急情况,及时拨打报警电话。

(4)要远离毒品,不接受陌生人搭讪,谨防人身侵害。

(5)要尊重所在地域风俗习惯,避免因言行举止不当引发纠纷。

案例 22

大学生“野游”遗憾离世

2020 年 7 月 6 日，南京某大学空乘专业大三学生黄雨蒙在学习和生活的双重压力下，感到焦虑和迷茫。她决定通过徒步旅行来放松心情，选择了独自前往青海可可西里无人区的冒险之旅。为了省钱，她甚至选择徒步穿越这个荒凉而危险的地区，最终遭遇危险遗憾离世。这起事件引发了社会广泛关注，探讨徒步探险的风险和安全问题。

点评：很多大学生富有探险精神，对徒步探险、“野游”等旅游方式心存向往。大家应该看到徒步探险固然有浪漫和自我挑战的一面，但也蕴藏着巨大的风险。进入未开发的景区，尤其是在高海拔、寒冷、无人区等恶劣环境下，极易酿成悲剧。人们需要理性评估自身能力和环境风险，确保采取足够的安全措施。徒步探险不仅是一场冒险，更是对生命的尊重和对安全的负责。

二、大学生安全出游攻略

大学是人生中最美好的时光之一,而在这段难忘的大学时光中,旅行更是珍贵的回忆。以下大学生安全出游的十项攻略,希望能给广大大学生提供一些参考和启发。

1. 合理安排旅行时间

在大学生活里,时间管理是非常重要的。在计划旅行时,一定要提前合理安排好时间。应该在放假期间或者课余时间进行旅行,避免影响到正常的学习和课程。同时,合理安排每天的行程和活动，确保能够充分利用时间，但尽量不要“特种兵”式旅行，根据自己的身体状况合理安排，不然小心“特种兵”变身“脆皮大学生”。

2. 选择适宜的旅行目的地

在选择旅行目的地时，一定要根据自身的兴趣和爱好进行选择。如果你热爱自然风光，可以选择去登山或者湖泊；如果你喜欢历史文化，可以选择国内外知名的历史古迹等。只有选择了适宜的目的地，才能真正享受旅行的乐趣。

3. 掌握基本旅行常识

在旅行前，一定要掌握一些基本的旅行常识。例如了解目的地的交通和气候状况，避免行程受阻；熟悉当地的文化和风俗，避免因为不懂规矩而陷入尴尬境地。掌握这些常识，能够有效避免旅行中的麻烦和不便。

4. 制订合理的预算

作为大学生，经济状况可能有限，所以在旅行前一定要制订合理的预算。根据预算安排旅行的交通、住宿、餐饮和娱乐等费用，避免超支。此外，还可以尝试一些经济实惠的旅行方式，比如选择青年客栈，体验当地美食等。但是不能过度追求穷游，还是要在保障安全的前提下节约开支。

5. 做好物品准备

旅游时应携带身份证、学生证等有效证件，带上防晒霜、雨具等，如有晕车或感冒的同学，提前做好准备，带好药物（如晕车药、感冒药）。

6. 选择安全的住宿

尽量选择信誉良好的酒店或旅馆，避免住在偏僻的地方。如果选择住在青年旅社，那么应该选择那些有 24 小时安保的旅社。

7. 注意个人财物安全

无论你在哪里，都应该保管好你的财物，特别是钱包和手机。不要将贵重物品放在容易被偷窃的地方，如背包的外侧口袋。

8. 避免单独行动

不当“独行侠”，和朋友一起旅行时，如果必须单独行动，那么你应该告诉你的朋友你的行程和住宿地点。

9. 注意饮食安全

尽量选择卫生条件良好的餐馆就餐，避免吃街边摊贩的食物。同时，应该注意饮水安全，尽量喝瓶装水。

10. 保持与家人和朋友的联系

应该定期与家人和朋友保持联系，让他们知道你的行程和安全状况。

此外,还可以购买旅行保险,虽然这会增加旅行成本,但是它可以提供一份安全保障。

拓展阅读

1.《中华人民共和国道路交通安全法》

2.《中华人民共和国道路交通安全法实施条例》

3.《道路交通事故处理程序规定》

4.《道路交通安全法一本通(第九版)》

□课后互动

以小组为单位,就以下问题进行讨论:

1. 你觉得大学生在校内如何保障个人交通安全?

2. 请试着将交通事故的处理程序绘制成流程图。

3. 你有向往的旅行目的地吗?试着做篇安全旅游攻略,说说旅行中需要注意哪些安全问题?

第八章
网络安全

学习目的与要求

1. 了解网络世界的虚拟性，了解与网络安全相关知识，树立网络安全意识。养成良好的信息活动习惯，掌握在网络中基本的自我保护方法。

2. 了解网络成瘾的特征和危害，掌握网络成瘾的应对方法。懂得安全、正确、合理的使用网络的必要性，帮助学生树立正确的人生观和价值观，鼓励学生追求科学、健康、充实的学习与生活。

3. 学习和掌握防范网络陷阱的知识和方法，树立防范网络陷阱意识，提高防范网络陷阱能力。

4. 学习掌握网络犯罪相关知识，树立防范网络犯罪意识，提高学生网络犯罪防范能力。

学习重点

树立网络安全意识，掌握在网络中基本的自我保护方法，了解网络成瘾的严重危害，掌握防范网络陷阱的知识和方法，了解网络犯罪的行为及防范网络犯罪。

学习难点

养成良好的信息活动习惯，掌握应对网络成瘾的方法，提高防范网络陷阱和网络犯罪的能力。

第一节 大学生与网络安全

案例 23

大学生租借网络账号被追究刑事责任

2022 年，某市一在校大学生李某将他的微信账号租借他人，并获得一天 120 元的“租借费”。 尝到“甜头”后，李某干脆做起了代理“生意”，开始拉“下家”出租微信账号，并从中赚取差价。 就这样，李某手里一共管理着 10 余个微信账号，每天的净收入可达几百元。 此后的半个月里，李某管理的 10 余个微信账号被陆续封号，这时他才意识到问题的严重性，决定收手不再出租微信账号。 最终李某仍被公安机关抓获，以涉嫌帮助信息网络犯罪活动罪被追究刑事责任

点评：网络给人们生活带来巨大便利的同时也带来巨大风险。 大学生容易接受新鲜事物，利用网络工具给自己工作生活带来便利。 但本案例中的大学生由于缺乏网络安全意识和社会经验，被“有心人”设计，一步一步踏入圈套，上当受骗。 我们要提高网络安全意识，保护自己。

科学技术的迅速发展加快了网络的全民普及，给我们生活带来了很大的便利，根据《2023 年中国互联网网络发展状况统计报告》统计，截至 2023 年 6 月，中国网民总量达到了 10.51 亿人，同比增长了 5.4%，占全球网民总量的 23.4%，位居世界第一。中国网民使用互联网的内容主要有信息、娱乐、社交、购物、教育等，其中大学生是我国网民中的主力军，他们的生活与网络交织在一起。但是网络是一把双刃剑，我们应该注意到网络上鱼龙混杂，充斥着大量的信息，网络诈骗也时有发生。大学生作为网络利用率较高的人群之一，受到网络安全威胁的概率也较高，严重影响了大学生正常的学习和生活，更有甚者，直接影响到某些大学生的价值观、人生观以及生命、财产安全。

现在的大学生在网络使用方面都具有一定的网络操作技能，但在现实生活中缺乏人生经验，又没有步入社会，网络安全意识薄弱，对维护网络安全的法律法规知之甚少，为了大学生的人身安全和财产安全，也为了促进大学生的身心健康发展，对大学生进行网络安全教育将是刻不容缓的任务。

一、网络对大学生的危害

近年来，媒体上关于大学生受到网络诈骗、参与网络犯罪、因沉迷网络酿成悲剧的事件时有报道。这些大学生不仅受到了财产损失，有些大学生甚至付出了自由和生命的代价。大学生网络安全的现状不容乐观。

(一) 网络受害

由于目前网络管理还不成熟，以及大学生自身心理特点，一些大学生成为这个“虚拟世

界”里的受害者。据统计，大学生网络受害主要有以下几种。

1. 网络交易受害

由于网购的便利和价格便宜，绝大多数大学生喜欢通过互联网购物。但多数大学生很难识别网上虚假信息或贪图便宜而上当受骗。

2. 网络交友受害

网络交友已经成为大学生拓展社交圈、寻找伴侣的一种常见方式。一些不法分子利用网络的隐蔽性，大学生缺乏社会经验和安全意识不强的特点，使一些大学生在网络交友过程中受到伤害。

3. 遭受网络黑客攻击

大学生在使用网络的过程中遭受网络病毒的攻击，导致系统崩溃、重要资料丢失甚至账号被盗屡见不鲜。

(二) 网络综合症

网络综合症是人们由于沉迷于网络而引发的各种生理、心理障碍的总称。它主要表现为网络关系成瘾、网络信息成瘾和游戏成瘾。网络成瘾逐渐在大学生群体中的有上升趋势。调查信息反馈，大学生平均每天上网在1~3个小时所占的比例是71%，3~5小时占比23%，5小时以上占比6%。

(三) 网络道德缺失

在网络世界里，个人避免了与现实社会的直接接触和对话，“活”在一种全新的世界——虚拟世界里。使道德失去了遮羞布，因此人们有了逾越现实社会规范和社会道德约束的机会。另大学生往往心理成熟滞后，对世界的认识程度不足，这很容易产生心理健康问题，网络就成为大学生宣泄负面情绪的主要场所。

(四) 网络信息冲击

在网络信息中存在大量无法辨别的真伪信息、低俗文化、极端思想观念和非主流意识形态等，对大学生主流意识形态和主流价值观的形成产生极大的影响和冲击。因此容易被一些居心叵测者利用，走上危害社会甚至是犯罪的道路。

(五) 网络犯罪

由于网络的隐蔽性和不真实性让网络犯罪成为可能。一些大学生的法律意识较为淡薄，触犯法律后还不自知，甚至被捕后还觉得是一件小事。另大学生对新事物接受快、思维敏捷、具有很强的创新性，但心理发育不健全、存在有逆反心理、社会责任感不强、缺乏明辨是非的能力,容易受到欺骗和诱惑随心所欲在网络上发表言论,可能对国家和社会造成危害,或目光较短,因为一些小的诱惑就利用自己所掌握的技术进行犯罪。

二、大学生易受网络危害原因

(一)网络安全意识不强

大学生普遍涉世未深、心地单纯缺乏防人之心,安全意识不足。在使用网络时缺少基本的网络安全防范意识。

(二)缺乏法律意识

虽然网络是一个虚拟的世界,但网络不是法外之地,全国人民代表大会常务委员会于2016年11月7日表决通过《中华人民共和国网络安全法》,自2017年6月1日起施行。有的大学生法律意识淡薄,在使用网络过程中没有意识到用法律保护自己或会触犯法律。

(三)网络的虚拟性

一些大学生由于各种原因不喜欢现实中与人交往,但是在网络中完全可以虚构一个全新的自己,因此不少大学生喜欢在网络中逃避现实。正因为网络的虚拟性,一些不法分子就乘虚而入从事违法犯罪活动,大学生很容易成为网络犯罪的受害人。

(四)大学生对信息的保管缺乏防范意识

很多网络诈骗往往从信息泄露开始,大学生对自己的个人信息防范意识差。例如学生在网站注册时对需要提供的姓名、就读学校、手机号码、身份证号、家庭住址、家庭电话等个人信息时不假思索地填上了;在网站密码设置时,为方便记忆会选择非常简单的设定方式,比如直接使用自己或家人生日、电话等信息作为密码;所有网站密码都使用一样的密码,而且密码过于简单;有些同学没有在公共计算机上删除聊天记录、上网信息的习惯;有些不会给计算机安装杀毒软件并更新,进行电脑维护。

(五)大学生对网络太过于依赖

开始一些大学生只是单纯上网查找自己所需要的资料,但是在深入接触网络后,他们发现这里有方便、快捷、廉价、丰富的娱乐方式,因此网络成了很多大学生的首选。这里充斥着大量的色情、暴力、迷信等有害信息,对大学生具有极大的诱惑力;这里没有师长的约束,没有复杂的人际关系;再加上一些大学生在学习和生活上都存在着一定的落差,达不到自己的期望,但是在网络的虚拟世界中得到满足感。于是,他们对网络产生了很强的依赖性。

(六)大学生自制力太差

大学生缺乏自我管理和自我控制能力。大学阶段课程不多,很多时候是没有课,也没人管,又没有明确目标和规划,因此就更加迷恋网络了。

三、大学生如何避免网络危害

(一)增强网络安全意识

树立安全意识是防范网络危害的第一步。大学生要认识到网络安全的重要性。应该明白,维护网络安全不仅仅是自我保护,也是履行公民义务。时刻警惕潜在的威胁,学习网络安全知识,防范网络攻击、网络诈骗和保护个人隐私。

(二)增强法律意识和道德素养

网络安全不仅仅是技术问题,更涉及法律和道德层面。大学生应该明辨是非、增强法律意识,遵守国家法律法规,不参与网络犯罪活动;同时,要提高道德素养,尊重他人隐私,不传谣,维护网络空间的和谐与安宁。

(三)谨防沉迷网络、合理利用网络

首先,大学生要正确区分现实世界和虚拟世界,与亲朋好友保持联系,参加社交活动,扩展社交圈子。其次,合理安排时间,制订合理的学习计划和生活安排,规定上网时间和范围,避免过度使用网络。最后,正确利用网络,明确网络使用目的,大学生上网应该为学习服务,要限制使用游戏、社交媒体等娱乐应用的时间。

(四)防范网络攻击

首先,大学生们需要采取措施来防范计算机和手机系统受到侵袭。如使用正版操作系统和软件,定期升级以修复已知漏洞;定期安装和更新杀毒软件;小心处理来自不明来源的附件和链接;同时保护好个人信息、密码和其他敏感数据。如使用强密码,包括数字、字母和符号的组合,并定期更改密码;不要在使用不安全的Wi-Fi网络时或公共计算机上登录敏感账户;定期监控自己的银行和社交媒体账户,及时发现异常情况。

(五)保护个人隐私

大学生上网时应当注意保护自己的隐私信息,不要在网站提交个人信息。不要轻易在社交媒体上透露个人身份、地址、电话号码和财务信息。

总之,网络安全与大学生的日常生活息息相关,网络隐患无处不在,在使用过程中同学

们一定要提高警惕，树立正确的网络安全观念，加强防范意识，减少不必要的损失。

法律提示

网络诈骗罪的立案标准

2016 年 12 月 19 日，最高人民法院、最高人民检察院、公安部印发《关于办理电信网络诈骗等刑事案件适用法律若干问题的意见》。

根据《最高人民法院、最高人民检察院关于办理诈骗刑事案件具体应用法律若干问题的解释》第一条的规定，利用电信网络技术手段实施诈骗，诈骗公私财物价值三千元以上、三万元以上、五十万元以上的，应当分别认定为《中华人民共和国刑法》第二百六十六条规定的“数额较大”“数额巨大”“数额特别巨大”。立案情节方面，利用发送短信、拨打电话、互联网等电信技术手段对不特定多数人实施诈骗，诈骗数额难以查证，同时有规定情形的，属于诈骗罪其他严重情节。

□课后互动

各小组以某一方面的网络安全隐患为主题，收集、整理相关案例并展示成果。

第二节　警惕网络综合症

案例 24

大学生上网 40 小时后猝死

小张是某大学的在校学生，2021 年 3 月 12 日的下午闲来无事到了一家网吧。此后他就一直在计算机前玩网络游戏，期间偶尔起身去网吧前台买吃的。从 12 日 18 时左右一直奋战到 3 月 14 日 10 时左右，上网时间长达 40 个小时。直到困得不行，才在 10 时多的时候打着哈欠离开了网吧，坐上了回学校的公交车。在公交车上，小张倒头就睡。公交车到达了终点站，驾驶员发现小张没有下车，便走过去提醒。叫了好几次小张都没有反应，驾驶员赶紧拨打了急救电话，小张被送到了某医院抢救。小张最终因抢救无效，宣告死亡，死亡原因是心脏骤停。引起小张心脏骤停的原因，极有可能是长时间熬夜上网导致的。

点评：本案例中的小张长时间上网不管不顾、不自主的强迫性现象被称为网络综合症。网络综合症对人的身心造成很大的危害。青少年是网络综合症的易感人群。青少年每天上网时间应控制在 2 ~ 3 小时，正确认识上网的目的，利用网络来开阔视野、增长知识和扩大交往面。学校及家人应帮助其树立起远大的目标，培养其高尚的情操，合理规划自己的业余生活，不可陷入“非上网不可”的陷阱。一旦罹患网络综合症，要尽快就医，求得心理帮助。

一、网络综合症及形成原因

网络综合症，就是在网上持续操作的时间过长，随着乐趣的不断增强，而欲罢不能，难以自控,有关网络上的情景反复出现脑际,漠视了现实生活的存在。

专家发现,网络综合症患者由于上网时间过长,大脑神经中枢持续处于高度兴奋状态,会引起肾上腺素水平异常增高,交感神经过度兴奋,血压升高,植物神经功能紊乱。此外,还会诱发心血管疾病、胃肠神经官能症、紧张性头痛等病症。

网络综合症的形成原因很多,可以总体归纳为外因和内因两个方面,外因主要是指社会环境和家庭教育的影响;内因主要是指满足感缺失、生理及人格方面的影响。

(一)外因

外因仅是被动因素,属表因,是形成网瘾的诱因。

1. 社会环境

包括网吧的出现,网络游戏的流行。网络已逐步走进我们的生活,除了满足我们正常工作、学习、沟通交流外,开发者也始终不忘对游戏和娱乐项目的开发,因此出现了惊险的网络游戏、激情的色情电影和有趣的网络聊天等。青少年意志力薄弱,而且很多成年人也会有网瘾,同时影响到孩子,所以青少年网瘾与社会环境有着密切的关系。

2. 家庭教育

包括家庭环境及教育方式等。家庭环境和教育方式是导致青少年网瘾的重要因素,一方面受家庭环境的影响,很多家长因工作忙,没有时间照顾孩子,或是父母本身就是网迷;另外还有很多家长对于已经染上网瘾的孩子,实施家庭暴力,或放弃对孩子的教育,最终错过了戒除网瘾的最佳时机。

(二)内因

内因是主导因素,属本因,是导致网瘾的重要因素。

1. 满足感缺失

包括学业失败、孤独感、人际障碍等导致心里空虚,缺乏自信,长时间会有一种孤独感。为满足自己的内心,通常会选择逃避,最容易在网络的虚拟世界中找到成就感。

2. 生理及人格

主要包括人格特征和生理特点等。网瘾的高发人群多为 12 ~ 18 岁的青少年,以男性居多,男女比例为 2∶1,而这个时期的孩子,本身大脑皮层发育不完善,意识也比较弱化,理解判断力差,自控能力也比较差,心理不成熟。而网络游戏、色情和聊天,恰好对应了青少年的心理需求,自然就会网络成瘾。

二、网络综合症的主要症状

患有网络综合症的人,初始是精神依赖渴望上网“遨游”;随后发展为躯体依赖,表现为情绪低落,头昏眼花,双手颤抖、疲乏无力,食欲不振等。网络综合症对人的健康危害很大,尤其会使人体的植物神经功能严重紊乱,导致失眠、紧张性头痛等。甚至会出现幻觉、痴迷和妄想,造成人体免疫机能严重下降。使患者产生"双重人格",网络中的他们往往和现实中的自己判若两人。上网时精神极度亢奋并乐此不疲,现实中时常出现焦虑、忧郁、人际关系淡漠、情绪波动、烦躁不安等现象;上网时间每次都超过原来计划,甚至彻夜不眠,而到白天工作时则昏昏欲睡,对现实生活无兴趣;不上网时手指会不停地抖动,严重时全身打颤、痉挛、摔毁器物;甚至只是为了活下去不得不吃饭和睡觉;有人因陷得太深而不能自拔,最终走上自杀的道路。

三、网络综合症的预防措施

网络的积极作用毋庸置疑,关键是要把握好一个度。建议青少年每天上网时间不要超过 3 个小时;利用网络来开阔视野、增长知识和扩大交往面,而不是将自己与现实世界隔离,发泄情绪。同时要学会自我调节,舍得放弃网络上那些虚拟的东西。此外,帮助其树立起远大的目标,培养其高尚的情操,加强其自控力,有意识地将青少年的视线从网络上转移丰富业余文化生活,比如旅游、下棋、体育运动等,不可陷入"非上网不可"的陷阱。一旦罹患网络综合症,要尽快就医,求得心理帮助。

法律提示

2007 年 4 月 9 日,新闻出版总署与教育部、公安部等八部委联合宣布,将于 4 月 15 日开始在全国网络游戏中推行针对未成年人的防沉迷系统,7 月 16 日全面实施。

知识链接

网络综合症的诊断判别

网络综合症日益增多,有很多地方开办了电脑疾病门诊。如果以下问题答"是",你一定有网络成瘾的倾向。

1. 如果有一段时间不上网,你是否就会变得明显地焦躁不安、不可抑制地想上网、时刻担心自己错过了什么,甚至做梦也是关于因特网。

2. 你是否原打算只上网 15 分钟,但最终竟超过 2 小时。

3. 你每月的电话费单是否越来越长?

4. 是不是你每天通宵达旦蜷缩在黑漆漆的小角落里,两只眼睛牢牢地胶在一个闪着蓝幽幽光芒的屏幕上?

5. 是不是你从一大早坐在计算机前面或一直看手机,太阳下到山的那一边的时候,才想起功课只做了一点点?

6. 你是否意识到上网带来的严重问题,但仍然继续花大量时间上网。

□课后互动

以小组为单位,讨论预防网络综合症的好方法有哪些?

第三节 防范网络陷阱

案例 25

大学生网络兼职刷单反被骗

2022 年 3 月 22 日，某学院大一学生，在网络寻求兼职，加陌生人 QQ 好友，对方让其在淘宝上帮助下单苹果手机，并称有人代付，指导该生下载云闪付绑定银行卡，让其用支付宝扫描对方发来的支付二维码，扫码发现自动支付 1284 元。“客服”称系统出现错误，让该生加商家 QQ 账号协商退款，商家称资金被冻结，须向账户中转入 5000 元保证金才能退款。该生向对方提供账户转账 5000 元，询问对方是否可以退钱，商家说审核超时需要继续转钱，发现被骗，共损失 6284 元。

点评：大学生通过网络平台找工作或者兼职时，不要被高额报酬盲目吸引，不要有“贪小便宜”和“轻松赚钱”的心态。网络刷单本就属于违法行为。如网购出现质量问题、订单错误，要求退款退货时，请在官方网站核实交易信息或通过正规渠道获取官方电话核实。银行卡号、验证码一定要保管妥当，不要轻易外泄。

随着网络的普及程度日益提高,网络应用也逐渐渗透到日常生活的方方面面。然而,网络带来便捷性的同时也激发了潜在的风险,日常生活中各类网络陷阱的出现使得网络安全问题不得不受到格外的重视。它们往往以形形色色的诱惑包裹着,我们一定要擦亮眼睛,提高防范意识和能力。

一、常见的网络陷阱

(一)病毒陷阱

计算机病毒是指编制者在计算机程序中插入的破坏计算机功能或者破坏数据,影响计算机使用并且能够自我复制的一组计算机指令或者程序代码。

(二)黑客陷阱

网络黑客在一定意义上讲,是指那些通过黑客工具(病毒、木马等)控制他人计算机窃取国家机密、个人隐私、资料,攻击和破坏网络的计算机高手,危害网络安全和我们的信息安全。

(三)交友陷阱

网络交友是现代社交方式中的一种重要形式,它为人们提供了更多的交友机会和方式,特别是一些大学生热衷于找异性聊天,沉迷于精神恋爱之中。但网络交友中存在着各种各样的诈骗陷阱,这些陷阱可能会给我们带来巨大的损失。有的大学生想把网上恋情向现实生活中扩展,则大多不能如意。有心理变态者专门扮作异性去谈情说爱,还有人通过网络搞爱情骗局,险象环生。

(四)垃圾陷阱

互联网的世界丰富多彩,包罗万象,但互联网上也有许多不良和违法网站,如淫秽网站、赌博网站、暴力网站、反动网站等,这些都是互联网上的垃圾,影响了互联网的正常发展,成为互联网上的陷阱。

(五)金钱陷阱

1. 电信网络诈骗

电信网络诈骗,是指以非法占有为目的,利用电信网络技术手段,通过远程、非接触等方式,诈骗公私财物的行为。其花样繁多,行骗手法日新月异。

2. 网络传销

交钱入会,靠发展下线赚钱,上线赚下线、下下线的钱;与传统传销相比,网络扩散范围更广、速度更快。

3. 网络交易

随着互联网飞速发展,网购已成为主要的消费方式,由于消费者法律维权意识不强,对购买假冒侵权商品的危害性缺乏正确认识,使不法分子有机可乘,利用互联网制假售假活动呈现多发态势。

二、避免掉入网络陷阱的方法

(一)个人信息保护好

(1)手机、计算机使用时要安装安全软件,定期升级更新操作系统;要从官方软件市场下载和安装 App,谨慎安装第三方 App,防止黑客和病毒入侵。

(2)在网上,不要告诉陌生人自己的真实姓名、家庭住址、家庭经济情况、父母身份及电话号码、学校名称等信息。不要在朋友圈、社交网站等发布个人敏感信息。

(二)聊天交友须谨慎

(1)不要随意添加陌生人为好友,以免被骗。

(2)在使用通信交友软件或上网交友时,尽量避免使用真实的姓名,不轻易告诉对方自己的住址、电话号码等有关个人真实的信息。

(3)在网络聊天时,不要轻易点击来历不明的网址链接或来历不明的文件。

(三)与网友见面要当心

一些不法分子以与网友见面为名实施违法犯罪,不轻易与网友见面。如有必要非见面不可,与网友见面时,要有自己信任的同学或朋友陪伴,尽量不要一个人赴约,约会的地点尽量选择在公共场所,人员较多的地方,不要选择偏僻、隐蔽的场所,约会的时间尽量选择在白天,否则一旦发生危险情况时,得不到他人的帮助。

(四)陌生网友不轻信

网上读到的信息有的可能是不真实的,所以不要轻易相信陌生网友的言语。

(五)不浏览不健康的网站、文明上网

(1)在浏览网页时,选择合法网站。有的非法网站为达到其自身的目的,不择手段,利用人们好奇、歪曲的心理,放置一些不健康,甚至是反动的内容。

(2)不要浏览色情网站。首先,色情网站可能会导致个人隐私泄露;其次,色情网站也可能成为恶意软件和病毒的传播渠道;最后,长期沉迷于色情网站也可能会给自己的身心健康造成伤害。

(3)浏览虚拟社区时,不要发表一些带有攻击性的言论,或者反动、迷信的内容。这些容易造成自己 IP 地址、个人信息泄露,受到他人的攻击、网络暴力,更主要的是稍不注意会触犯法律。

(六)谨防网络诈骗

网络诈骗主要利用人们贪小便宜、不劳而获的心理。千万不要相信一些网络掉“馅饼”的“好事”。温馨提示各位大学生天上不会掉“馅饼”。对于犯罪分子实施的中奖诈骗、虚假办理高息贷款或信用卡套现诈骗及虚假致富信息转让诈骗,不要轻信,一定要多了解和分析识别真伪,做到“九个凡事”“三个不要”以免上当受骗。

“九个凡事”:

(1)凡是陌生来电自称军警人员和你做生意,要求汇款的,一律挂掉;

(2)凡是陌生来电索要银行卡信息及验证码的,一律挂掉;

(3)凡是陌生来电让你开通网银接受检查的,一律挂掉;

(4)凡是打电话、发短信通知你中奖、领取补贴要求先汇款的,一律挂掉、删除;

(5)凡是陌生信息让点击链接的,一律删掉;

(6)凡是代办信用卡、信用卡提升额度让你先交钱的,一律不信;

(7)凡是兼职(网络兼职)要你先交钱的,一律不信;

(8)凡是陌生网站要求登记录入个人、银行卡信息的,一律不录;

(9)凡是通过微信、QQ 聊天以领导、老板、熟人名义要求转账汇款的,一律核实。

"三个不要":

(1)不要轻易相信(不相信主动联系你的各类客服、亲朋好友,借钱转账要核实清楚);

(2)不要轻易泄密(不向任何人泄露密码、验证码,短信、微信、QQ 链接不轻易点开);

(3)不要轻易汇款(不给陌生账户转账、不扫陌生人发的收款码,尽量选择延迟到账)。

(七)网络交易要当心

随着电子商务的兴起,网上购物以其方便快捷、价格低廉的优点日益受到人们的青睐。但是,一些行骗者也利用计算机网络设置购物陷阱,如发布虚假广告、售卖伪劣商品等,使不少消费者上当受骗。因此,网络交易须做到以下几点。

(1)选择合法的、信誉度较高的正规网站交易。网上购物时必须了解该网站的信誉度、安全性、付款方式,在付款前多加注意,防止造成不必要的损失。

(2)一些社交软件里面的销售广告,只能作为一个参考,特别是进行二手货物交易时,更要谨慎,不可贪图小便宜,尽量选择有法律保障的途径。

(3)避免与未提供足以辨识和确认身份资料(缺少登记名称、负责人名称、地址、电话)的电子商店进行交易。

(4)若网上商店所提供的商品与市价相距甚远或明显不合理时,要小心求证,切勿贸然购买,谨防上当受骗。

(5)消费者进行网上交易时,应打印出交易内容与确认号码之订单,或将其存入电脑,妥善保存交易记录。

(6)购买商品之后,不要轻易相信号称来自商家的短信、微信等,正规商家只会通过官方途径联系消费者。

一旦你自己认识到这些网络犯罪陷阱并懂得如何应对,这样上网将会是个更加健康、安全的体验。

法律提示

防范网络"陷阱"

《中华人民共和国网络安全法》明确规定,任何个人和组织不得窃取或者以其他非法方式获取个人信息,不得非法出售或者非法向他人提供个人信息。根据《中华人民共和国刑法》规定,违反国家有关规定,向他人出售或者提供公民个人信息,情节严重的,处三年以下有期徒刑或者拘役,并处或者单处罚金;情节特别严重的,处三年以上七年以下有期徒刑,并处罚金。

知识链接

预防电信诈骗的知识

1. 凡是给你宣传做兼职刷单返现的，都是诈骗！

2. 凡是公检法要求你汇款到“安全账户”的，都是诈骗！

3. 凡是网上交友引诱你高额投资、买彩票发财的，都是诈骗！

4. 凡是索要你个人信息、银行卡信息及短信验证码的，都是诈骗！

5. 凡是自称快递、商家客服给你购物退款让你先打钱的，都是诈骗！

6. 凡是工商局、社保局、教育局、税务局要给你退税补贴的，都是诈骗！

7. 凡是网上办理货款收手续费、验资费、保证金，要你先打钱的，都是诈骗！

8. 凡是亲朋好友、上级领导、老师同学利用 QQ、微信聊天向你借钱、让你转款、让你缴费的，不和你打电话、不语音、不视频的，都是诈骗！

□课后互动

以小组为单位，完成以下问题：

1. 打开搜索网络引擎，输入“防范网络陷阱”关键词，搜索相关网页、图片、视频等资料，保存在文件夹中，并与小组同学互相交流。

2. 小组内汇总各种可能的网络陷阱、潜在危害及应对措施。

第四节　网络信息安全维护与防范

案例 26

骗子利用个人信息进行诈骗

近日，一起大学生被骗子准确说出个人信息，骗取 350 万的事件引起了广泛关注。 2023 年 4 月初，正在上学的小谢接到一通电话，对方自称是政府电信局的工作人员，说小谢电话卡涉嫌洗钱，需要配合警方开展调查，再转接到了一个自称为“上海市公安局刑侦支队的警员”那里，穿着警服的诈骗分子还通过视频向小谢出示了“人民警察证”“逮捕证”等相关资料，对方告诉小谢如不配合公安调查，便会将其逮捕，同时还以办案需要为由，特意叮嘱小谢不能将此事告知其他人。 由于对方可以准确地说出自己的姓名、身份证号、在读学校等信息，还能提供所谓的“办案材料”，诈骗分子的一系列操作强烈地冲击了受害人的心理，小谢心里的那点防诈骗意识荡然无存。

点评：保护个人网络信息安全对于保护个人隐私、防范网络诈骗、抵御网络攻击、都至关重要。 本案例中不法分子因掌握受害者个人信息，取得受害者信任进行违法犯罪，给受害者带来巨大安全隐患。

一、大学生与网络信息安全

大学生作为应用网络的主体人群，享受着网络的益处，但同时也深受网络安全风险的危害，受网络虚假信息冲击、个人网络信息被窃取从而被骗甚至被害的现象屡见不鲜。以下是几个主要问题。

（一）个人信息泄露

大学生在网上注册账号、购物、社交等活动中，需要提供个人信息，如姓名、电话号码、银行卡号等。然而个人信息泄露导致遭受网络诈骗的情况时有发生。

（二）网络钓鱼和欺诈

有些不法分子利用网络钓鱼等手段，伪装成合法的机构或个人，通过发送虚假链接、电子邮件等方式，骗取大学生的个人信息。

（三）网络侵入和黑客攻击

大学生在使用互联网时，可能受到网络侵入和黑客攻击。黑客可能获取大学生的个人信息、账号密码等，给个人隐私和财产带来严重威胁。

（四）网上身份盗用和网络暴力

在社交媒体和在线平台上，大学生可能遭受到欺凌、谩骂、恶意评论等网络暴力行为。同时，有些人可能盗用大学生的身份在网上发布虚假信息、诽谤、造谣等。

（五）大量网络虚假信息对大学生人生观、价值观形成负面影响

自媒体时代，网络上充斥着大量不真实的信息和假新闻，这可能导致一些大学生容易受到误导。从而可能会相信虚假信息，影响正确的人生观、价值观形成。

二、维护网络信息安全的意义

大学生作为网络使用的主要群体，个人的信息容易被他人窃取利用。加上网络具有很强的开放性，人们可以按照自己的意志来生产、存储和传播假冒伪劣信息。这些负面的网络信息对于大学生的影响十分显著。由此可见，维护网络信息安全有重要作用，主要体现在以下几个方面。

（一）个人隐私保护

大学生在网络上留下了大量的个人信息，包括姓名、手机号码、学生证号码等。良好

的网络信息安全环境可以帮助他们保护个人隐私,减少个人信息被不法分子获取的可能性。

(二)防范网络诈骗

网络诈骗日益猖獗,大学生往往是诈骗手法的重点攻击对象。

(三)抵御网络攻击

网络攻击是一种常见的安全威胁,很多大学生在网络上接触到各种各样的网络攻击手段,如病毒、木马、网络钓鱼等。维护网络信息安全环境可以减少信息泄露和个人财产损失。

(四)提高信息素养及技能

在良好的网络信息安全环境中,大学生可以更好地利用网络资源,获取准确、可信的信息,并具备正确使用网络工具的能力。

(五)维护社会稳定

网络安全是国家安全和社会稳定的重要组成部分。

总而言之,维护中国大学生网络信息安全对于保护个人隐私、防范网络诈骗、抵御网络攻击、提高信息素养,同时也对维护国家安全和社会稳定具有重要作用。

三、网络信息安全的防范方法

维护网络信息安全意味着保护网络系统及其数据,避免被未经授权访问、泄露、破坏或者滥用。以下是一些有效的方法。

(1)安装安全软件。这包括安装防病毒软件、防火墙和国家防诈中心 App。

(2)使用强大的密码。密码应独特且不容易被猜出,而且应定期更换。

(3)保持软件更新。应始终更新操作系统和其他软件,以确保你得到最新的安全补丁。

(4)避免点击不明链接或下载来自不可信来源的文件。这可能会导致恶意软件被安装到你的设备上。

(5)学会识别钓鱼攻击。这是骗子试图获取你的个人信息,比如用户名和密码,通过假装是你信任的实体,如银行或社交媒体网站。

(6)不要通过公共 Wi-Fi 办理转账汇款等敏感业务。

(7)使用多因素认证。这可以增加额外的保护层。

(8)提高对网络安全原则的认识,培训他们如何识别和防止可能的威胁。

(9)加密数据。重要的敏感信息应该被加密,以防在传输过程中被截取。

(10)定期备份数据。如果你的系统被攻击或损坏,这可以让你恢复重要的文件和信息。

(11)大学生可以提高信息素养和批判性思维能力,学会甄别真假信息。

(12)社会和政府可以加强媒体监管,提高信息透明度和真实性,并对故意散布虚假信息的行为进行严厉打击。

知识链接

要识别钓鱼网站，您可以采取以下步骤。

1. 域名网址识别

官方网站的域名地址大多非常容易辨认，一般采用汉语拼音、英文缩写或者官方服务电话作为域名网址。

2. 查询域名备案

官方的网站地址都是需要严格备案的，通常在官方网站的最下面就有备案信息，我们可以到工信部政务服务平台的域名信息备案管理系统对其进行查询，就能判断这个网站的可信程度。

3. 域名收录搜索

如果我们还是无法判断这个域名是否正规，该怎么办？ 可以将这个域名链接地址复制到搜索引擎当中进行搜索。

4. 反诈 App 链接检测

下载打开“国家反诈中心”App 后，在主页面有个“风险查询”功能，可以对疑似涉诈的虚假网址链接进行查询检测。

□课后互动

1. 下课后将自己各网络账号重新设置复杂密码,并每个账号分别设置不同密码。
2. 在手机上安装国家反诈中心 App。

第五节 防范网络犯罪

网络犯罪,是指行为人运用计算机技术,借助于网络对其系统或信息进行攻击,破坏或利用网络进行其他犯罪的总称。

一、网络犯罪的特点

同传统的犯罪相比,网络犯罪具有以下独特的特点。

(一)成本低、传播迅速,传播范围广

就电子邮件而言,比起传统寄信所花的成本少得多。只要敲一下键盘,几秒钟就可以

把电子邮件发给众多的人。理论上而言，接受者是全世界的人。

（二）互动性、隐蔽性高，取证困难

网络发展形成了一个虚拟的电脑空间，既消除了国境线，也打破了社会和空间界限，在这个虚拟空间里对所有事物的描述都仅仅是一堆冷冰冰的密码数据。

（三）严重的社会危害性

随着计算机信息技术的不断发展，从国防、电力到银行和电话系统此刻都是数字化、网络化，一旦这些部门遭到侵入和破坏，后果将不可设想。

（四）网络犯罪是典型的计算机犯罪

网络犯罪比较常见的偷窥、复制、更改或者删除计算机数据、信息的犯罪，散布破坏性病毒、逻辑炸弹或者放置后门程序的犯罪，就是典型的以计算机为对象的犯罪，而网络色情传播犯罪、网络侮辱、诽谤与恐吓犯罪以及网络诈骗、教唆等犯罪，则是以计算机网络形成的虚拟空间作为犯罪工具、犯罪场所进行的犯罪。

二、常见网络违法犯罪行为

根据《全国人民代表大会常务委员会关于维护互联网安全的决定》《中华人民共和国刑法》《中华人民共和国治安管理处罚法》《互联网信息服务管理办法》等法律法规有关条款规定，利用互联网或针对网络信息系统从事违法犯罪的具体行为主要包括以下几方面。

（1）侵入国家事务、国防建设、尖端科学技术领域的计算机系统；

（2）故意制作、传播计算机病毒等破坏性程序，攻击计算机系统及通信网络，致使计算机系统及通信网络遭受损害；

（3）利用互联网进行邪教组织活动的；

（4）利用互联网捏造或者歪曲事实、散布谣言，扰乱社会秩序的；

（5）利用互联网建立淫秽色情网站、网页，提供淫秽站点链接，传播淫秽色情信息，组织网上淫秽色情的；

（6）利用互联网引诱、介绍他人卖淫的；

（7）利用互联网进行赌博的；

（8）利用互联网进行侮辱、诽谤、盗窃、诈骗的；

（9）利用互联网贩卖枪支、弹药、毒品等违禁物品以及管制刀具的；

（10）利用互联网贩卖居民身份证、假币、假发票、假证，组织他人出卖人体器官的；

（11）利用互联网进行其他违法犯罪活动的。

三、防范网络犯罪

(一)加强防范意识,提高防范手段

充分认识网络世界存在的虚拟性、游戏性和危险性;提高警惕性,确保自身利益不受侵害;正确、安全、科学地上网;保持正确对待网络的心态。建立起较为有效的防御体系,主要措施有以下几种:一是运用预防与杀毒相结合的办法对抗传播计算机病毒的犯罪;二是通过设置防火墙和采用主体识别及验证技术对付网上金融犯罪;三是设置具有能够记录各种犯罪证据并能保存完整证据以备事后查询的软件系统对抗网络犯罪的反侦查行为。

(二)加强道德自律,防范大学生实施网络犯罪

树立正确的人生观、价值观,提高道德素质,主动选择有积极意义的信息,形成良好的上网习惯,自觉地遵守有关网络规则,不做违法犯罪的事情。

(三)增强法律意识,抵制网络犯罪

国家已有许多对计算机及网络犯罪的立法,大学生要学习网络相关法律法规,增强法律意识,自觉抵制网络犯罪。

法律提示

《中华人民共和国刑法》第二百八十六条规定：违反国家规定，对计算机信息系统功能进行删除、修改、增加、干扰，造成计算机信息系统不能正常运行，后果严重的，处五年以下有期徒刑或者拘役；后果特别严重的，处五年以上有期徒刑。

违反国家规定，对计算机信息系统中存储、处理或者传输的数据和应用程序进行删除、修改、增加的操作，后果严重的，依照前款的规定处罚。

故意制作、传播计算机病毒等破坏性程序，影响计算机系统正常运行，后果严重的，依照第一款的规定处罚。

拓展阅读

网络犯罪的危害

计算机网络犯罪对其系统及信息安全构成严重的危害。因为计算机网络等技术所构建的信息社会区别于工业社会的重要特征就在于信息的生产和使用在社会生活中起着关键的作用，由于网络的广泛应用，社会各领域更依赖于信息，破坏社会信息安全将导致整个社会正常秩序被破坏，其表现为：

1. 对自然人的威胁

计算机网络犯罪对个人的威胁是形形色色的，突出表现在：对知识产权的威胁，侵犯个人自由，侵犯医

疗资料等个人信息，侵犯、破坏个人计算机系统中的信息，通过互联网对财产权进行侵犯，对 Email 系统进行破坏等，影响人们正常的工作、学习和生活。

2. 对企业的威胁

计算机网络犯罪对企业的威胁，主要针对企业受保护的财产、专有技术。对于金融界来讲，由于对伴随金融电子化发展而出现的计算机犯罪问题缺乏足够的重视，相当一部分银行、证券等单位没有从管理制度、人员和技术上建立起相应的业务安全防范机制和措施，致使犯罪分子有机可乘。

3. 对国家的威胁

主要表现在：一是恐怖组织上网，大肆发布恐怖信息，渲染暴力活动；二是邪教组织上网，极力宣扬种族歧视，煽动民族仇恨，破坏民族团结，宣扬邪教理念，破坏国家宗教政策，煽动社会不满情绪，以至暴力活动；三是西方势力上网，传播他们的意识形态，价值观念，生活方式，进行文化渗透、侵略。

□课后互动

1. 上网查找我国参与网络赌博,开设赌博网站等网络犯罪相关的法律处罚条款。
2. 课后同学们收集资料,制作图文并茂的防范网络犯罪宣传栏。

□课后思考

1. 网上购物时如何确保你的信息安全?
2. 如何防止密码被盗?
3. 如何预防网络综合症?
4 你所知道的网络陷阱有哪一些?
5. 网络陷阱有哪些危害?
6. 在防范网络陷阱方面你有哪些好的方法? 网络犯罪的具体行为有哪些?
7. 结合自身实际谈谈如何远离网络犯罪。

第九章

消防安全

学习目的与要求

1. 宣传学习并贯彻我国“预防为主，防消结合”的消防工作基本方针和基本法规。

2. 学生通过教师的讲解，知道发生火灾的主要原因，提高学生的防火意识，明确防火的重要性。

3. 学生利用各种方法查阅、搜集消防安全资料，培养学生搜集和处理信息能力、获取新知识能力、交流与合作能力。培养学生积极主动的参与意识及认真负责的科学态度。

学习重点

1. 了解火灾扑救常识，掌握灭火方法。

2. 掌握火灾中的逃生自救方法。

学习难点

1. 掌握不同情况下火灾的扑救知识。

2. 学会自救逃生。

第一节 消防基础知识

案例 27

学生宿舍车库火灾

2024 年 1 月 9 日 23 时 19 分许，某市消防救援支队指挥中心接到报警称某学院起火。接警后指挥中心立即调派 3 辆消防车，17 名消防救援人员赶赴现场处置。到达现场后，发现是 17 幢男生宿舍楼 1 楼车库纸板起火。消防员立即展开处置，23 时 26 分明火被扑灭，现场纸板及水管等物品被烧毁，没有出现人员伤亡。

案例 28

学生宿舍火灾

2023 年 5 月 9 日，某高校宿舍发生火灾，有 2 名学生在避险过程中不慎受伤。火情发生后，学校工作人员及时赶赴现场，将受伤学生送往医院救治，并配合当地消防救援人员扑灭明火。

点评：这两起案例相似处在于均是起火后及时报警处理，成功扑灭明火，不同的是一个无人员伤亡，一个 2 人避险中受伤。学生在校集中学习、生活，掌握消防安全知识，培养消防安全意识是非常重要的，这关系到学生在看到火灾隐患会不会及时处理或上报，遇到突发火情时能不能有效地保护好自己。

一、火灾成因

在火灾的成因中，人是最主要的因素，火灾的发生与人的心理和行为有着密切的关系，有什么样的心理与行为就有什么样的防范火灾的态度，若思想上重视，行为上落实，就能控制火灾发生；反之，人的思想麻痹，疏忽管理就容易发生火灾。火灾事故发生的原因总的来讲有：人为纵火、电气老化、违章操作、用火不慎、玩火、吸烟不慎、自燃、雷击、静电以及其他因素，如地震、风灾等引起。

二、火灾规律

（一）室内火灾的发展过程

火灾的发展，一般都要经过一个火势由小到大、由弱到强、逐步发展的过程。建筑火灾最初是发生在建筑物内的某个房间或局部区域，然后由此蔓延到相邻房间或区域，以至整个楼层，最后蔓延到整个建筑。房间内局部燃烧向全室性燃烧过渡的现象通常称为轰燃，是室内火灾最显著的特征之一，它标志着火灾全面发展阶段的开始。对于安全疏散而言，

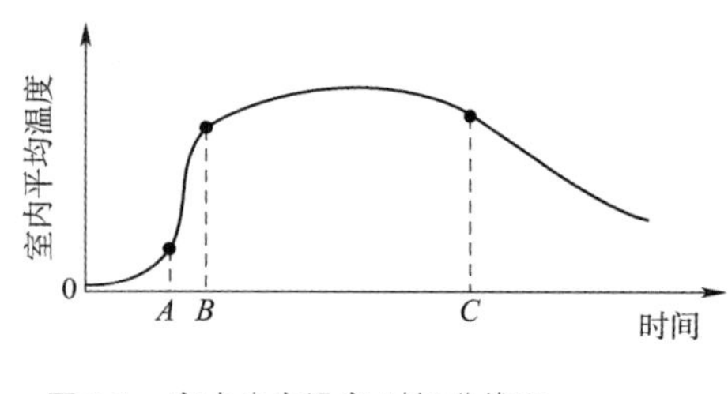

图 9-1 室内火灾温度-时间曲线图

人们若在轰燃之前还没从室内逃出，则很难幸存。室内火灾的发展过程可以用室内烟气的平均温度随时间的变化来描述，根据室内火灾温度随时间变化的特点，可以将火灾发展过程分为 4 个阶段，即 0—A 火灾初期、A—B 火灾全面发展期、B—C 火灾最盛期、C—火灾终期，如图 9-1 所示。

(二) 建筑物内火灾蔓延的途径

建筑物内某一房间发生火灾，当发展到房间内局部燃烧向全室性燃烧过渡，这种现象通常称为轰燃，之后火势就会突破该房间的限制向其他空间蔓延。火灾蔓延的途径有水平方向的蔓延和通过竖井蔓延两种。火灾蔓延的方式主要是通过内墙门、隔墙、楼板、外墙窗口洞孔进行火焰蔓延、热传导、热对流及热辐射。

三、安全用电

夏季酷热难耐，空调、电风扇使用频繁。因为使用这些电器而造成的火灾、触电事故每年都有发生，怎样既安全又科学地用电，是每个家庭必须注意的大事。首先，要考虑电能表和低压线路的承受能力。电能表所能承受的电功率近似于电压乘以电流的值，民用电的电压是 220V，如家中安装 2.5A 的电能表，所能承受的功率便是 550W，像 600W 的电饭煲则不能使用。如此推算，5A 的电能表所能承受的电功率是 1100W。其次，要考虑一个插座允许插接几件电器。如果所有电器的最大功率之和不超过插座的功率，一般是不会出问题的。用三对以上插孔的插座，同时使用空调、电饭煲、电热水器等大功率电器时，应先算一算这些电器功率的总和。如超过了插座的限定功率，插座就会因电流太大而发热烧坏，这时应减少同时使用的电器数量，使功率总和保持在插座允许的范围之内。

大学生应自觉学习安全用电基本常识，积极参加学校组织的安全用电知识讲座。无论是集体或个人，需要安装电器设备和电灯等电器时，应由专业电工进行安装；在使用中，电器设备出现故障时，要由专业电工进行修理。在宿舍、教室内不乱拉乱接电线、用电设备；用电设备的金属外应有良好的接地；用电线路及电器设备绝缘必须良好；定期检查电线、开关、电灯灯口及用电器的插头、引线。若有老化破损，必须及时更换；灯头、插座、开关等的带电部分绝对不能外露，不要让手或身体的任何部位触及裸露的线头或电线。选用合格的电器产品，不要贪便宜购买假冒伪劣电器、电线；使用电熨斗、电吹风等电热器时，人不要离开，不要与易燃物接触。发现落地的电线，立即远离，不要用手去接触。同时，要设法看护落地电线，以防他人走近而发生触电，并请电工来处理。不要在电线附近放风筝，万一风筝落在电线上，不要猛拉硬扯，应报告由电工来处理。不在电线附近垂钓，以防发生安全问题。

第二节 高校火灾事故的主要类型与火灾的预防

一、高校火灾事故的主要类型

高校发生火灾,客观上存在着学生人数多,居住密度高,教学及实验存在一定的火灾危险性,有些房屋建筑耐火等级低,用电线路老化等缘故;主观上则是由于部分师生消防安全意识淡薄,违反学校管理规定及缺乏基本的消防安全常识而造成的。纵观高校火灾事故的教训,无一不是“人为”的原因,其主要表现在以下几点。

(一)使用明火不慎而引起火灾

1. 点蜡烛看书

许多高校为保证学生的正常作息,规定寝室在晚上 11 点左右统一熄灯。作为一名大学生,我们应该自觉遵守学校的作息制度,按时就寝。如果确因特殊情况,需要读书或写作,也要尽量避免使用蜡烛这类危险性较大的明火,万不得已时需使用蜡烛,也要做到人不离火、人离火灭,自觉维护寝室与自身的安全。

2. 点蚊香驱蚊

夏季点蚊香驱蚊是人们生活中的平常现象,本无可厚非,但关键是要正确使用,切不可疏忽大意。正确使用方法是将点燃的蚊香置于金属盘中,放在室内地面上,并远离易燃物品。切不可乱摆、乱放,直接放在书桌、椅子或床头架上,更不能靠近书本纸张等易燃物,以避免引发火灾。

(二)日常生活中使用电器时不慎而引起火灾

日常生活中使用电器时,切不可违规取电、用电,更不可想当然地认为,只要是在宿舍固定位置的插座上使用电器就一定安全。须知使用电器不当也会引发火灾。如 60W 以上的灯泡过于靠近书本纸张等易燃物,长时间烘烤极易导致燃烧;充电器长时间充电也可能因电源线发热熔化引起火灾;电褥子长时间开着,且又被衣被覆盖而散热不良,也会因高温而引起燃烧等。因此,我们在使用电器时,一定要谨慎小心,正确使用电器,保障生活安全。

(三)违反操作规程引起火灾

在实验中使用明火或使用危爆物品时,若违反操作规程,不按操作要领去做,也可能引发火灾。如使用有电感的实验设备时,将物品覆盖在散热孔上,使设备骤热,导致设备燃烧;用火时,周围可燃物未清理干净,火星溅飞到可燃物上引起燃烧;化学实验时,将相互抵触的化学剂混在一起,试验温度过高或操作不当,也能引发火灾事故。遇到煤气泄漏、液化气泄漏或危爆化学物品泄漏时,切忌使用明火和打开电灯去查看,必须查看时,也要使用防火、防爆灯具去查看,以避免引发火灾或爆炸事故。

二、火灾的预防

我国消防工作的方针是“预防为主,防消结合”。所谓预防为主,就是不论在指导思想上还是在具体行动上,都要把火灾的预防工作放在首位,贯彻落实各项防火行政措施、技术措施和组织措施,切实有效地防止火灾的发生。同时,由于消防安全工作涉及千家万户以及每个公民个人的切身利益,所以我们贯彻预防为主的方针,就必须在工作中动员和依靠人民群众,宣传和教育群众,使消防工作建立在坚实的群众基础之上。所谓防消结合,是指同火灾作斗争的两个基本手段——预防和扑救两者必须有机地结合起来。也就是在做好防火工作的同时,要积极做好各项灭火准备工作,以便在一旦发生火灾时能够迅速有效地予以扑救,最大限度地减少火灾损失,减少人员伤亡,有效地保护公民生命、国家和公民财产的安全。

事实上,防和消是相辅相成的,二者缺一不可。防是消的先决条件,是做事故前的工作,防火工作做好了,就可以不发生或少发生火灾事故;消是防的补救措施,是做事故后的工作,目的在于减少火灾损失和人员伤亡。坚持“先其未然而防之,发而止之而救之,行而责之而戒之”的“防为上、救次之、责为下”的原则。消防安全工作就能沿着正确的方向发展,就能有效地防止和控制火灾的发生。

大学生预防火灾就是从思想上认识火灾的危害性,了解消防工作,普及消防法律法规和消防基础知识,提高自身对防火、灭火以及逃生自救的能力,才能更有效地杜绝火灾造成的危害,才能有效地保护自己及周围人的生命财产安全。

(一)火灾预防的本质

1. 控制可燃物

控制可燃物的基本原理是限制燃烧的基础或缩小可能燃烧的范围。具体方法:一是在建设中用难燃烧或不燃烧的代替易燃或可燃材料(如用不燃材料或难燃材料作建筑结构、装修材料),同时也可用防火涂料浸涂可燃材料,改变其燃烧性能;二是在仓储中加强通风,降低可燃气体聚集,对性质上相互作用后能发生燃烧或爆炸的物品采取分开存放、隔离等措施。

2. 控制助燃物

控制助燃物的原理是限制燃烧的助燃条件。具体方法:一是密闭有易燃、易爆物质的房间、容器和设备,使用易燃、易爆物质的生产应在密闭设备管道中进行;二是有异常危险的生产采取充装惰性气体的措施(如对乙炔及甲醇氧化、梯恩梯球磨等生产充装氮气保护);三是空气储存,如将二硫化碳、磷储存于水中,将金属钾、钠存于煤油中。

(二)校园火灾的预防

校园普及消防安全知识不是只让学生把消防安全相关信息放进脑子里,而且要学生在遇到火灾时能很好地保护到自己,以免发生生命安全事故,而防患于未然,最安全的方式就是不让火灾发生,这就得要学会预防火灾,校园火灾的预防措施主要有以下几点。

1. 加强消防常规工作

认真学习《中华人民共和国消防法》,严格执行学校消防安全管理规定。加强防火演练。熟悉逃生路线,参加防火、灭火、火场逃生自救常识培训。加强消防安全知识学习,达到“四懂四会”的要求。“四懂”:懂本岗位的火灾危险性;懂预防火灾的措施;懂灭火方法;懂逃生方法。“四会”:会报警,会使用手动报警设备报警(如使用专用电话、手动报警按钮、消火栓按键击碎等,拨打“119”火警电话向当地公安消防机关报警);会使用消防器材(各种手提式灭火器的操作方法为:一拔,拔掉保险销;二握,握住喷管喷头;三压,压下握把;四准,对准火焰根部即可);会扑救初期火灾(在扑救初起火灾时,必须遵循:先控制后消灭,救人第一,先重点后一般的原则);会逃生自救(按疏散预案组织人员疏散;酌情通报情况,防止混乱;分组实施引导)。

2. 学生宿舍的火灾预防措施

不在宿舍使用明火、焚烧物品;不将易燃易爆物带进宿舍,不存放易燃易爆物品;不在蚊帐内点蜡烛看书,室内照明灯做到人走灯灭;发现安全隐患及时向管理人员或有关部门报告;爱护消防设施,不将灭火器材随意移动或挪作他用等。

3. 教室、实验室火灾预防措施

在教室、实验室时,一定要严格遵守各项安全管理规定、安全操作规程和有关制度。使用仪器设备前,认真检查电源、管线、火源、辅助仪器设备等情况,如放置是否妥当,对操作过程是否清楚等,做好准备工作以后再进行操作。使用完毕应认真进行清理。尤其涉及使用易燃易爆危险品时,一定要注意防火安全规定,按照规定一丝不苟地进行操作,用剩的化学试剂,应送规定的安全地点存放。

4. 停电后要注意的问题

停电后要及时拔掉插座上的电器,关掉电熨斗,电烤炉,电吹风,电热毯,电视机等电器的电源。一方面易受冲击电流影响,烧坏电器;更主要的是防止来电后这些电器在无人照看的情况下,烤燃周围可燃物或自身发生故障起火。停电后应依靠应急照明灯或手电来照明,尽量不用明火照明。使用蜡烛照明时,要远离窗帘、纸张等可燃物品,应将蜡烛稳固放在非燃物品的座基上,同时必须有人看管,人离开时或睡觉前要将火熄灭。

案例 29

学生宿舍电池充电火灾

2021 年 11 月 17 日，某学院一宿舍楼突发火灾，现场浓烟滚滚。经查明，该起火灾系学生违规在宿舍给电动平衡车电池充电所致。

这是违规乱接电源引发火灾的典型案例，需要我们自己严守校规，杜绝安全隐患。

案例 30

学生宿舍违规使用大功率电器引发火灾

2023 年 12 月 25 日，某大学四期一宿舍发生一起火灾，经学校查证，起火原因是违规使用电器热得快导致，学校随即开启了收缴违规电器的检查。

点评：这是典型的校园学生违规使用电器造成火灾，我们都要在这类火灾中吸取教训，学校日常管理要重视，学生自己要自觉，不能存在侥幸心理。

第三节　初期火灾的扑救

火灾的发展，一般都要经过一个火势由小到大、由弱到强、逐步发展的过程。在火灾发展过程的初期阶段，火场面积小、火势弱、温度低，是便于扑救的最有利时机。在此阶段发现火灾，只要不错过时机，可以用很少的人力和灭火器材，甚至一桶水、一个灭火器就可以扑灭火灾，把火灾损失降到最低。据统计，以往发生的火灾有 70% 是由在场群众扑灭的。因此，发生火灾要靠在场群众开展自救，力争将火灾扑灭在初起阶段。

一、扑救火灾的一般原则

火灾扑救应遵循一定的原则，切不可慌乱中盲目扑救而造成更大的火灾损失，因此我们在扑救火灾时应按照以下原则进行。

(1) 报警早，损失小；边报警，边扑救。

(2) 先控制，后灭火；先救人，后救物。

(3) 防中毒，防窒息；听指挥，莫惊慌。

二、扑救初起火灾的基本方法

(一) 断绝可燃物

没有可燃物，燃烧就会中止。将燃烧点附近的可燃物移走或设置隔离带，让火势无法蔓延;或关闭有关阀门,切断流向燃烧点的可燃气体和液体;或打开有关阀门,将已经燃烧的容器或受到火势威胁的容器中的可燃物通过管道导往安全地带;或采用泥土、黄沙筑堤等方法,阻止流淌的可燃液体流向燃烧点等。

(二)降温

降温方法主要是使用消防栓系统或用水桶、脸盆等工具灭火,以及使用相应的灭火器灭火。但必须注意,对于忌水物品切不可用水进行扑救,特别是电起火切不可直接用水灭火,而应该先断电,再用水灭火。

(三)隔绝助燃物

使用泡沫灭火器喷射泡沫覆盖在燃烧物表面,让空气无法对流,致使燃烧反应中断,窒息而熄。可利用容器、设备的顶盖盖住燃烧区,如油锅起火时,立刻盖上锅盖即可灭火。同时还可利用毯子、棉被、麻袋等浸湿后覆盖在燃烧物表面,如宿舍电脑起火时,断电后可用湿棉被覆盖在燃烧的电脑上。用沙、土扑灭初起火主要是覆盖在燃烧物上,让可燃物无法燃烧,对于忌水物质必须用干燥的沙、土扑救。

三、灭火器的使用

目前,我们常见的灭火器有:干粉灭火器、泡沫灭火器、二氧化碳灭火器和卤代烷型灭火器,其中卤代烷型灭火器由于对环境保护有影响,已不提倡使用。

(一)干粉灭火器

使用干粉灭火器前,应先将灭火器上下颠倒几次,使干粉预先松动,然后撕去头上铅封,拔去保险销,一只手握住胶管,将喷嘴对准火焰的根部,另一只手按下压把,干粉即可喷出。喷粉时要选择在上风位置由近而远向前平推,左右横扫,不留残火,以防复燃。在扑救油类等易燃液体火灾时,应避免冲击液面,以防液体溅出。

(二)泡沫灭火器

平稳地提到火场,注意筒身不宜过度倾斜,以免两种药液混合。然后用手指压紧喷嘴口,颠倒筒身,上下摇晃几次,向火源喷射,如是油火,使用手提式化学泡沫灭火器时,不能直击液面,应向容器内壁喷射,让泡沫覆盖油面使火熄灭。在使用推车式灭火器时,先将器盖上的手柄向上扳转,中轴即自动弹出,再启瓶口,用手指压紧喷嘴口,然后颠倒器身,上下摇晃几次,松开手指,按照上述方法灭火即可。使用泡沫灭火器时,必须注意灭火器的筒盖和底部不能朝向人,防止因筒盖、筒底爆破造成伤亡事故。泡沫灭火器不能扑救带电设备和轻金属火灾。

(三)二氧化碳灭火器

二氧化碳灭火器开启方式不同,使用方法也不同。如果是手动开启式(即鸭嘴式)的灭火器,使用时先拔去保险销,一手持喷筒把手对准火源,一手紧压压把,二氧化碳即自行喷出,不用时将手放松即可关闭。如果是螺旋开启式(即手轮式)的,使用时,先将铅封去掉,翘起喷筒对准火源,一手提提把,一手将手轮顺时针方向旋转开启,高压气体即自行喷出。二氧化碳灭火器不可颠倒使用,使用过程中,要占领上风方向从侧面向火源上方往下连续喷射,防止复燃。切勿逆风使用,喷射的方向要保持一定的角度,使二氧化碳能迅速覆盖着火源。同时,要防止液态二氧化碳从喷筒喷出温度很低的气态二氧化碳冻伤双手。此外,要特别注意在狭小的密闭空间使用二氧化碳灭火器后应迅速撤离,应及时通风,然后人再进入,以防窒息导致人员伤亡;扑救 600V 以上带电设备火灾时,应先断电,后灭火。金属钾、钠、镁、铝和金属氢化物等物质火灾,禁止用二氧化碳灭火器扑救。因为这些物质的性质十分活泼,能夺取二氧化碳中的氧而燃烧。

第四节　火场疏散与逃生

一、火灾报警

火灾报警就是人们在发现起火时,向公安消防机关或本单位领导、群众及附近的专职消防队、义务消防队发出火灾信息的一种行为。一般来说,发现火灾以后,首先应考虑到迅速准确地报警,“报警早、损失少”是人们长期同火灾做斗争中得出的一条宝贵经验。只有早报警,才能在较短的时间内调集较强的灭火力量到达火场,及时控制火势蔓延和扑灭火灾,并为遇难人员赢得安全疏散的时间,从而避免和减少重大火灾事故的发生。

发生火灾,首先可能想到的是拨打 119 向消防队报警,这种做法是十分正确的,其实同学们报警的对象有很多,如向周围人员报警,召集他们前来参加扑救;向本单位专职、义务消防队报警;向公安消防队报警;向本单位的人员发出警报,做好疏散准备等。

二、火场逃生自救的原则

(一)发生火灾先报警,保持冷静不惊慌

一旦火灾发生,不能因为惊慌而忘记报警,要立即按警铃或打电话。请记住火警电话是 119,报警越早越快越清楚,损失越小。被大火围困时,千万不要惊慌,必须树立坚定的逃生信念和必胜的信心,决不能采取盲目跳楼等错误行为。要保持冷静的头脑和稳定的心态,设法寻找逃生机会逃出火场。发生火灾时,火势的发展、烟雾的蔓延是有一定规律的,

火场同时也是千变万化的，被浓烟烈火围困的人员或灭火人员，一定要抓住有利时机，就近利用一切可以利用的工具、物品，想方设法迅速撤离火灾危险区。

（二）择路逃生不盲从，逃离险情不恋财

逃生路线的选择要做到心中有数，不能盲目追从别人而慌乱逃窜，这样会延误你顺利撤离的时间，还容易引起骚乱，而应按照逃生指示标志，向安全出口逃生。逃生时要选择路程最短、障碍少而又能安全快速抵达建筑物室外地面的路线。时间就是生命，火灾袭来时，生命攸关，没有什么东西比生命更重要了，应迅速撤离危险区，不要因贪恋财物而丧生。

（三）注意防护避烟毒，逃生避难看环境

据资料表明，火灾死亡人数，80%是由于烟毒引起的。因此，逃生时要加强个人防护，防止和减少烟气的吸入。应用水将毛巾等浸湿，捂住口鼻，防止吸入有毒烟气。用水浸湿地毯等包裹好身体，就地滚出火焰区逃生。你所处的环境突发火灾逃生困难时，封闭楼梯间、防烟楼梯及前室、阳台等是你临时的避难场所。千万不可滞留走廊、普通楼梯间等烟火极易波及而又没有消防保护设施的地带。

（四）逃离火场防踩踏，利用条件找出路

在逃生过程中，极容易出现聚堆、拥挤，甚至相互踩踏的现象，造成通道堵塞和发生不必要的人员伤亡，故在逃生过程中应遵循依次逃离原则。要充分利用楼内各种消防设施，如防烟楼梯间、封闭楼梯间、连通式阳台、避难层（间）等。这些都是为逃生和安全疏散创造条件、提供帮助的有效设施，火灾时应充分加以利用。

（五）穿过烟区弯腰跑，电梯逃生不可行

火场当中烟的蔓延方向是上升到建筑楼层的顶部后沿墙下降至地面，最后只在走廊中心剩下一个圆形空间。一般烟若把整个空间充满是需要一定时间的，利用这个时间可以成功逃生。所以在逃生过程中要弯腰跑，千万不要站立行走。发生火灾后，千万不要乘坐电梯逃生。因为一般电梯不能防烟绝热，加之起火时最容易发生断电，人在电梯内是十分危险的。消防电梯则是供消防队员灭火救援使用的，一旦消防人员启用消防专用按钮，各楼层的按钮都将同时失效。

（六）逃生途中不乱叫，身上着火不乱跑

不要在逃生中乱跑乱窜，大喊大叫，这样会消耗大量体力，吸入更多的烟气，还会妨碍正常疏散而发生混乱，造成更大的伤亡。身上着火千万不能奔跑，因为你越跑补充的氧气越充分，身上的火就越大，也不可将灭火器对准人体喷射，这样可能导致身体感染或加重中

毒。此时,可以就地打滚或用厚重的衣物压灭火焰。

(七)室内着火闭门窗,不到关头不跳楼

发生火灾时不能随便开启门窗,防止新鲜空气大量涌入,火势迅速发展蔓延,甚至发生轰燃。高楼着火不要轻易地跳楼,一般在二三楼跳楼还有一点生还的希望,在四楼以上跳楼生还的机会就很小了。所以大楼发生大火时不要惊慌失措,盲目跳楼。

(八)披毯裹被冲出去,顾全大局互救助

火势不大,要当机立断披上浸湿的衣服或裹上湿毛毯、湿被褥勇敢地冲出去。千万别披塑料雨衣等易燃可燃化工制品。自救与互救相结合,当被困人员较多,特别是有老、弱、病、残、妇女、儿童在场时,要积极主动地帮助他们首先逃离危险区,有秩序地进行疏散。

□课后互动

以小组为单位,就以下问题进行交流讨论:

1. 如果自己宿舍起火了该如何做?
2. 计算机房应该配备哪种类型的灭火器,为什么?

□课后思考

1. 什么是火灾?
2. 简述干粉灭火器的使用方法。

第十章 学习安全

学习目的与要求

1. 认识高校实验训练中容易发生的安全事故。
2. 了解实验安全事故防范措施。
3. 熟悉体育运动中产生运动损伤和意外伤害的原因。
4. 掌握体育运动前、运动中、运动后的安全防范方法。
5. 熟悉课外学习娱乐安全。

学习重点

1. 了解实验事故的发生原因,熟悉实验事故的预防方法。
2. 分析实习事故发生原因,了解校内外实习应注意的事项。
3. 了解科学锻炼的基本原则,掌握体育运动前、运动中、运动后的安全防范方法。
4. 掌握常见运动员损伤的处理与急救。

学习难点

1. 实验、实习事故的预防方法。
2. 运动过程中的安全防范方法。

第一节 实验安全

大学生在校期间，主要任务是学习文化知识和各种技能，参加军训、课堂学习、实验操作、体育运动和课外学习等活动构成了大学生活的主旋律。了解和掌握学习过程中的安全防范知识，有助于大学生顺利度过大学生活，并健康成长。

案例 31

某大学实验室爆炸事故

2018 年 12 月 26 日 9 时 34 分，119 指挥中心接到某大学东校区 2 号楼起火的报警。经核实，现场为 2 号楼实验室内学生进行垃圾渗滤液污水处理科研试验时发生爆炸。2018 年 12 月 26 日 15 时，经核实，事故造成 3 名参与实验的学生死亡。

经调查事故原因为实验学生在使用搅拌机对镁粉和磷酸搅拌、反应过程中，料斗内产生的氢气被搅拌机转轴处金属摩擦、碰撞产生的火花点燃爆炸，继而引发镁粉粉尘云爆炸，爆炸引起周边镁粉和其他可燃物燃烧，造成现场 3 名学生被烧死。事故调查组同时认定，北京某大学有关人员违规开展试验、冒险作业；违规购买、违法储存危险化学品；对实验室和科研项目安全管理不到位。

点评：高校实验室安全事故时有发生，造成人员伤亡，冲击人民群众和广大师生的安全感，暴露出我国高校实验室管理存在着安全责任不落实、管理制度不健全、危险物品安全管理不到位、实验人员违规操作、相关部门安全监管存在薄弱环节等问题。

高校要加强实验室安全责任体系建设，深化学校、二级院系、实验室三级安全管理责任落实；完善和落实各项管理制度，实现对实验室安全的全过程、全要素、全方位管控；强化对实验室危险物品采购、运输、存储、使用等各环节的管理；加强实验室安全检查，全面排查各环节风险隐患；狠抓安全宣传教育培训，不断提高广大师生安全知识水平。

高校实验室是实现科研创新的重要基地，是新形势下培养高素质、高技能人才、服务社会经济发展的重要场所。为更好履行高校实验室所承载的使命，实验室安全应放在首位。实验教学过程中有可能存在或发生火灾、触电、爆炸、灼伤等安全隐患或事故，给师生、员工人身安全和学校财产带来损失，所以要做好各种防护工作，营造安全的实验教学环境。

一、实验室事故发生的原因

（一）人为因素

1. 大学生自身缺乏安全意识

大学生在做实验前，没有了解实验室的制度规定，不知道安全的操作方法和操作原则，实验准备不充分，加上对实验有很强的好奇心和焦急情绪，在做实验的过程中容易发生意外。另外，在违反实验室管理规定的情况下，对实验室危险物品乱摸、乱碰、乱用，也极易发生危险。

2. 实验室管理不到位

实验室作为特殊的实验教室，应该由专门的工作人员负责日常的安全管理。一些实验室的安全管理机构不完善，实验安全制度没有得到很好的贯彻和落实。加之指导教师在实验过程中没有逐点讲解实验过程中可能出现的安全隐患和应对措施，或是在学生做实验时不在场，从而导致对学生的管理松弛，造成实验事故。

（二）环境因素

1. 实验设备老化

由于高校资金紧张，为了减轻经济负担和避免浪费，目前许多高校仍在使用很多年的实验设备。这些设备陈放和使用时间过长，加上检修不及时，设备本身有固定使用寿命等，陈旧老化严重、安全性较差，存在事故隐患。

2. 实验室硬件环境较差

高校实验室出于安全和使用的目的，对实验室的建筑条件要求较高。目前很多高校实验室环境不符合安全要求，如房屋老旧，逃生通道单一；室内电路老化、电源开关裸露；空间狭小，安全操作距离小；窗户防盗窗妨碍逃生；物品存放空间小，混杂堆放。

3. 安全设施不齐全

有些实验室缺乏消防设备、常规安全设备和急救药物、设施等。实验室安全的重要保障之一是完善的安全设施和措施。在一些较旧的实验室里，安全措施相对不全，设施老化，增加了实验室危险。

二、实验室事故的预防

（一）防火灾

火灾对实验室构成的威胁最为严重、最为直接。实验室火灾一般分为两种，一种是因电起火，一种是加热或处理低沸点有机溶剂时操作不当引起火灾。因此，实验室要经常检查电路，查看熔断丝盒电线是否老化，仪器通电线路是否畅通无短路现象；学生做实验要严格遵照正规的实验操作流程；实验室可燃物要进行整理放置；建立健全实验室安全制度，做好防火措施。加强实验室防火工作，主要注意以下几个方面。

（1）建立防火安全工作制度和责任制度，经常组织实验室工作人员和参加实验的大学生学习消防安全知识，要经常对实验室内的仪器、设备、电气线路、危险物品进行安全检查。

（2）实验室内严禁非工作用电炉或其他明火。因实验需要使用，必须远离可燃物和易燃易爆化学物品,使用中要时刻注意消防安全停电或停用后要及时切断电源。

(3)实验室和实验大楼内严禁吸烟,特别是使用有机溶剂做实验时绝不允许有明火存在,因为有机溶剂是一种极易燃烧和爆炸的物品。

(4)不要将与实验无关的物品带进实验室,不准在实验室内堆放可燃、易燃物品。保持实验室内外消防安全通道畅通,严禁占用走廊堆放物品。

(5)各实验室特别是化学危险品仓库要有专人负责消防工作,易燃、易爆物品不得在露天、潮湿、漏雨和低洼易积水、空气不畅通的地方存放。不得将与防护、灭火方法相互抵触的化学危险品统一存放。

(6)实验结束后,参加实验的同学不要急于离开实验室,要对实验室进行全面清理,如关闭电源、水源、气源,处理残存的化学物品,清扫易燃的纸屑等杂物,消灭火灾隐患。

(7)实验室必须配备符合要求的消防器材,消防器材要摆放在明显、易于取用的地方,并定期检查确保有效。严禁将消防器材挪作他用。

(二)防触电

实验室除普通照明用电外,许多设备、仪器均是用电设备。用电安全问题不但危及实验设备安全,而且危及学生实验时的群体人身安全。实验过程中防止触电,应做好以下几点。

(1)学生在实验前,要对各种移动电具和线路认真检查,确保绝缘良好。所有电工工具应有良好的绝缘手柄,所有用电器外壳应接上地线。

(2)实验室供电线路的布设电线截面积和熔断丝的选用要符合安全供电标准,供电线路要定期检修和更换。安装电器设备要做到电流、电压与用电器的标称值匹配。一般情况下(有特殊标注者除外)用电器都应接地,并经常检查接地是否良好。

(3)实验室要设总配电盘。装设漏电保护器,离开实验室时要将总电源断开。任课教师要严格控制学生实验用电,尽量使用36V以下的安全电压。

(4)检修电源线、电器及清洁大扫除时必须切断电源,切忌带电操作,不能弄湿电源线,不能用潮湿的手触摸正在工作的电器设备。电线或电器盒盖破损要及时修复,以免高压导线裸露伤人。

(三)防中毒

实验室中接触最多的是化学试剂以及化学反应产生的气体,而部分化学试剂和化学反应产生的气体对人体是有害的。如不注意,有毒试剂、有毒气体、蒸汽和烟尘会经皮肤、消化道侵入体内。实验教学中预防中毒,主要应做好以下几点。

(1)实验室要做好通风排气工作。参加实验的学生切不可在通风条件不好的环境中进行有毒实验。有强刺激或有毒烟雾的实验必须在通风橱内进行。使用水银做实验,要防止水银蒸气中毒。

(2)严格按操作规程操作,尽量避免各种有毒物品侵入人体的皮肤、呼吸系统和消化系统。实验中,不得用手直接取用任何化学药品,使用有毒药品时必须戴橡胶手套;接触毒性较大的药品时应戴防毒面具,尽量避免吸入任何药品粉末和蒸汽;不得用鼻子直接嗅气体,而应当用手向鼻孔扇少量气体;绝对不允许口尝任何鉴定试剂和未知物;要做好通风排气工作。

(3)切实认识剧毒物品的危害性。首先把好申购、申领关,采购剧毒物品必须持有《化学危险品采购证》。购置回来后至少要双人保管、收发与使用,学生在实验时需要多少取多少,使用剩余的要退还,绝不能出于好奇或其他目的私自存放。

(4)有毒物品的使用要严格按规定操作。如有洒落,应立即按照科学方法处理;接触过有毒物品的手应立即清洗干净;实验结束后,要将实验中产生的废液、废渣等妥善处理,不得随意排放;必须排放的,应经过净化处理,其有害物质浓度不得超过国家和环保部门规定的排放标准。

(四)防爆炸

在做高压或减压实验时要防止气体和液体外漏,实验员应使用防护屏或防护面罩,不得让气体钢瓶在地上滚动,不得撞击钢瓶表头,更不得随意调换表头;在使用和制备易燃、易爆气体时,必须在通风橱内进行,不得在其附近点火。因此,严格按操作要求进行操作是实验过程中安全防范的关键。

(1)实验人员要加强对实验中用到的易燃、易爆物品的管理,严格按操作规程开展实验工作。

(2)实验室内存放的易燃易爆物品要放在安全可靠的地方并由专人保管。炸药、雷管等如需存放则必须经公安机关审批并妥善保管,防止丢失和爆炸。

(3)在使用易燃易爆危险物品时,要加强安全警戒工作,严禁无关人员进入实验室。

(4)使用高压容器实验:一要进行安全检查,严防气体、液体泄漏;二要严禁日光暴晒并远离热源;三是高压容器充装不宜过满,且必须专瓶专用,不准随意充装其他气体,并要设有明显的识别标志;四是易燃和助燃的气瓶要分开放置,使用时与明火距离不能少于10米。

(五)防烧伤

在实验室里,皮肤被烧伤,主要是由接触具有腐蚀性或刺激性的试剂、火焰、高温物体、电流等而引起的。预防烧伤应遵守如下规则:取用硫酸、硝酸、浓盐酸、氨水和液体溴时应戴上胶皮手套;稀释浓硫酸时,必须将浓硫酸缓缓加入水中;使用酒精灯时,灯内酒精不能太满或太少;开启氨水、盐酸、硝酸等试剂瓶口时,应先盖上湿布,用冷水冷却后,再开瓶塞,以防溅出。

(六)防创伤

玻璃仪器破裂时,容易割伤人的皮肤,在实验室里,应特别注意避免割伤,因为试剂渗入伤口,不易痊愈。为防止割伤,折断玻璃管或安装洗瓶时,要用布包住或戴上线手套;细口瓶或容器瓶受热容易炸裂,不能直接在电炉上加热;用酒精灯或喷灯加热烧杯或烧瓶时,下部应垫石棉网,以免受热不均匀发生炸裂。学生在进行金工、木工等实验时,要注意以下几个方面。

(1)用钻孔器、锥子、针等切割和穿透物品时,不应以另一只手给物品作垫层,以免穿透时被机械击伤。

(2)不能把手插进螺孔或管子中,以防毛刺刮伤。

拓展阅读

教育部关于加强高校实验室安全工作的意见

教技函〔2019〕36号

安全是教育事业不断发展、学生成长成才的基本保障。近年来,教育系统树立安全发展理念,弘扬生命至上、安全第一的思想,高校实验室安全工作取得了积极成效,安全形势总体保持稳定。但是,高校实验室安全事故仍然时有发生,暴露出实验室安全管理仍存在薄弱环节,突出体现在实验室安全责任落实不到位、管理制度执行不严格、宣传教育不充分、工作保障体系不健全等方面。为深入贯彻落实党中央、国务院关于安全工作的系列重要指示和部署,深刻吸取事故教训,切实增强高校实验室安全管理能力和水平,保障校园安全稳定和师生生命安全,提出以下意见。

一、提高认识,深刻理解实验室安全的重要性

1. 进一步提高政治站位。各地教育行政部门和高校要从牢固树立“四个意识”和坚决做到“两个维护”的政治高度,进一步增强紧迫感、责任感和使命感,深刻认识高校实验室安全工作的极端重要性,并作为一项重大政治任务坚决完成好。

2. 充分认识复杂艰巨性。高校实验室是开展科研和教学实验的固定场所,体量大、种类多、安全隐患分布广,包括危险化学品、辐射、生物、机械、电气、特种设备、易制毒制爆材料等,重大危险源和人员相对集中,安全风险具有累加效应。

3. 强化安全红线意识。各高校要把安全摆在各项相关工作的首位,把实验室安全作为不可逾越的红线,牢固树立安全发展理念,弘扬生命至上、安全第一的思想,坚决克服麻痹思想和侥幸心理,抓源头、抓关键、抓瓶颈,做到底数清、责任明、管理实,切实解决实验室安全薄弱环节和突出矛盾,掌握防范化解遏制实验室安全风险的主动权。

二、强化落实,健全实验室安全责任体系

4. 强化法人主体责任。各高校要严格按照“党政同责,一岗双责,齐抓共管,失职追责”和“管行业必须管安全、管业务必须管安全”的要求,根据“谁使用、谁负责,谁主管、谁负责”原则,把责任落实到岗位、落实到人头,坚持精细化原则,推动科学、规范和高效管理,营造人人要安全、人人重安全的良好校园安全氛围。

5. 建立分级管理责任体系。构建学校、二级单位、实验室三级联动的实验室安全管理责任体系。学校党政主要负责人是第一责任人；分管实验室工作的校领导是重要领导责任人，协助第一责任人负责实验室安全工作；其他校领导在分管工作范围内对实验室安全工作负有支持、监督和指导职责。学校二级单位党政负责人是本单位实验室安全工作主要领导责任人。各实验室责任人是本实验室安全工作的直接责任人。各高校应当有实验室安全管理机构和专职管理人员负责实验室日常安全管理。

三、务求实效，完善实验室安全管理制度

6. 建立安全定期检查制度。各高校要对实验室开展“全过程、全要素、全覆盖”的定期安全检查，核查安全制度、责任体系、安全教育落实情况和存在的安全隐患，实行问题排查、登记、报告、整改的“闭环管理”，严格落实整改措施、责任、资金、时限和预案“五到位”。对存在重大安全隐患的实验室，应当立即停止实验室运行直至隐患彻底整改消除。

7. 建立安全风险评估制度。实验室对所开展的教学科研活动要进行风险评估，并建立实验室人员安全准入和实验过程管理机制。实验室在开展新增实验项目前必须进行风险评估，明确安全隐患和应对措施。在新建、改建、扩建实验室时，应当把安全风险评估作为建设立项的必要条件。

8. 建立危险源全周期管理制度。各高校应当对危化品、病原微生物、辐射源等危险源，建立采购、运输、存储、使用、处置等全流程全周期管理。采购和运输必须选择具备相应资质的单位和渠道，存储要有专门存储场所并严格控制数量，使用时须由专人负责发放、回收和详细记录，实验后产生的废弃物要统一收储并依法依规科学处置。对危险源进行风险评估，建立重大危险源安全风险分布档案和数据库，并制订危险源分级分类处置方案。

9. 建立实验室安全应急制度。各高校要建立应急预案逐级报备制度和应急演练制度，对实验室专职管理人员定期开展应急处置知识学习和应急处理培训，配齐配足应急人员、物资、装备和经费，确保应急功能完备、人员到位、装备齐全、响应及时。

四、持之以恒，狠抓安全教育宣传培训

10. 持续开展安全教育。各高校要按照“全员、全面、全程”的要求，创新宣传教育形式，宣讲普及安全常识，强化师生安全意识，提高师生安全技能，做到安全教育的“入脑入心”，达到“教育一个学生、带动一个家庭、影响整个社会”的目的。要把安全宣传教育作为日常安全检查的必查内容，对安全责任事故一律倒查安全教育培训责任。

11. 加强知识能力培训。学校的分管领导、有关职能部门、二级院系和实验室负责安全管理的人员要具备相应的实验室安全管理专业知识和能力。建立实验室人员安全培训机制，进入实验室的师生必须先进行安全技能和操作规范培训，掌握实验室安全设备设施、防护用品的维护使用，未通过考核的人员不得进入实验室进行实验操作。对涉及有毒有害化学品、动物及病原微生物、放射源及射线装置、危险性机械加工装置、高压容器等各种危险源的专业，逐步将安全教育有关课程纳入人才培养方案。

五、组织保障，加强安全工作能力建设

12. 保障机构人员经费。各高校应当根据实验室安全工作的实际情况和需求，明确实验室安全管理的职能部门；加强安全队伍建设，配备充足的专职安全人员，并不断提高素质和能力；保障安全工作的经费投入，确保安全管理制度能够切实有效执行。

13. 加强基础设施建设。各高校应当加强安全物质保障，配备必要的安全防护设施和器材，建立能够保障实验人员安全与健康的工作环境。提升实验室安全管理的信息化水平，建立和完善实验室安全信息管理系统、监控预警系统，促进信息系统与安全工作的深度融合。

六、责任追究，建立安全工作奖惩机制

14. 纳入工作考核内容。 各高校应当将实验室安全工作纳入学校内部检查、日常工作考核和年终考评内容，对在实验室安全工作中成绩突出的单位和个人给予表彰奖励；对未能履职尽责的单位和个人，在考核评价中予以批评和惩处。

15. 建立问责追责机制。 各高校要对发生的实验室安全事故，开展责任倒查，严肃追究相关单位及个人的事故责任，依法依规处理。 对于实验室安全责任制度落实不到位，安全管理存在重大问题，安全隐患整改不及时不彻底的单位，学校上级主管部门会同纪检监察机关、组织人事部门和安全生产监管部门，按照各部门权限和职责分别提出问责追责建议。

教育部

2019 年 5 月 22 日

内容解读

教育部印发《关于加强高校实验室安全工作的意见》（简称《意见》），要求各地各校深入贯彻落实党中央、国务院关于安全工作的系列重要指示和部署，深刻吸取事故教训，切实增强高校实验室安全管理能力和水平，保障校园安全稳定和师生生命安全。

安全是教育事业不断发展、学生成长成才的基本保障。 近年来，教育系统树立安全发展理念，弘扬生命至上、安全第一的思想，高校实验室安全工作取得了积极成效，安全形势总体保持稳定。 但是，高校实验室安全事故仍然时有发生，暴露出实验室安全管理仍存在薄弱环节，突出体现在实验室安全责任落实不到位、管理制度执行不严格、宣传教育不充分、工作保障体系不健全等方面。

《意见》强调，要提高认识，进一步提高政治站位，充分认识复杂艰巨性，强化安全红线意识，深刻理解实验室安全的重要性，坚决克服麻痹思想和侥幸心理，切实解决实验室安全薄弱环节和突出矛盾，掌握防范化解遏制实验室安全风险的主动权。 《意见》要求，各地各校要强化落实，通过强化法人主体责任、建立分级管理责任体系，健全实验室安全责任体系，营造人人要安全、人人重安全的良好校园安全氛围。

《意见》明确，要务求实效，建立安全定期检查制度、安全风险评估制度、危险源全周期管理制度、实验室安全应急制度，完善实验室安全管理制度。 同时，通过持续开展安全教育、加强知识能力培训，持之以恒狠抓安全教育宣传培训。 在组织保障方面，要求各高校保障机构人员经费，加强基础设施建设，加强安全工作能力建设。

《意见》对责任追究提出明确要求，要求各高校将实验室安全工作纳入工作考核内容，建立安全工作奖惩机制和问责追责机制，各高校要对发生的实验室安全事故，开展责任倒查，严肃追究相关单位及个人的事故责任，依法依规处理。 对于实验室安全责任制度落实不到位，安全管理存在重大问题，安全隐患整改不及时不彻底的单位，学校上级主管部门会同纪检监察机关、组织人事部门和安全生产监管部门，按照各部门权限和职责分别提出问责追责建议。

□课后互动

以小组为单位,说说自己专业的实验实训室内和实训操作规程存在哪些安全隐患,并讨论如何避免伤害。

第二节　实习安全

对高校来讲，实习既是整个教学过程中非常重要的一环，也是各项基本素质向核心能力全面提升的关键阶段。由于实习环境、受教育的方式、学习的任务、教学的管理方式等发生了巨大变化，学生面临全面的挑战。当前，学生实习时思想麻痹、安全意识淡薄，加上实习的场所点多、面广，实习时间长，必然会产生一些安全隐患。因此，高度重视实习教育工作，充分认识到安全工作是其他所有工作的前提和基础，是学生健康成长的保障。

一、实习事故发生的原因

1. 对实习设备不熟悉而造成操作失误，从而引发伤亡事故

有的学生对设备的操作不熟悉，在好奇心驱使下容易造成操作失误。如北京大学学生在一家工厂实习时，由于对冲床的误操作，其右手中指被切断。

2. 安全意识差，违反安全操作规程，引发伤亡事故

有的学生安全意识淡薄，违规操作机械设备，致使发生伤亡事故。如某高校学生金工实习进行金属成型加工，随意踩脚开关，造成左手小指被剪板机剪断。某医学院学生在进行毕业实习时，严重违反操作规程为病人注射抗菌霉素，险些造成病人死亡。

3. 安全意识匮乏导致伤亡事故

由于学生对安全知识知之甚少，从而造成事故隐患。如机械零件加工过程中对工作尺寸的测量，要求必须在机床完全停止后方可进行；加工的铁屑只能够用铁钩清理，不允许用手直接清除。但这些基本知识，却往往被学生所忽略。某高校学生在实验室利用小型车床制作科研实验设备零件时，在机床未完全停止转动的情况下，匆忙测量工作尺寸而导致测量工具飞出，击伤手臂，缝合10针。

4. 没有严格按要求穿戴工作服

工作服是实习学生进入实习场地所必须穿戴的服装，不同实习场合着装要求和着装的衣料区别也很大。但是有的学生没有按要求去做，而是随意着装，以致发生事故。如某高校学生进行金属焊接实习时，未戴防护眼镜，并在清除电焊渣壳时违反操作规程，使温度极高的焊渣崩入眼睛内，幸运的是未伤及眼球，仅仅造成眼角化脓，3个月后方痊愈。某高校女生因未戴安全帽，低头时长发卷入高速旋转的车床中，造成头皮撕裂，落下终身残疾。

二、实习安全的注意事项

(一)校内实习的注意事项

(1)树立“安全第一”的观念。健全安全组织、安全制度、安全措施,做好做细调查、宣传发动、组织落实、监督检查考核等系统性工作。明确预防、管理、检查工作的重点,有的放矢,加强针对性。

(2)每位学生自觉接受岗位安全教育和安全技术培训,遵守实习安全上岗制度。

(3)学生进行各工种实习时,指导老师要对学生进行本工种安全操作规程教育,讲解有关注意事项,按不同岗位的不同要求穿戴好防护用品。工作服必须紧袖;留长发的同学必须戴工作帽,不准穿高跟鞋、裙子上岗;男同学不准穿背心、短裤上岗;不准穿拖鞋。

(4)学生实习时不得动用他人的设备、器具。在操作过程中如发现不正常现象,应及时向指导老师报告。

(5)在实习场地内严禁乱闯、打闹、喧嚣。

(6)当日工作完毕,应认真清理作业场地。将用过的设备和工具按要求进行整理,并放回原处;关闭电源,经实习指导老师同意后方可离开场地。

(7)各类实习有其他特殊规定的,必须按其规定严格执行。

(二)校外实习的注意事项

校外实习安全教育应该定位于“认识社会,拒绝诱惑,防范侵害,远离危险”。通过有针对性的教育,让学生认识到自我保护的重要性,提高自我保护的自觉性和遵纪守法的自觉意识,确保学生健康成长。校外实习除了遵守校内实习的注意事项外,还应遵守以下事项。

(1)学校应根据学生健康状况,提出不宜外出实习的学生名单;学生管理部门根据对实习单位综合情况的调查,提出各个实习点的重点管理目标对象、重点时段、重点场所及必要的措施。

(2)实习单位要加强学生生产实习期间的劳保保护,严格执行《中华人民共和国劳动法》《未成年工特殊保护规定》,防止生产实习过程中发生意外事故。如果实习单位不具备有关法规所规定的条件,学生可以依法拒绝参加实习训练。

(3)实习单位在实习学生上岗前,应对其进行有关的劳动纪律、职业道德、生产安全、劳动防护的教育、培训,落实学生实习的指导老师,确定生产实习内容。没有接受过安全培训或安全培训不合格者不能上岗。

(4)按要求正确穿戴和使用劳动防护用品,不准穿钉有铁掌或铁钉的鞋,以防走路时与地面摩擦产生火花,引起火灾和爆炸;女同学的长发必须盘在头顶,且必须佩戴工作帽,以防头发被转动设备卷入,造成伤亡;女同学不准穿裙子、高跟鞋,以防在攀梯或在算子板上行走时造成扭伤或摔伤。

(5)每个实习组进行编组时，要注意男女生混合编组，尽量避免女老师、女同学单独编组，禁止一人单独进行野外实习。

(6)准确了解厂矿、企业内特殊危险工区、地点及物品，避免发生意外事故。

(7)在实习现场，严禁同学间相互嬉戏，以防发生交通事故、高空坠物、机械伤害等恶性事故，造成人员伤亡。

(8)在实习现场，严禁进入任何废弃的设备内，以防发生窒息死亡事故。在实习现场行走时，要随时注意头顶的管道和脚下的阴沟与地槽。

(9)在没有可靠的安全保障的条件下，不准随便登高。

(10)在实习现场时，不要随便触碰裸露的管道与设备，以防烫伤；更不要随便动现场的阀门与按钮，以防发生紧急停车、物料放空等生产事故，造成重大经济损失。

三、实习安全事故的应急处理

如果发生实习安全事故，应按以下方法进行处理。

(1)当在实习、劳动过程中被划伤时，应迅速用干净的手帕、纸巾包住伤口，止住流血，并立即送往医院；如果被铁钉扎伤，还应到医院打破伤风针。

(2)在实习过程中，发生事故一定要冷静，尽快通知老师，听从老师的安排。

(3)在实习、劳动过程中，不慎从高处或从楼梯上滚落扭伤关节、碰到骨头时，千万不要随意移动，应保持着地姿势，并拨打急救电话。

(4)在实习过程中，发现同学触电，要迅速切断电源，千万不要用手去拉触电者，应设法用绝缘体挑开电线。如果发现触电者昏迷，应及做人工呼吸，并送往医院进行救治。

(5)在实习过程中，如果手指扎入车床，或头发、衣角卷入车床，应立即关闭车床；如果发生断指、断臂的情况，应紧急包扎受伤处上部肢体止血，并迅速捡起断指、断臂清洗后浸入生理盐水(切记不可浸入酒精或消毒液中)，并立即送到医院救治。

实习安全需要全体师生的共同努力，教师在教学及指导过程中应及时地发现并处理安全隐患，且需要学生的积极配合，这样才能杜绝一切事故的发生，使安全更上一个台阶。只有树立了“安全为天”“安全第一”的意识，从思想上真正地认识到安全的重要性，才能保证实习的安全。让安全观念在学生的思想上深深扎根，才能确保安全，这既是实习教学的首要前提，也是我们的根本目的。

□课后互动

以小组为单位，就以下问题进行交流讨论：

1. 实习过程中如何确保人身及财产安全？

2. 实习事故的应急处理方法有哪些?

第三节 体育运动安全

案例 32

体育长跑引发旧病致猝死

小强生前系某大学学生，曾经确诊患有肥厚型心肌病。在入学体检时，医生发现其有心脏病，小强如实陈述其心肌病史，体检档案做了记载。入学后，某天下午第二节课后，学校组织学生参加冬季越野长跑比赛。小强坚持半个小时，完成约 3000 米长跑。长跑结束后，小强继续在学校上完晚自习。下课半个小时后回到宿舍，刚一进门对舍友说了句“下午跑得好累啊！”便倒地不醒。同学随即拨打 120 急救电话。后经医院抢救无效，小强于晚间被宣告身亡，诊断结论为猝死。

案例 33

球场安全事故

2022 年 9 月 25 日，某工学院大一新生篮球场猝死。该新生入学 3 天，当日 18 时左右打篮球时突然倒地，经医院紧急救治无效，于 20 时 15 分宣布死亡并诊断为呼吸心脏骤停。

点评：大学生频频出现类似悲剧的原因主要有以下两点。

（1）在上体育课时发生安全事故的情况屡见不鲜，究其原因主要有以下两方面：一是教师上课时安全问题强调不够，二是学生没有听从教师的指挥，自行其是，并且后者是主要的原因。

（2）参加体育比赛时，由于比赛时的运动量远大于平常训练和个人锻炼时的运动量，加之运动员心理紧张，在对抗性比赛（篮球、足球等）中的冲撞或不了解体育器材结构、性能、用途等，盲目使用或者不当使用器械，均可能会导致安全事故的发生。

国内不少内科专家分析，体育运动事故频发可能是很多孩子到了大学以后突然过起了无节制的生活，或是疯狂打游戏，或是考试前突击熬夜读书，对身体都是很大的消耗。不少医学专家认为，应该尽快在高校开展生命教育，让大学生学会生存、急救技能。

与此同时，不少人认为，目前有很多学生平时都缺乏体育锻炼，过多的学习负担让体育课成了形式，因而学校应将体育课“还给学生”。在体育课和运动会中，运动损伤和意外伤害时有发生，因此我们必须加强安全防范。

一、产生运动损伤和意外伤害的原因

造成运动损伤的原因是多方面的，既与锻炼者的运动基础、体质水平有关，也与运动项目的特点、技术难度以及运动环境等因素有关。其主要原因有以下几方面。

(1)运动伤害预防意识缺失，思想麻痹大意是导致运动损伤的主要因素。任何伤害都

要先以预防为主。从学生方面来说，本身缺乏运动安全预防意识，在运动中不懂得佩戴专用护具来保护自己，也没掌握避免危害发生的运动技巧；从教师方面来说，体育教师平时不重视安全教育，缺乏对学生的关心和保护，其中包括运动前不检查器材、无预防措施等。

（2）运动前准备活动不充分，特别是缺乏针对性准备活动，运动器官、内脏器官机能没有达到运动状态，容易造成损伤。运动前准备活动可以让人体体温升高，心理状态逐渐进入紧张、兴奋状态，在身体各项器官都达到最适宜运动的状态时再进行运动，这样可以最大限度地避免运动损伤。

（3）运动情绪低下，或在畏难、恐惧、害羞、犹豫以及过分紧张时易发生伤害事故。有时也会因缺乏运动经验、缺乏自我保护能力致伤。学生身体处于疲劳或好胜好奇状态，也常会在盲目和冒失行为中受伤。

（4）体育锻炼内容组合不科学，练习方法不当，纪律松散以及技术上的错误等都可能造成伤害。

（5）运动场地狭窄，地面不平坦，器械安置不当或不牢固，学生拥挤或多种项目在一起活动，容易相互撞击致伤。

（6）空气污浊、噪声干扰、光线暗淡、气温过高或过低以及运动服装不符合要求等原因，都可能直接或间接造成伤害事故。

（7）动作不规范。大学生技术动作不规范是体育运动中发生事故的主要原因。在老师讲解动作要领和进行示范时，一些学生不认真听讲，在自己练习时没有掌握必要的运动技术要领，从而导致肌肉、关节的损伤。

（8）组织纪律差。一些学生忽视组织纪律，在运动场上脱离集体、嬉笑打闹、你推我赶，容易发生意外。

运动环境包括运动场地、运动器材、气候等，如果在气候条件不好的情况下运动，如暴雨、刮风和下雪，容易发生运动伤害；场地达不到安全标准，存在安全隐患；或者运动器材生锈、破旧不及时更换，学生在运动时发生断裂，就会造成学生的损伤危险。

二、体育锻炼中的安全防范

在体育课或体育锻炼中，为保证学生的安全，减少运动损伤的发生必须做到以下几个方面。

（一）提高学生自我保护的措施

1. 在教学中加强学生思想教育和安全教育

培养学生对体育课及体育的认识，要懂得科学锻炼的基本原则：

（1）了解自己，实事求是。

(2)树立目标,积极进取。

(3)全面锻炼,注重实效。

(4)运动有恒,坚持经常。

(5)运动有度,循序渐进。

(6)遵循规律,自我保健。

以上几点原则,学生必须遵守。

2. 教师要合理安排教学活动

根据大学生的年龄层次特征和生理、心理特点合理地安排教学内容以及教学过程中的运动量,特别要重视学生的课前热身运动。

在每次体育课中,叮嘱学生注意安全。教师对学生进行系统地讲授科学锻炼身体的方法,以及在体育运动中常见的损伤、预防知识及急救方法等内容,尽可能地排除场地、器械等不利影响。

总而言之,治标更要治本,应从学生自身抓起,提高他们的自我保护的意识与自疗能力。

(二)运动前的准备工作

1. 对学生进行健康检查

对学生定期进行全面的医学检查,最好每学期进行一次,至少每学年一次,特别是新入学的学生,入学时必须进行体检。身体发育和健康状况正常的学生,可以参加正常体育课学习;对体质较弱,特别是有缺陷或有疾病的学生,应安排上保健体育课。对身体发育和健康状况正常、功能良好,尤其是体质好,并在某些运动项目上有特长的学生,才能安排参加学校运动队训练。

2. 合理安排体育课的运动负荷

体育课的运动负荷的增加,应遵循循序渐进的原则,逐步提高要求,不能突然或过猛,否则会给学生身体带来不良影响,造成过度疲劳或局部劳损,甚至损坏身体健康。

3. 预防运动性伤病和建立伤病登记制度

在体育教学或运动训练中应加强运动场地和设备的安全检查,尽可能减少或避免伤害事故的发生,一旦发生损伤,应填写运动伤病登记卡,以利于统计、分析和研究其与体育教学和运动训练的关系,分析伤病发生原因,从而找到预防的有效方法,保证体育教学和运动训练的正常进行。

4. 运动负荷的恢复措施

体育教学或运动训练结束后,无论在脑力上,还是在体力上消耗都是很大的,如果不采取一些切实可行的恢复措施，疲劳就不能得到及时的消除，会影响第二天文化课的学习，长此以往很容易形成疲劳积累而导致身体过度疲劳。因此，体育课结束或与被动训练结束后的整理活动、按摩、洗热水澡等措施是很好的方法，同时，还应该补充在运动中消耗的营养物质和保证充足的睡眠。

5. 运动训练禁忌

凡有下列情况之一者，禁止参加运动：中枢神经系统疾病和末梢神经系统疾病（如精神病、癫痫病等）、运动神经疾病（如骨骼、关节、脊柱变形等）、先天性心脏病和高血压患者。

6. 根据身体状况决定运动强度

在运动前，若出现身体不适，应终止激烈运动或强度过大的运动（如超长距离跑），改换为轻度运动或停止运动。

7. 注意运动时间段的选择

在过热或过冷的环境条件下进行运动存在一定的危险。因此，运动时应注意时间段的选择。夏季应选择凉爽的时间段运动，冬季则应在暖和的时间段运动。

8. 充分进行准备活动

准备活动一般有快走、慢跑及原地连续性徒手体操等形式。这些活动能使四肢关节活动度加强，有助于一般性运动能力的提高。准备活动持续的时间与正式运动之间有 1 ~ 3 分钟的间隔较为适宜。

9. 运动时穿戴注意事项

衣服上不要别胸针、徽章等；手腕、手指、耳朵、脚腕上不要戴金属、玻璃、塑料的装饰物；衣兜内不要装小刀、钩针等锋利的物品；头发盘好，尽量不要戴发卡；必须穿球鞋或一般运动鞋，不要穿皮鞋。

（三）运动中预防

体育运动的安全，最重要的是进行有效的自我保护。如果在锻炼中发现一些不正常的症状，要及时进行调整，这样才能使危险降到最低。以下是在体育运动中常见的几种症状。

1. 呼吸困难

有此症状时可中止运动，休息一会儿使身体不适感消失之后，再接着从轻运动开始练习。若呼吸困难症状持续在 3 分钟以上，就不能单单认为该运动强度过大，而应该及时就医。

2. 重力性休克

疾跑后突然停止而引起的晕厥称为重力性休克，多见于径赛运动员，尤其以短跑、中跑为多见，有时自行车和竞走运动员也可见到。运动员在进行运动时，外周组织内的血管大量扩张,血流量比安静时增加多倍,这时依靠肌肉有节奏地收缩和舒张以及胸腔负压的吸引作用,血液得以返回心脏,当运动者突然终止运动时,肌肉的收缩作用骤然停止,使大量血液聚积在下肢,造成循环血量明显减少、血压下降、心跳加快而心搏出量减少,脑供血急剧减少而造成晕厥。

重力性休克处理方法:对于身体健康的人出现这种现象并不危险,应让休克者仰卧,两腿抬起高于头(保持静脉血回流到心脏),松开衣领、腰带、注意保暖,不省人事时可掐人中穴。清醒后喝点热糖水和热水,充分静卧、保暖和休息。

3. 腹痛腹胀

当腹痛腹胀发生时,要终止或减慢运动即可自然消除疼痛症状。容易发生腹痛者,更要避免饭后进行运动。在跑步中要掌握正确的呼吸方法,尽量用鼻呼吸而不用口呼吸,还要根据运动量来调整呼吸节奏及深度。

4. 胸闷气短

如果在运动中出现胸闷气短症状,应立即停止运动,稍作休息,并慢慢调整呼吸。在运动中发生干咳症状时,要调整呼吸方法使其缓解,寒冷季节还应加戴口罩进行运动,以防止冷空气对呼吸道的刺激。

5. 下肢疼痛

长期不运动者,突然运动时,次日会感到小腿(腓肠肌)和大腿(股四头肌)部位大部分肌肉疼痛。这是由于肌肉突然剧烈运动导致乳酸积累所引起的疼痛,无须处理,一两天即可自然消失。运动中突发下肢疼痛,可能是由扭挫、撕伤等导致,要及时找医生做检查,找到原因,对症下药。

6. 中暑

运动引起中暑性昏厥发生后,及时采取降温措施,即可很快恢复,以降温为主,一般用冷水袋和冰水湿敷治疗。

(四)运动后预防

1. 整理活动

运动结束后,需要进行一定整理活动,这样可以加速新陈代谢,促进皮肤和肌肉血液循环和体力恢复,因此要重视整理活动。为了预防不良症状的发生,在剧烈运动后不可立即停止活动,而应持续一段时间轻量运动,使亢奋身体慢慢恢复到正常缓和的状态。例如1~2分钟慢跑或步行,下肢柔软体操和全身伸展体操、上肢肌肉群按摩等。

2. 淋浴和洗澡

在运动后休息30分钟左右可进行淋浴。淋浴可使人心情愉快,疲劳感消失,还可起到按摩作用。特别是在大量出汗后洗澡,不仅可以清洁身上汗水和污垢,还可促进血液循环,加强体内排毒。

三、运动比赛的安全防范

1. 比赛前的防范

(1)加强运动安全教育,克服麻痹思想,提高预防损伤意识。认真做好准备活动,对可能发生运动损伤的环节和易伤部位,要及时做好预防安排。

(2)制定比赛计划和日程时,要根据当地情况,炎热的夏天尽量避免安排剧烈的运动项目,还应尽可能保证各项目运动员的充分休息时间。

(3)对运动员身体健康状况进行检查,感冒、发烧以及各种内脏器官有疾病者,不能参加比赛。

2. 比赛中的防范

(1)比赛现场必须配备医护人员并准备好急救用品和药品,以便对运动中出现的常见损伤及时处理,保证比赛顺利进行。

(2)一些激烈的比赛,应配备运动饮料,避免运动员因缺水而发生意外情况。

3. 比赛后的防范

比赛结束后,应对运动员的疲劳程度、伤病的发生和发展情况进行检查,以便能及时消除疲劳和控制伤情的发展,并对其生理生化指标进行检查(如脉率、血压、体重、尿蛋白、心电图等),观察其是否有异常情况出现,以便尽早采取措施进行处理,保证运动员的身心安全。

□课后互动

以小组为单位,就以下问题进行交流讨论。

1. 自己经常参加哪些体育运动?这些体育运动存在哪些安全隐患?
2. 为了预防体育伤害事故,在运动前,自身应做好哪些准备工作?

第四节 课外学习安全

一、图书馆学习安全

图书馆是大学生活中不可或缺的学习场所,学生到图书馆看书要注意两个方面。

(1)了解图书馆的结构,特别记清楚图书馆的安全通道,一旦在图书馆学习中发生意外事故便可以找到安全通道,以最快的速度逃离险境。

(2)注意看管好自己的财务。不少同学到图书馆后,习惯用书包、手机、钱夹等先占座位,然后再去借书。等回到座位时,会发现自己的书包、手机、钱夹等已不翼而飞了。

由此可见,学生在图书馆看书也决不能有麻痹思想,如要起身借书或临时离开,一定要将贵重物品带在身上或交熟人看管,切不可有"只离开一会儿问题不大"的想法,等到物品被盗才悔之晚矣。

二、教室自习的安全

教室自习的安全问题除了和在图书馆学习物品被盗情况类似外,最大的安全隐患就是女生容易遭遇骚扰。

案例 34

女生自习遭遇性骚扰

某高校保卫处接学生报案,称其一个人在某教室学习,进来一名像学生的男子,她没在意继续看书。可过一会儿,她听到身后有窸窸窣窣的声音,回头一看,大吃一惊,只见那名男子站在她身后将裤子褪下。惊吓之余,该女生撒腿跑出教室。经了解,还有其他女生遭遇这种骚扰。接案后,保卫处经过努力终将该男子抓获。据查,该男子为该校某专业大二学生,上中学时就有些恶习,虽经治疗但效果不大。为维护校园安全,学校将该男生开除。

女同学在遇到类似情况时应该怎么办呢?

一是不要害怕惊慌,应大声严厉诉责。如果犯罪嫌疑人动手动脚,则除大声严厉诉责外,还要极力反抗,并伺机逃离现场,立即向学校保卫部门报案或喊附近的老师、同学,将犯罪嫌疑人抓获。

二是避免一个人在偏僻的教室学习,不给犯罪分子可乘之机。如果教室里有三四人以上,犯罪分子就不敢轻举妄动。

三是女生在教室上晚自习时不可太迟,如果一定要学得很晚,就要和其他同学结伴而行,实在无伴且感到有危险时,可与校保卫部门联系,请求保卫人员护送,保卫人员有义务将晚归的女生安全地护送回宿舍。

□课后互动

以小组为单位,说说自己在课外学习中碰到的安全隐患,怎么防范?

□课后思考

1. 高校实验训练中容易发生的安全事故有哪些?
2. 实验安全事故防范措施有哪些?

3. 实习事故发生原因有哪些？校内外实习应注意的事项有哪些？
4. 科学锻炼的基本原则有哪些？
5. 体育运动中产生运动损伤和意外伤害的原因有哪些？
6. 体育运动前、运动中、运动后的安全防范方法有哪些？
7. 常见运动员损伤的处理与急救方法有哪些？
8. 课外学习安全应注意哪些？

第十一章

社会实践、创新创业及求职就业安全

学习目的与要求

1. 了解大学生创新创业安全方面存在的不足。
2. 了解社会实践活动安全方面应从哪些方面把握。
3. 了解大学生求职就业常见陷阱。
4. 了解传销常见的诱骗手段。

学习重点

1. 创新创业与社会实践安全的防范措施。
2. 勤工俭学中应注意的安全问题。
3. 大学生求职求业时应注意的安全防范措施。

学习难点

1. 创新创业安全防范。
2. 传销的应对措施。

第一节　社会实践活动安全

一、社会实践存在的安全问题

大学生社会实践是指大学生在高等学校结合其培养目标的引导下以大学为依托，以社会为舞台，开展的接触社会、了解社会、服务社会，并从中接受教育、培养综合素质的一系列有组织、有计划活动的总称。大学生社会实践作为高等院校实践教育的重要组成部分，目的在于弥补学校教育教学工作的不足，丰富和深化大学生思想政治教育的实践内容，促进青年学生在理论和实践相结合的过程中增长才干、健康成长的重要课堂，从而优质成才、全面成才。社会实践架起了学校和社会之间的桥梁，实现了校外生活与高等教育之间的有效对接。大学生在社会实践中增进生产劳动的体验，推动同人民群众的结合与联系。

大学生社会阅历尚浅，有急于找到社会实践岗位的心态以及就业和生活的压力，加之目前大学生缺乏实践安全方面的教育，社会上一些不法分子借此将他们作为侵害的主要对象。大学生社会实践存在的安全问题，主要体现在以下几个方面。

（一）实习安全

顶岗实习已经成为各个高校不可或缺的教学环节。在实习期间，大学生们暂时脱离了学校生活，放松了警惕，认为多姿多彩的社会生活已经到来。然而不曾想到实习期间还有很多的安全隐患，例如岗位生产安全、实习环境安全和实习生活安全等。

1. 岗位生产安全

造成岗位生产安全事故的主要原因可分为外部因素和内部因素。外部因素主要有实习单位管理松懈；指导教师失责；学校疏于管理，与企业权责不明。内部因素主要有安全意识淡薄；不良心理作祟；专业素养欠缺。生产实习安全事故具有多发性和复杂性等特点。学校、用人单位和老师等相关负责人员在做好防范，各司其职的同时，大学生安全意识的提高和有效的预防行为将大大降低生产实习安全事故的发生。大学生在生产实习过程中要充分发挥安全预防的主动性，要做到听从指挥，服从安排；熟悉规范，严格遵守；不懂就问，积极请教；及时处理，正当维权。

2. 实习环境安全

实习环境的安全往往被人们忽视，大学生自身要了解环境安全类型，注意辨别。在日常实习生活中要多留意实习环境，一旦发现反常情况，应当立即远离现场并及时向相关部门与人员反映。

3. 实习生活安全

实习生活安全主要包括居住安全、外出安全、饮食安全、交友安全。

(二)勤工俭学安全

1. 勤工俭学常见的隐患

(1)非法中介。中介市场较为混乱,缺乏监管。非法中介在骗取中介费后就消失不见的案例屡见不鲜。这些非法中介利用大学生涉世未深,引诱大学生缴纳中介费,交完费后工作则遥遥无期,或者卷钱消失。因此,大学生一定要掌握鉴别中介正规与否的方法。

(2)乱收押金、培训费。某些用人单位在招聘期间,常常会变相收取一定的押金或者所谓的培训费。但是在交完培训费后不但没有上培训班,而且用人单位早已消失不见,之前交的钱也已经石沉大海。因此,大学生要提高警惕,对方录用之前一旦要交费就要格外小心。

(3)窃取、泄露个人信息。一些用人单位在招人时,可能会变相收集大学生较为隐私的信息。这些信息一旦落入不法分子手里,将带来安全隐患。因此,大学生要保护个人信息安全。

(4)传销骗局。非法传销经常以“高薪”诱惑大学生。会谎称需要去外地培训一段时间后才可以入职。一旦误入了“培训圈套”,便进入了传销的骗局。因此,大学生要注意防范,结合自身实际,杜绝“天上掉馅饼”的侥幸心理。

2. 用工安全保障缺失

(1)薪酬保障。现实生活中,不少大学生遭遇过用工者以不同手段和方法拖欠、克扣工资的现象,或者找借口把应给的工资一拖再拖,拖到学生自动放弃或者主动要求支付少量工资为止。

(2)人身安全。大学生在校外兼职过程中难免会遇到一些安全问题,主要表现为劳动安全、人身安全和财产安全,如因公受伤,在劳动过程中出现人身伤害或交通意外等。

二、对大学生保障合法权益的建议

1. 增强法律意识,维护自身权益

首先,要找正规的相关职业介绍机构和有法律保障的用人单位,降低风险。其次,要签订书面协议,以书面形式事先约定双方的权利、义务,对日后维权非常重要。

2. 合法权益受侵害,主动维权

一是向有关部门投诉,二是向法院起诉,三是利用媒体舆论等手段。

第二节　创新创业安全

一、创业社会责任

每个个体都对社会有一定的责任和义务,创业者更不例外。创业不是个体活动,它是面向全社会的,社会中的诸多个体都对企业的发展贡献出自己独特的力量。当然,创业也要承担相应的社会责任,除了有经济责任和法律责任外,更重要的是要有道德责任和慈善责任。

二、创新创业风险及预防

大学生在创新创业过程中会遇到各种风险,因此就需要认真分析这些风险是否可控,哪些风险是需要努力避免的,是否有致命的或者不可管控的风险。当遇到这些风险时,需要考虑如何应对和化解。尤其要掌握最大风险与最大损失,明白自身是否有实力承担风险并平稳度过。大学生创新创业风险主要有以下几个方面。

(一)项目选择

大学生在创新创业时若只凭着自己的兴趣爱好去选择投资项目,而不注重前期市场调研和论证,甚至仅靠心血来潮做选择,那只会一败涂地。因此,市场调研是大学生在创新创业前期最重要的步骤,务必要在了解市场的基础上进行选择。建议选择项目时量力而行,根据客观条件,选择启动资金及硬件配置符合自身情况的项目。

(二)创新创业技能

不少大学生创新创业者初期缺少解决问题的能力,当自己想象中的计划转变为实践时,才发现自己眼高手低,创新创业只是纸上谈兵。因此,创新创业前选择到相关单位实习,积累经验是一个不错的方法。另外也要多参加学校开展的创新创业、职业培训活动,在活动中总结自己的不足,接受专业指导,避免日后创新创业多走弯路。

(三)资金风险

资金问题是在创业初期经常困扰创新创业者的难题。例如,是否有足够的资金创办企业,并且后期是否有足够的资金支持企业运作。因此,广阔的融资渠道是创业规划的前提条件。除了银行贷款、自筹资金、民间借贷这些传统的融资方式外,风险投资、创业基金等融资渠道也是不错的选择。

(四)社会资源

大学生刚刚步入社会,并没有充足的社会资源供自己调配。尤其在企业创建、市场开拓、产品推介等方面更需要大量的社会资源时,大学生往往无从下手。因此,大学生可通过参加一些社交活动来扩大自己的人际交往圈;或者先从一名相关行业的职员做起,一方面提升创新创业技能,另一方面积累人脉。

(五)管理风险

一些刚毕业的大学在理财、营销、沟通、管理等方面的能力略显不足,要想创新创业成功,大学生创业者必须补齐各方面的短板。管理问题是大部分创业者失败的通病。尤其针对大学生这种知识面窄、经验不足、资金短缺、承担风险能力较差等情况,更会提高在管理上的风险。

(六)意识风险

意识上的风险是无形的,却有强大的毁灭力。因此,大学生创业者务必要杜绝侥幸心理、投机心态、试试看心态、回本心理和过分依赖他人等意识风险。

三、创新创业盈利模式安全

企业若要盈利,最重要的是要有适合自己的商业模式。这就需要十分了解用户,了解他们的需求,才能打造出让用户主动消费的盈利模式。尤其要多借鉴一些成功创业的案例,当然也要多看一些失败的例子作为前车之鉴。例如,创新创业经营模式安全。经营模式安全首要考虑的便是预防诈骗项目,大学生创业掉进“陷阱”并非个案。在网上搜索大学生创新创业被骗、受骗等关键词时,竟可以搜索到相关网页达十多万条。面对如此庞大的数字,对于涉世未深的大学生而言,安全防范意识是至关重要的,即便不能盈利,也不能血本无归。因此,创业者一定要通过合法的网站查询信息并核查真伪。

第三节　大学生创新创业与社会实践安全须知

大学生社会实践项目很多,如家教、暑期三下乡,参加社会公益活动等,学生通过寒暑假期间组团或个人实践,走出校园、走进社会、感知实事国情,走好学校教育与社会教育的第一步。下面为大家介绍大学生创新创业与社会实践安全须知。

一、提前做好安全风险评估

风险评估就是量化测评某一事件或事物带来的影响或损失的可能程度。安全风险评估就是从风险管理角度,运用科学的方法和手段,系统地分析创业或社会实践活动所面临的威胁及其存在的脆弱性,评估安全事件一旦发生可能造成的危害程度,提出有针对性的抵御威胁的防护对策和整改措施。风险评估的主要任务包括以下几个方面。

(1)识别评估对象面临的各种风险。

(2)评估风险概率和可能带来的负面影响。

(3)确定组织承受风险的能力。

(4)确定风险消减和控制的优先等级。

(5)推荐风险消减对策。

(6)在风险事件发生之前或之后(但还没有结束),该事件给人们的生活、生命、财产等各个方面造成的影响和损失的可能性进行量化评估的工作。

二、交通安全

(1)乘坐列车或者到长途汽车站内乘坐具有营运资格的汽车,不乘坐黑车。站内的长途汽车一般都是直达目的地,既快捷又安全。

(2)横过道路或通过车流量较大的路段、路口及上下坡时应注意交通安全,雨雪天气、夜间等照明不良的情况下应特别注意。

(3)在道路上行走,应遵循置右原则,红灯时不能穿越道路;设有人行道的路段应在人行道内行走;不得在道路上嬉戏或进行其他有碍交通秩序的活动。在通过路口或横过道路时应走人行横道,无人行横道时,应首先观察道路两边,避让过往车辆,确认安全后再行通过。

(4)骑自行车应在道路右侧靠边慢行,转弯时应减速观察,并伸手示意;禁止骑车冲坡、带人,停放自行车时应在规定地点有序停放,不得占道。经过路口、横过道路、下坡、人流量大的地段应下车推行。

三、财产安全

(1)和陌生人接触要提高警惕。一般不要和陌生人说话、一起行走、散步;不要同轻浮女子或男子接触;不要参与别人的争吵。

(2)注意防范诈骗案件,识别犯罪团伙假装游客、乞丐或警察设陷行骗或抢劫。不向陌生人泄露自己的身份证号码和家庭联系方式。请家人、朋友不要轻易相信陌生人传达的消息,如有任何消息应及时和学校有关部门联系,切勿向陌生人或者陌生账号转账汇款。

(3)不要贪小便宜。在街上捡到东西要交警察处理,以防被敲诈、陷害。

(4)加强钱物保管。手机一定设密码;文件、钱包不要同时放在一起,分开存放;贵重背包做到包不离身,且置于胸前;贵重钱物不要放在易被刀子划开的塑料袋中;也不要在旅馆酒店等住处存放现金。

(5)注意贵重物品的保管和存放;同学之间互相熟悉携带的行李,便于互相照看;上下交通工具、更换住宿地点时注意清点物品,避免遗失;乘坐列车时记住车厢、座位、铺位号,乘坐汽车等交通工具时注意记录车牌号,便于出现问题时查找和联系。

(6)夜间乘坐交通工具,贵重物品注意贴身存放,睡眠过程中不要将贵重物品放在行李架上，减少被盗窃的可能。

（7）出行时注意防范扒窃和双抢案件，钱包、手机等物品不要放在双肩背包里或者挂在胸前；如无必要，不佩戴首饰，尤其是贵重首饰。

（8）注意防范银行卡犯罪，妥善保管证件，有效证件和银行卡不要放在一处；不携带大量现金，并且尽量不要集中一处存放；使用 ATM 机应注意周围是否有可疑人员，注意 ATM 机上是否有可疑的附加设备；ATM 机吞卡时应持回单，及时和 ATM 所在银行联系或者向发卡行挂失；任何情况下，不将卡号和密码以及身份证号码告诉陌生人。

四、住宿安全

（1）应在安全、卫生、具有营业许可证的正规宾馆、旅店住宿，住宿需将房门反锁；不轻易给陌生人开门。

（2）与警察打交道要留神。如警察检查身份证，可请其先出示自己的证件，记下警牌号、警车号；如证件被警察没收，应要求其出具没收证件的证明。

（3）注意防火及电器安全，出门须切断充电器等电器电源。

五、实践现场安全

（1）去实践现场，必须保持联系畅通。

①实践出行前，务必向每位同学强调安全问题的必要性，并在全队范围内就安全问题进行讨论和研究，务必使每一位同学了解实践过程中可能遇到的安全事件以及相应的处理方法。

②实践队应当使用各种方式保证队员之间可以方便取得联系，参加实践的每个人都有实践队伍中其他任何人的手机号码。

③实践队应当保证每一位队员可以与院系团组织或者其他部门取得联系。

④实践队负责人每天活动结束后必须清点队员人数并确定队员的身体健康和财物安全情况，并对安全进行评价，同时通过各种信息渠道了解实践地点的天气预报等情况并进行第二天活动的安全准备。

⑤实践队应当确保每一位队员了解实践地点政府部门、警方、医疗机构以及接待单位的联系方式，确保每一位队员了解 110、120、122 等紧急电话的使用方法及注意事项。

（2）实践过程中，原则上不允许单个队员脱离实践队伍单独行动；必要情况下，有队员单独行动时，必须向队伍说明事由、前往地点、返回时间以及确保联络畅通；实践队伍尽量减少夜间外出，尤其禁止队员夜间单独外出；一般情况下，尽量不要让女生单独行动。

（3）为便于紧急情况下的迅速行动，不推荐女生穿裙子，不推荐穿拖鞋和凉拖，长发同学将头发扎紧。

(4)遵守实践接待单位的安全要求,在石油、化工、电力、建筑等单位工作区参观访问时,应按照接待单位的要求做好安全工作。

□课后互动

以小组为单位,就以下问题进行交流讨论:

1. 你参加过哪些创业和社会实践,碰到哪些安全隐患,怎么防范?

2. 自己外出为确保交通、财产安全应注意哪些方面?

第四节　求职就业安全

一、大学生求职就业常见陷阱

陷阱1:押金、保证金以及押证件。一些用人单位会要求大学生支付押金,承诺交了押金后就可以上班,但之后又以人员已满等各种借口要求大学生等消息,而且拒绝返还押金,最后就没有音讯了。中华人民共和国人力资源和社会保障部明确规定不得对应聘者收取押金和扣押任何证件。

陷阱2:性骚扰、误入歧途。女大学生求职应加强防范意识。女生着装应尽量职业化;警惕老板对你的过分亲热、过多表扬,甚至请吃饭;不要轻易答应别人送你回家,晚回家最好让朋友、父母来接或者走人多的地方;尽量不要跟着别人去人少的地方或者鱼龙混杂的场所;公众场合尽量不要喝酒。

陷阱3:传销。传销是我国法律明令禁止的行为。常见手段如下。

(1)抓住学生急于找工作的心理,以高回报和参与创业为诱饵进行欺骗。

(2)人身自由受到限制,以上课、谈心、感情交流等方式进行思想控制。

(3)洗脑后,学生被传销组织提出的平等、互爱等虚拟的东西所迷惑,对传销暴富神话产生浓厚兴趣,急于想改变自身现状。

(4)以要好的同学、亲友为发展对象,诱使其参与非法传销活动。

(5)要求交纳高额传销费用,金额大都在5000元左右。

陷阱4:以高薪诱骗学生,承诺高薪但不签订劳动协议和合同,劳动结束后不兑现,骗取大学生的劳动。

二、大学生求职就业时防止受骗的措施

(1)尽可能通过学校等正规组织到人才市场、大学生供需见面会上双向选择。这是主要渠道,不要轻率自找门路。

(2)详细了解用工单位的各种相关信息,诸如单位的状况、将要从事工作的性质等,可通过学校有关部门或亲友了解,有条件的也可以亲自登门,实地考察、了解。这样除了防止受骗外,还便于在和用人单位签订合同时,使自己更加主动,防止以后发生一些民事纠纷。

(3)一旦遇到麻烦,立即向学校学生管理部门、保卫部门、地方公安机关反映,并注意保留证据,提供有关线索,协助调查,这样才能使损失减少到最低限度。

□课后互动

以小组为单位,就以下问题进行讨论:

1. 说说自己身边的朋友有没有求职过程中被骗,应该如何防范?
2. 说说自己求职就业时应注意哪些方面。
3. 说说自己身边的人是否有参与传销的? 参与传销的后果如何?
4. 说说若自己陷入传销陷阱,应该怎么办?

□课后思考

1. 大学生创新创业安全方面存在哪些不足?
2. 大学生社会实践安全应从哪些方面把握?
3. 大学生创新创业与社会实践安全防范措施有哪些?
4. 大学生勤工俭学活动中应注意哪些安全问题?
5. 避免就业陷阱应注意哪些安全防范措施?
6. 大学生求职应提前做好哪些准备工作?
7. 大学生求职应防范哪些安全问题?
8. 传销的几种常用诱骗手段有哪些?

第十二章
意外伤害防护

学习目的与要求

1. 熟悉预警信号的种类、含义。
2. 熟悉常见的紧急呼救方式、求救信号。
3. 了解高校大型活动的基本特征。
4. 分析高校大型活动发生事故的可能诱因。
5. 熟悉止血与包扎方式。

学习重点

1. 熟悉公共活动安全的应对措施。
2. 预防踩踏事件发生的措施。
3. 熟悉常见意外伤害的预防和救助方法。

学习难点

1. 止血与包扎方式。
2. 常见意外伤害的救助方法。

第一节 预警与求救

一、预警

预警是指事先察觉可能发生的某种不利的情况,或提出预警以提醒他人应采取一些有效的预防性措施。它是一种有效的处置和解决问题的方法。预警是一种警报,它可以提醒当事人提前采取应对措施,以防止发生不利影响和伤害。

(一)预警的重要性

预警是防止和处置突发事件的一种过程,包括警戒、检查、识别和防范潜在的危险及损害,并采取有效的防止措施,使之不会造成进一步的损失和危害。它也是一种关注当前突发或发生的一类事件并采取预防措施的必要步骤。通过提前预警,注重实事求是和有计划的思想,以防止突发事件造成损失,及时应对突发状况,有效控制灾难性和损害性事件,保证社会稳定与安全。

(二)预警的信息种类

预警信息根据突发事件的破坏程度不同而采用不同的预警级别对公众进行发布或告知。预警级别分为四级:一级为特别严重,红色预警信号;二级为严重,橙色预警信号;三级为较重,黄色预警信号;四级为一般,蓝色预警信号。

预警信息发布的内容包括突发事件的类别、级别、起始时间、影响或可能影响的范围、警示事项、应采取的措施和发布机关。预警信号种类包括:台风预警、气象灾害预警、空袭预警等。

1. 台风预警

根据逼近时间和强度不同,台风预警信号分四级,分别以蓝色、黄色、橙色和红色表示。

(1)蓝色预警防御指南:①做好防风准备并注意有关报道和通知;②把门窗、围板等易被风吹动的搭建物固紧,妥善安置室外物品。

(2)黄色预警防御指南:①建议幼儿园、托儿所停课;②处于危险地带和危房中的居民以及船舶应到避风场所避风,户外作业人员停止作业;③切断霓虹灯招牌及危险的室外电源;④停止露天集体活动;⑤其他同台风蓝色预警信号。

(3)橙色预警防御指南:①紧急防风状态,建议中小学停课;②切勿随意外出,确保老人小孩留在家中最安全的地方;③相关应急处置部门和抢险单位密切监视灾情,落实应对措施;④停止室内大型集会,疏散人员。

(4)红色预警防御指南:①特别紧急防风状态,建议停业、停课(除特殊行业);②人员应尽可能待在防风安全的地方,相关应急处置部门和抢险单位随时准备启动抢险应急方案;③当台风中心经过时风力会减小或静止一段时间,应继续留在安全处避风;④其他同上。

2. 大雾预警

根据12小时内大雾能见度的高低,大雾预警信号分三级,分别以黄色、橙色、红色表示。

(1)黄色预警防御指南:①注意浓雾变化,小心驾驶;②机场、高速公路、轮渡码头注意交通安全。

(2)橙色预警防御指南:①空气质量明显降低,居民需适当防护; ②驾驶人员应控制速度;③机场、高速公路、轮渡码头应采取措施以保障交通安全。

(3)红色预警防御指南:①受强浓雾影响地区的机场暂停飞机起降,高速公路和轮渡暂时封闭或者停航;②各类机动交通工具应采取有效措施以保障安全。

3. 雷雨大风预警

雷雨大风预警信号分四级,分别以蓝色、黄色、橙色、红色表示。

(1)蓝色预警防御指南:①做好防风、防雷电准备并注意有关报道和通知,学生停留在安全地方;②把门窗等易被风吹动的搭建物体固紧,人员应当尽快离开临时搭建物,妥善安置易受雷雨大风影响的室外物品。

(2)黄色预警防御指南:①妥善保管易受雷击的贵重电器设备,断电后放到安全的地方;②危险地带和危房居民以及船舶应到避风场所避风,千万不要在树下、电杆下、塔吊下避雨,出现雷电时应当关闭手机;③切断霓虹灯招牌及危险的室外电源;④停止露天集体活动,立即疏散人员;⑤高空、水上等户外作业人员停止作业,危险地带人员撤离;⑥其他同上。

(3)橙色预警防御指南:①人员切勿外出,确保留在最安全的地方;②相关应急处置部门和抢险单位随时准备启动抢险应急方案;③加固港口设施,防止船只走锚和碰撞;④其他同上。

(4)红色预警防御指南:①进入特别紧急防风状态;②相关应急处置部门和抢险单位随时准备启动抢险应急方案;③其他同上。

4. 常规武器空袭预警

常规武器空袭是指除核、化、生以外的武器从空中对地面(水面)目标进行的袭击。

(1)防空警报信号的识别。

①预先警报:鸣36秒,停24秒,反复3遍,时间为3分钟。

②空袭警报:鸣6秒,停6秒,反复15遍,时间为3分钟。

③解除警报:连续长鸣3分钟。

(2)空袭前的防护准备。

①熟悉周围防空隐蔽设施,明确疏散、隐蔽路线。

②准备好随身生活用品和药品,如手电筒、饮用水、急救包等。

③房屋的玻璃窗均应贴上“米”或“井”字形纸条或布条,以防玻璃震碎伤人。

(3)空袭时的防护行动。

①听到预先警报后,应立即切断电源,关闭煤气,熄灭炉火,戴好个人防护器具和生活必需品,迅速、有序地进入人防工程或指定隐蔽区域。

②听到空袭警报后,应就近进入人防工程隐蔽,情况紧急无法进入人防工程时,要利用地形地物就近隐蔽。

③在公共场所,不要乱跑,可就近进入地下室、地铁车站或钢筋混凝土建筑物底层等处隐蔽,不要在高压线、油库等危险处停留。

④在空旷地,就近疏散到低洼地、路沟里、土堆旁、大树下,迅速卧倒隐蔽。当发现炸弹在附近投下或爆炸时,应迅速就地卧倒,面部向下,掩住耳,张开嘴,闭上眼,胸和腹部不要紧贴地面,以防震伤。

⑤听到警报解除后,应尽快开展自救、互救并恢复生产和生活秩序。

二、求救

求救是指请求他人的帮助,尤其是在遇到困难、灾难或其他危险的情况下。求救可以是通过发出某种信号或者明确地提出请求来实现的。它常用于描述紧急情况下的求助行为。

(一)求救信号

1. SOS 求救信号

SOS 是国际通用的求救信号,一般情况下,重复三次的信号或三长三短的信号都表示求救,如连续敲三下墙壁或三次开关灯。

2. 声音信号

喊叫、吹哨子或敲打能发出响声的物品求救。

3. 光线信号

用手电筒、镜子、玻璃、金属片、相机闪光灯等能发光、反光的物品反复闪照求救。

4. 抛物信号

在高楼等处遇险时,可向窗外抛掷枕头、空塑料瓶等软物求救。

5. 旗语信号

将旗子或色泽鲜艳的布料绑在竹竿或木棍上,作“8”字形挥舞求救。

6. 烟火信号

野外遇险时，在确保不发生火灾的前提下，白天可燃烧潮湿树枝、青草等植物产生浓烟；夜晚可点燃呈三角形的三堆火求救。

7. 标志信号

利用树枝、石块、帐篷、衣物等，摆放成某种标志（如SOS）等发出求救信号。

（二）紧急呼救

紧急呼叫号码在全球范围内是通用的，并且在使用时不需要拨区号。例如，在中国遇到紧急情况时可以拨打这些号码寻求帮助。

1. 110、119、122报警台

有些地方110报警台（原110、119、122三台合并为110）统一受理群众的报警求助和交通、火灾事故报警。但有些地方规定：匪警110；火警119；交通事故122。

（1）110报警台受理群众报警范围。

①刑事案件。

②治安案（事）件。

③危及人身、财产安全或者社会治安秩序的群体性事件。

④自然灾害、治安灾害事故。

⑤其他需要公安机关处置的与违法犯罪有关的报警。

（2）119报警台受理群众报警范围。

①火灾事故。

②事故抢险。

③灾害救援。

（3）122报警台受理群众报警范围。

①一般道路交通事故。

②道路清障。

③高速公路事故报警电话：12122。

110、119、122免收电话费，可通过固定电话、移动电话直拨；异地拨打案发地的110电话时，先拨打案发地区号，再拨打110。

报警时应讲清案发的时间、方位、您的姓名及联系方式等。如对案发地不熟悉，可提供现场附近有明显标志的建筑物、大型场所、公交车站、单位名称等。

报警后，要保护现场，以便民警取证。

2. 120（医疗急救）

拨打120急救电话时注意以下几点。

(1)呼救时,尽可能说清病人的所在方位、年龄、性别和病情。

(2)尽可能说明病人典型的发病表现,如胸痛、意识不清、呕血、呼吸困难等。

(3)尽可能说明病人患病或受伤的时间。如果是意外伤害,要说明伤害的性质,如触电、爆炸、塌方、水、火灾、中毒、交通事故等。

(4)尽可能说明你的特殊需要,并了解清楚救护车到达的大致时间。

第二节 大型公共活动安全

近年来,随着经济快速发展,大型活动已成为促进经济、文化交流的重要载体,各种各样的大型活动的数量和规模急剧增长,并呈现出一些新的特点;活动涉及的行业领域广泛;活动范围突破地域限制;参与人员多、财物集中;媒体关注影响大等。因此,大型活动极易发生恐怖袭击事件、群体性事件、挤压踩踏事件以及盗窃、抢劫、打架斗殴等刑事治安案件。所以在新的国情下,必须要探讨大型活动安全保卫工作的原则,不断强化市场管理,防止问题出现,确保活动的正常开展。

一、大型公共活动安全管理的基本原则

1. 谁主办、谁负责的原则

根据《大型群众性活动安全管理条例》(国务院令第505号),大型公共活动安全管理应当遵循谁主办、谁负责,政府监督的原则。

2. 统一指挥、协调配合的原则

大型活动的安全工作包括情报、公共安全、运输、消防、安全检查和后勤等多项安全任务,需要统一的指挥和多种类型警察的协调行动。

3. 内紧外松、抓住重点的原则

大型公共活动的举办需要在各个环节进行安保,安保人数过多会导致群众紧张,大大降低活动现场的热烈氛围;而缺乏安保则会使处置突发事件能力不足,影响公共安全。“内紧外松”是解决这一问题的有效原则。

4. 预防为主、安全第一的原则

事前防范永远是大型公共活动安全管理的重中之重。只有做到安全,才能够开展活动,对涉及安全的问题必须认真对待,其中情报信息、安全检查、应急管理、保障有力是大型公共活动安保工作的重要措施,这需要各个部门相互配合,各司其职,专人专项,做到责任落实,加强情报信息工作,获取一些内幕性和预警性信息,以便及早采取措施把危险消除在初始阶段和萌芽状态。加强严格的安全检查是消除安全隐患的重要措施和有效手段。

二、高校大型活动安全管理

(一)高校大型活动的基本特征

一般来说,在高校校园内所举办的大型活动通常是指招聘会、论坛竞赛、体育比赛、文艺会演、开学和毕业典礼等有目的性、计划性、组织性的活动,其基本特征主要有:

(1)参加人数较多,一般指人数达500人以上的群体性活动。

(2)参加人数集中,活动范围有限,其活动场所主要存在于开放式空间(室外)和密闭式空间(室内)。

(3)参加人员结构复杂,大多没有特定关系,容易产生矛盾和摩擦,组织管理难度大。

(二)高校大型活动发生事故的可能诱因

部分承办单位对活动收益重视程度远远高于对安全防范工作的重视,对安全防范工作存在得过且过的心态,安全防范工作落实程度不够,导致安全隐患与活动并行,是诱发安全事故的重要原因之一,其往往体现在以下几个方面。

(1)不按规定向主管大型活动审批的部门申报。存在侥幸心理,不经审批而私自举办大型活动,使活动脱离监管。或者有的活动不按规定时间申报,往往在开始的前一两天才想起申报,使得监管单位没有充足的时间进行安全检查和风险研判。还有为争取顺利审批,隐瞒和不如实进行申报,成为发生安全事故的诱因。

(2)重大活动立项前主办、承办单位不做风险评估,没有做风险研判和应急预案。

(3)不按规定执行安全防范措施和不履行自身的安全工作责任。在大型活动当中,主办单位应严格履行“谁主办、谁负责”的原则,在办活动前,认真做好安全防范的相关工作,落实安全隐患排查,做到能立即整改立即整改,不能立即整改的立即上报并死看死守。

(4)学校未对学生进行必要的安全教育,带队老师疏于安全管理、学生不遵守活动纪律擅自活动或离队。

(5)租用的车辆车况较差,安全性能差,驾驶员疲劳驾驶、超载、超速、随意变道、闯禁令标志或驾驶技术差、应变能力差。

(6)活动场所的设施设备、器械等存在安全隐患。

(7)主办单位缺乏应对突发事件的前期处置能力,事前没有做风险评估,没有应急预案。

(三)大型公共活动安全的应对措施

(1)学校举办大型活动时,应做好人防、物防、技防体系建设,实行“谁举办、谁负责”的原则,成立专门的安全领导小组,明确相关责任,切实落实各项卫生防疫与安全措施。

(2)主办单位要严格落实提前风险评估、申报审批等制度,积极协调相关单位和部门,做好相应工作预案,加强应对突发事件的前期处置能力。

(3)学校要加强对学生进行安全宣传教育,强化安全管理,严格纪律,实行全程带队老师负责制。

(4)学校和承办单位要积极配合当地卫生、公安、交通等社会职能部门,落实各项防范措施,确保活动开展全程有序、平安。

(四)预防踩踏事件的发生

(1)不在楼梯或狭窄通道嬉戏打闹,人多的时候不拥挤、不起哄、不制造紧张或恐慌气氛。

(2)尽量避免到拥挤的人群中,不得已时,尽量走在人流的边缘。

(3)发觉拥挤的人群向自己的方向走来时,立即避到一旁,不要慌乱,不要奔跑,避免摔倒。

(4)顺着人流走,切不可逆着人流前进,否则,很容易被人流推倒。

(5)假如陷入拥挤的人流,一定要先站稳,身体不要倾斜失去重心,有可能的话可先尽快抓住坚固可靠的东西慢慢走动或停住,待人群过去后再迅速离开现场。

(6)若自己不幸被人群拥倒后,要设法靠近墙角,身体蜷成球状,双手在颈后紧扣以保护身体最脆弱的部位。

(7)在人群中走动,遇到台阶或楼梯时,尽量抓住扶手,防止摔倒。

(8)在拥挤的人群中,要时刻保持警惕,当发现有人情绪不对或人群开始骚动时,要做好准备保护自己。

(9)在人群骚动时,脚下要注意,千万不能被绊倒,避免自己成为拥挤踩踏事件的诱发因素。

(10)当发现自己前面有人突然摔倒了,要马上停下脚步,同时大声呼救,告知后面的人不要向前靠近。

(五)大型活动安全事故处理程序

一旦在大型活动期间发生安全事故,应遵循以下程序处理。

(1)及时报告和报警。一旦发生事故,活动领导小组第一时间立即向学校领导报告并由学校办公室及时向当地有关部门和上级部门报告,寻求支援和帮助。

(2)及时救助。学校和承办单位应根据现有条件和能力及时采取措施救护患病或受伤人员,同时以最快的方式将人员紧急送医。

(3)保护现场,迅速收集有关事故信息。

(4)维持现场秩序,疏散人群。

(5)落实公安、卫生、教育、应急等政府职能部门要求采取的措施,控制事态,减少社会影响。

(6)善后处理。

(7)事故教训总结与“三不放过(事故原因不明不放过,责任者没有受到追责和教育不放过,所有参与者没有受到教育不放过)”。

第三节　意外伤害预防与救助

一、意外伤害的范围及四要素

意外伤害是指因意外导致身体受到伤害的事件,是指外来的、突发的、非本意的、非疾病的使身体受到伤害的客观事件。意外伤害四要素如下。

(一)非本意的

即预料外的和非故意的事故,有些意外事故是应该预料到的,但由于疏忽而引致的,如在停电时未切断电源修理线路,因不久恢复供电而触电身亡。另有一些事故虽是可以预见到的,但在客观上无法抗拒或在技术上不能采取措施避免的事故,如楼房失火,火封住门口和走道,迫不得已从窗口跳下,摔成重伤。或者虽在技术上可以采取措施避免,但由于法律和职责上的规定,或履行应尽义务,不去躲避,如银行职工为保护国家财产在与抢劫银行的歹徒搏斗中受伤。以上这些均属于意外事故。凡是故意行为使自己遭受伤害,如自杀、自伤,均不属于意外事故。

(二)外因造成

指身体外部原因造成的事故,如食物中毒、失足落水。疾病所致伤害不属于意外事故,因为它是人体内部生理故障或新陈代谢的结果。

(三)突发

即意外伤害在极短时间内发生,来不及预防,如行人被汽车突然撞倒。

(四)非疾病的

指非疾病引发的身体伤害。铅中毒、矽肺等职业病虽然是外来致害物质对人体的侵害,但由于伤害是逐步造成的,而且是可以预见和预防的,不属于意外事故。

案例 35

学生私自下海游泳溺水身亡

2021 年 6 月 15 日傍晚，某外国语学院学生徐某与同班黄某、钟某到银滩东侧“非游泳区”海边游泳。由于当时风大浪急，三人被海浪卷拖往深海。随后黄某自救，飞跑向银滩游泳区的救生塔求助。救生队赶赴现场，将钟某安全营救上岸。徐某在溺水失踪10多分钟后，在大浪中被找到，经救护队和医院医护人员抢救无效后，于19时40分左右身亡。

事发前，学校向全校学生发布了关于不得私自到海边游泳的通知。事发前一天，徐某等人的辅导员在大班会上进一步强调了私自到海边游泳的危险性，要求学生遵守学校的制度，不要到海边游泳。事发后，学院领导召开了学校应急小组紧急会议，安排人员对有关学生和辅导员进行心理干预，并已通知学生家长速来学校处理善后。

点评：意外伤害范围比较多，也比较广，一般只要符合外来的、突发的、不是本意的、非疾病的都属于意外伤害，常见的意外伤害有交通意外、失足溺水、触电意外、烫伤、烧伤意外、摔伤等。意外伤害包括中毒、窒息、溺水、交通事故、烧伤以及烫伤等六大类。

二、造成意外伤害事故的原因

造成高校大学生意外伤害事故的原因主要有以下几种。

(1)随着高校办学开放性程度和学生参与社会实践主观愿望的增强，学校面向社会的实践性教学环节不断增多，学生校外活动的机会也在不断增多，客观上增加了各种意外事故的可能性。

(2)学生自己的安全防范意识淡薄。由于学生处于生长发育过程中，学生在活动中往往很难对自己的行为进行有效控制，即便各种教育管理措施都已到位，有许多时候也不可避免地发生活动时“不小心绊倒”，以及相互之间的碰撞，导致摔伤头、磕掉牙、骨折等伤害事故。这是因为学生安全知识存在空白区，缺乏一定的防范能力。

(3)学校安全教育与管理的力度不大，主要表现为部分高校辅导员因所负责学生人数多而管不到，而班主任又因相关管理与激励机制不健全而不愿管，从而导致学生班级安全教育与管理的缺失。

(4)学校的教育教学设施、实验设备和生活设施、设备不符合国家安全标准而导致学生受伤。一些体育设施年久失修，安全隐患很大，易发安全事故。

(5)在家父母是学生的监护人，在校教师承担了学生的监护人角色。一些家长和教师安全监护意识淡薄，对可能发生的安全隐患考虑不足，导致发生意想不到的安全事故。

(6)社会紧急救助方面的原因，表现为救助不及时、少数救助机构不愿承担救助风险等。

三、常见的意外伤害预防及救助

(一)猝死

猝死，又叫急死。世界卫生组织(WHO)规定，发病6小时内死亡者为猝死。青壮年对自己的健康过于自信,出现胸痛也不在乎,是易引起猝死的原因。

预防与救治猝死的措施主要有以下几个方面。

(1)年轻人应注意运动前、运动中或运动后出现的胸闷、压迫感、极度疲劳等症状,如症状明显应及时中止运动,进行详细检查。

(2)遵守体育锻炼的原则,保持良好的思想情绪,避免精神过度紧张和超负荷运动。运动强度要循序渐进,避免平时不运动,偶尔突然超负荷运动。

(3)要养成良好的生活习惯,不吸烟,少吃高脂食品和盐,多吃蔬菜水果,保证睡眠时间和质量。

(4)一旦病人发生心脏性猝死,应立即用拳头猛击其左侧心前区(以不致打断肋骨为度),反复3~5次,使机械能转变为电能,以消除患者的异位心律,有些常被救活。同时立即实行人工呼吸(如口对口呼吸)、胸外心脏按压。在做这些抢救时,要先解开患者领扣、腰带,拉出患者舌头,撑开患者牙关(最好在上下牙间垫以橡胶、塑料或手帕之类软物,防止咬破舌头);同时打开门窗,保持室内空气流通。

(5)一旦发生猝死,应一面立即抢救,一面迅速与有关方面联系,以最快速度请医师或送医院抢救。

(二)触电

触电,可发生在有电线、电器、电设备的任何场所。触电后会引起人体全身或局部的损伤,损伤轻者可造成痛苦,损伤重者可迅速死亡。

1. 触电临床表现

(1)瞬间接触电压低、电流小的电源时,伤者可出现精神紧张,表情呆滞,呼吸、心跳加快,有时甚至脸色苍白,敏感者可发生休克而晕倒,对周围事物暂时失去反应。

(2)严重的电击可引起呼吸、心跳的明显变化,构成触电的垂危表现。

2. 现场急救

(1)脱离电源。关闭电源;挑开电线(用干木棍、竹竿等);斩断电路;“拉开”触电者(在浴室或潮湿处救护人要穿绝缘胶鞋、戴胶皮手套或站在干燥木板上以保护自身安全)。

(2)触电人员呼吸不规则或已停止,立即打开气道,进行口对口人工呼吸。

(3)心搏停止者,立即进行胸外心脏按压。

(4)心搏、呼吸同时停止者,心肺复苏同时进行,必须不停顿地进行,途中也不间断。

(5)同时针刺或用手掐人中、十宣、涌泉等穴。

(6)电击伤患者不管症状轻重均需送医院留观。

3. 触电的预防

随着生活水平的不断提高,生活中用电的地方越来越多。因此,我们有必要掌握以下基本的安全用电常识。

(1)制订安全用电的规章制度;严格执行用电规章制度,定期检查维修电器设备,对容易引起触电事故的应立即报告学校有关部门,及时检修。

(2)大力开展安全用电的宣传教育;遵守用电规定,了解电源总开关,学会在紧急情况下关断总电源;不用手或导电物(如铁丝、钉子、别针等金属制品)去接触、探试电源插座内部;不能乱拉接电线,不能在通电的电线上晒衣物,不能接触断落的电线;不用湿手触摸电器,不用湿布擦拭电器;教育儿童不玩开关、插头;电器使用完毕后应拔掉电源插头;插拔电源插头时不要用力拉拽电线,以防止电线的绝缘层受损造成触电;电线的绝缘皮剥落,要及时更换新线或者用绝缘胶布包好。

(3)发现有人触电要设法及时关断电源;或者用干燥的木棍等物将触电者与带电的电器分开,不要用手去直接救人;年龄小的同学遇到这种情况,应呼喊成年人相助,不要自己处理,以防触电。

(4)不随意拆卸、安装电源线路、插座、插头等。哪怕安装灯泡等简单的事情,也要先关断电源,并在家长或电工的指导下进行。

(5)雷雨天不要站在高墙上、树木下、电杆旁;狂风暴雨后,不要捡拾地上的电线,不要站天线附近,不要走到距电线10米以内的地方,不要到有高压电线的地方玩耍。

(6)不能在设置高压线的地方放风筝。这些地段高压线密集,若风筝搭在高压线上,容易造成人员伤亡和电器设备的损坏。

(三)溺水

溺水,又叫淹溺。人在水中被淹死的主要原因是水入气道后,大量水、泥沙进入口鼻、气管和肺,阻塞呼吸道引起窒息;另一种原因是惊恐、寒冷使喉头痉挛,呼吸道梗阻而窒息。

1. 溺水急救——自救

(1)不要心慌意乱,应保持头脑清醒。

(2)采用仰面位,头顶向后,口鼻向上,呼气宜浅,吸气宜深,身体浮于水面以待他人抢救。

(3)不可将手上举或挣扎,举手反而易使人下沉。

(4)会游泳者,若小腿腓肠肌痉挛而致淹溺,应息心静气,及时呼救,同时自己将身体抱成一团,浮上水面;深呼一口气,把脸浸入水中,将痉挛(抽筋)下肢的拇趾用力向前上方拉,使拇趾翘起来,持续用力,直到剧痛消失,痉挛也就停止。一次发作之后,同一部位可再发痉挛,所以对疼痛部位应充分按摩并慢慢向岸上游去,上岸后亦应再按摩和热敷患处。

2. 溺水急救——他救

(1)高声呼救;救护者应镇静、会游泳;尽可能脱去外衣裤,尤其要脱去鞋;迅速游到溺淹者附近;有条件的采用可以漂浮的脊柱板救护落水者。

(2)对筋疲力尽的淹溺者,救护者可从头部接近;对神志清醒的淹溺者,救护者需从背后接近。

3. 溺水急救——岸上救护

(1)现场呼叫120;协助救人和通知急救中心。

(2)救上岸后,将溺水者头偏向一侧,清除口鼻内的泥沙、杂草,脱下假牙,把舌头拉出口外,松解衣领,以保持呼吸道通畅。

(3)把呼吸道及胃中的水从口中倾倒出来。

(4)急救者取半跪位,将伤员的腹部放在急救者腿上,使其头部下垂,用手平压背部进行倒水。

(5)心肺复苏术(CPR):指当呼吸终止及心跳停顿时,合并使用人工呼吸及心外按摩来进行急救的一种技术。

4. 溺水现场急救注意事项

(1)经短期抢救,呼吸、心跳不恢复者不可轻易放弃,至少应坚持3～4小时,转院途中也应继续进行抢救。

(2)溺水者在现场很快抢救成功,也要送往医院,以防肺部感染和其他并发症。

(3)抢救同时注意保暖,减少并发症发生。

(四)休克

1. 休克的表现

休克是一种急性循环功能不全综合征。发生的主要原因是有效血循环量不足,引起全身组织和脏器血流灌注不良,导致组织缺血、缺氧、微循环瘀滞、代谢紊乱和脏器功能障碍等一系列病理生理改变。

休克病人表现为血压下降,心率增快,脉搏细弱,全身乏力,皮肤湿冷,面色苍白或青脉萎陷,尿量减少。休克开始时,病人意识尚清醒,如不及时抢救,则可能表现出烦躁不安,反应迟钝,神志模糊,进入昏迷状态甚至导致死亡。

2. 现场急救

(1)令病人平卧,下肢稍抬高,以利对大脑血流供应,但伴有心衰、肺水肿等情况出现时,应取半卧位。

(2)应注意保暖,保持呼吸道畅通,以防发生窒息。

(3)保持安静,避免随意搬动,以免增加心脏负担,使休克加重。

(4)如因过敏导致的休克,应尽快脱离致敏场所和致敏物质,并给予备用脱敏药物,如马来酸氯苯那敏片口服。

(5)有条件要立即吸氧,对于未昏迷的病人,应酌情给予含盐饮料(每升水含盐3克,碳酸氢钠15克)。

值得特别注意的是,一旦发现病人出现休克,应分秒必争打120呼救,或送至就近医院抢救。因为一般情况下,在院外完全治好病人的休克可以说根本是不可能的。

(五)晕厥

1.晕厥的表现

晕厥亦称晕倒,由于脑部一过性血液不足或脑血管痉挛而发生暂时性知觉丧失现象,病人晕厥时会因知觉丧失而突然昏倒。

2.现场急救

(1)令病人平卧,松解患者衣领和腰带,打开室内门窗,便于空气流通,另外将头部稍低,双足略抬高,保障脑部供血。

(2)如有心脏病史,并可疑是心脏病变引起的晕厥时,应取半卧位,以利呼吸。

(3)可针刺或用手指掐病人的人中、内关、合谷等穴,促使其苏醒。

(4)注意对病人身体的保暖,随时观察病人呼吸、脉搏等情况。

(5)待病人清醒后,可给病人服用温糖水或热饮料(在晕厥时忌经口给予病人任何饮料及药物)。

(6)经处理仍未清醒者,应及时进行呼救或妥善送往附近医院。

(六)中暑

中暑常有先兆,在睡眠不足、过度疲劳、过量饮酒,或在高温环境下劳动一定时间后,会有大量出汗、口渴、头昏、耳鸣、胸闷、心慌、恶心、四肢无力等症状出现,这时体温略高(在38℃之内)、脉搏充实而稍快。这些先兆是中暑的前期,若立即停止作业,移至阴凉处休息,喝些冷饮或盐糖水,上述症状会很快消失。

1.对先兆中暑和中度中暑的一般救治原则

(1)先令患者脱离高温作业环境,到阴凉、安静处休息,给病人喝些饮料,如冷盐糖水、菊花或茶水、果汁饮料等,可能时给予十滴水、人丹、藿香正气水等解暑药。

(2)症状较重但尚无严重危险、神志清醒者,可在其头、颈、腋下和腹股沟处放置冰袋降温;有条件者可开电扇、于室内放冰或将患者置于空调室内降温(使室温保持在22~25℃);或者将病人放置在冷水内浸泡(水温在15~16℃),使病人采取坐卧位,头露出水面,扶持病人者一面使其体位固定,一面予以胸、腹、肢体按摩,以利皮肤散热。待病人体温达37.5℃时可停止冷水浸浴。

(3)症状不能缓解时,可辅以针刺人中、合谷、曲池、内关等穴位。

2. 对重度中暑的救治措施

除采用先兆中暑和中度中暑救治原则外，应采用以下紧急救治措施。

(1)凡面部发红的病人可将其头部垫高，对面色苍白的病人则要使其头部放低以保证脑部供血。同时解开病人领扣、腰带，头部用冷敷或身上用50%的酒精、冰水、冷水反复进行擦浴，以促其尽快散热。

(2)病人已失去知觉、昏迷不醒时，可用氨水或香烟末刺激其鼻孔，促其苏醒，同时用针刺或手掐其人中、十宣、百会穴，使其恢复知觉。

(3)有条件时，可用冰镇液体静脉滴注5%葡萄糖生理盐水1000毫升，1小时内注完；对抽风、烦躁不安的病人，可用氯丙嗪25毫克加5%葡萄糖盐水250毫升，静滴1小时注完。

以上救治方法，如不见效，应速送医院抢救，不可延误时间。在护送途中，应始终注意降温。

3. 预防中暑的方法

(1)长时间在烈日下劳作时，要戴草帽、打伞遮阳并注意定时休息和保证茶水供应；出汗多时，多喝些果汁、糖盐水或稍加点盐的白开水，以保证身体水电解质平衡。

(2)在室内、舱内或地下作业时，应设法通风降温。盛夏炎热季节，老人、体弱多病者、产妇与婴儿尤其要注意室内通风、降温。

(七)煤气中毒

每年发生的煤气中毒事件不知夺去多少人的生命，也不知要使多少人致残，导致终身痛苦。但如预防得法，则完全可以不发生煤气中毒，即使发生了，如果抢救及时，措施得当，也会转危为安。

1. 煤气中毒的主要症状与体征

一氧化碳中毒，其中毒症状一般分为轻、中、重三种。

(1)轻度。仅有头晕、头痛、眼花、心慌、胸闷、恶心等症状。如迅速打开门窗或将病人移出中毒环境，使之吸入新鲜空气和休息，给些热饮料，可不治自愈，很快恢复正常。

(2)中度。除具有轻度中毒的上述症状外，还烦躁不安，精神极度兴奋或错乱，出冷汗，四肢发凉，脉搏细弱，血压下降，呼吸微弱或呼吸困难，呕吐，全身瘫痪无力，并逐渐虚脱、昏迷。这时病人口唇、两颊、胸部与四肢皮肤潮红，如樱桃颜色，这是煤气中毒后的典型体征。因为一氧化碳与红细胞的血红蛋白结合后呈樱桃红色，所以中毒后反映在皮肤上是典型的樱桃红色。这时如得到及时、有力的抢救，上述症状可较快缓解，一般不留后遗症。

(3)重度。病人因中毒时间较长，吸入一氧化碳量在血液中的浓度达到每升5毫克以上，病人出现深度昏迷，大小便失禁，全身软瘫，瞳孔散大，呼吸浅而不规则，皮肤由樱桃红变为灰白或青紫色，血压极度下降，出现心肌损害和脑、肺水肿等严重症状与体征。这时即使救活了也会留有痴呆、瘫痪、震颤与共济失调、神经炎、全盲或半盲、肢体坏疽和大小便失禁等严重后遗症。如果抢救不及时、得力,几乎必死无疑。

对一氧化碳中毒的诊断,除化验与血氧分析外,仅从上述症状与体征判断和病人当时所处环境即可做出正确诊断,这就为争取紧急抢救赢得了时间。

2. 对煤气中毒的救治原则及方法

(1)发现病人中毒后,要迅速打开门窗,并将病人移出中毒场所。如条件许可,可直接给病人吸氧或把他送进加压氧舱治疗,这将有起死回生的效果。同时应搬掉煤炉或关掉煤气开关,解开患者衣扣,但要注意保暖,以防肺炎等并发症发生。

(2)对昏迷者应立即用针刺人中、劳宫(手心处)、涌泉(脚心处)、十宣等穴位,以促其苏醒。抢救时病人宜取侧卧位,擦净其口、鼻内污物,去掉其假牙,以免其回吸或将污物、假牙等吞入气管,引起窒息死亡。对无昏迷而烦躁不安者,可针刺其合谷、内关、百会、足三里等穴位。同时将生萝卜或生白菜切碎挤汁频频予以灌服,用量不限,有清热解毒作用。

(3)如发现病人呼吸与心跳停止,应迅速实行人工呼吸,包括口对口人工呼吸和心脏胸外按压。

(4)经现场或家庭救治无效时,为防意外,应迅速将病人送医院救治,千万不可迟疑。

3. 预防煤气中毒的主要方法

(1)冬天取暖生火时,务必注意开窗通风,这是防止中毒的最简便办法。

(2)经常检查煤炉、煤气开关与管道有无漏气,火炕有无裂缝,如有应随时修缮,以防中毒。

(3)凡用炉子生火时,务必使炭火充分燃烧后再加盖或移进卧室取暖,同时必须开窗通风方可就寝。有些人以为在炉边放盆冷水就可以防止中毒,实际上是完全无效的。

(4)学会预防与煤气中毒急救的知识和方法,这对自己与周围的人都有很大好处。

(八)动物咬伤

1. 被蜂蜇伤的应急处理

夏秋季节外出野游,如被蜂蜇伤,不要以为没有什么,应引起重视,否则可能会导致严重的后果。假如蜂毒进入血管,会引发过敏性休克,以至死亡。

(1)被蜂蜇伤后,其毒针会留在皮肤内,必须用消毒针将叮在肉内的断刺剔出,然后用力掐住被蜇伤的部分,用嘴反复吸吮,以吸出毒素。如果身边暂时没有药物,可用肥皂水充分洗患处,然后再涂些食醋或柠檬。

(2)万一发生休克,在通知急救中心或去医院的途中,要注意保持呼吸畅通,并进行人工呼吸、心脏按压等急救处理。

2. 被蛇咬伤的应急处理

被蛇咬伤后,首先要判断蛇是否有毒。在无法辨别是否被毒蛇咬伤时,必须按毒蛇咬伤进行治疗。人一旦被蛇咬伤，应按照以下步骤进行应急处理。

(1)患者应保持镇静，切勿惊慌、奔跑，以免加速毒液吸收和扩散。在安静的状态下，将病人迅速护送到医院。

(2)如在荒郊野外，离医院较远，则必须立即进行自救或互救。

(3)绑扎伤肢：立即用止血带或橡胶带，以及随身所带绳、带等在肢体被咬伤的上方扎紧，结扎紧度以阻断淋巴和静脉回流为准(成人一般将止血带压力保持在13.3千帕左右)；结扎时应留一较长的活的结头，便于解开，每15～30分钟放松1～2分钟，避免肢体缺血坏死，急救处理结束后，可以解除，一般不要超过2个小时。

(4)伤口清洗：用清水冲洗伤口，用生理盐水或高锰酸钾溶液冲洗更好。此时，如果发现有毒牙残留必须拔出。

(5)扩创排毒：缠扎止血带后，可用手指直接在咬伤处挤出毒液，在紧急情况时可用口吸吮(口应无破损或龋齿，以免吸吮者中毒)，边吸边吐，再以清水、盐水或酒漱口。

毒蛇和无毒蛇的辨别：毒蛇一般头大颈细，头呈三角形，尾短而突然变细，体表花纹比较鲜艳。无毒蛇一般头呈钝圆形，颈不细，尾部细长，体表花纹多不明显。毒蛇与无毒蛇最根本的区别是毒蛇的牙痕为单排，无毒蛇的牙痕为双排。

预防：打草惊蛇，把蛇赶走。在山林地带宿营时，睡前和起床后，应检查有无蛇潜入。不要随便在草丛和蛇可能栖息的场所坐卧，禁止用手伸入鼠洞和树洞内。进入山区、树林、草丛地带应穿好鞋袜，扎紧裤腿。遇见毒蛇，应远道绕过；若被蛇追逐时，应向上坡跑，或忽左忽右地转弯跑，切勿直跑或直向下坡跑。

3.被犬咬伤应急处理

(1)一般情况下很难区别是否被疯狗咬伤，所以一旦被狗咬伤，都应按疯狗咬伤处理。

(2)被狗咬伤后，要立即处理伤口。首先在伤口上方扎止血带(可用手帕、绳索等代用)，防止或减少病毒随血液流入全身。

(3)被咬后立即挤压伤口排去带毒液的污血或用火罐拔毒，但绝不能用嘴去吸伤口处的污血。

(4)用20%的肥皂水或1%的新洁尔灭彻底清洗，再用清水洗净，继用2%～3%的碘酒或75%的酒精局部消毒。

(5)局部伤口原则上不缝合、不包扎、不涂软膏、不用粉剂以利伤口排毒。如伤及头面部，或伤口大且深，伤及大血管需要缝合包扎时，应以不妨碍引流，保证充分冲洗和消毒为前提，做抗血清处理后即可缝合。

(6)可同时使用破伤风抗毒素和其他抗感染处理以控制狂犬病以外的其他感染，但注射部位应与抗狂犬病病毒血清和狂犬疫苗的注射部位错开。

(7)被猫、狗抓伤咬伤后，若附近无医院，要尽可能先行彻底清理伤口，要把血水往外挤，然后用清水(最好用肥皂水)清洗伤口15分钟。经这样处理后，立即到医院接种狂犬病疫苗。

(九)热力烧(烫)伤

热力烧(烫)伤的伤因可分两类;一为火焰烧伤,如炉火、山火、林火、房子失火、易燃物爆炸(煤气、汽油、煤油)等引起的烧伤;二为烫伤,如开水、热汤、热油、蒸汽等的烫伤。

1. 烧(烫)伤的急救原则

(1)要使患者立即除去或脱离热源。

(2)迅速扑灭火焰或燃烧物。

(3)给患者快速进行清洁与包扎。

(4)尽快将患者送医院救治。

2. 烧(烫)伤的症状与体征

烧(烫)伤一般分为三度。

Ⅰ度:表皮受伤,局部发红、肿胀、疼痛、表面较干而无水泡。

Ⅱ度:表皮全层坏死,局部红肿、疼痛剧烈、有明显水泡;如创面愈合,会留有轻度疤痕。

Ⅲ度:表皮全层以及皮下组织、肌肉、骨骼均损伤,局部疼痛消失,组织呈黑色焦痂,不起水泡。如创面愈合,留下疤痕或造成残废。

3. 对烧(烫)伤的抢救与治疗要求

(1)无论被烧或被烫,均应立即脱去着火或被热液浸透的衣服;或用水浇灭燃烧的衣服火焰,如有水塘、河溪可迅速入水灭火;无水时可就地卧倒慢慢滚动全身而灭火;或将身边棉被、大衣等浸湿后覆盖着火处,以隔绝空气,使火自灭。

(2)身上起火时千万不可乱跑,以免风助火燃,加重烧伤;火势很旺时不可用手扑打,以免烧坏手指。在被火围困场合,切忌乱喊大叫,以免吸入火焰,造成呼吸道烧伤。

(3)除去热源后,应用冷水给伤员冲身或将其泡在水中,以求迅速降温。但炽热金属烧伤时,在热金属附着创面时,不可向伤员身上泼水,以免将其皮肉撕裂掉。

(4)对各类烧(烫)伤应视情况处理。煤气中毒病人引起的烧伤,应以中毒抢救为主(见“煤气中毒”部分),同时对烧伤进行救治;呼吸道烧伤时,应先去掉口、鼻内吸入的污物,再冲刷干净口、鼻,然后,可灌、涂鸡蛋清液,以保护其呼吸道黏膜;凡有休克、昏迷者,除注意其保暖外,还应给予温热糖盐饮料或咖啡、浓茶,以促其苏醒。总之,此时以对症处理为主,保护生命为主,不可过于求繁求细,以免延误紧急救治时机。

(5)凡是Ⅱ、Ⅲ度烧(烫)伤员及有昏迷、呼吸道烧伤者,应尽早安全送往医院救治。护送途中,使伤员取仰卧或侧卧(呼吸道烧伤者)位,以便于伤员排出其口鼻内污物和便于时刻观察伤者呼吸、脉搏等生命指征。

(6)凡是小面积的轻度烧(烫)伤在家庭处理时,应先用淡盐水或冷开水冲洗创面,然后立即涂上獾油或用酱油、蜂蜜、植物油、黄瓜汁、鸡蛋清、凡士林等的任何一种涂擦,目的是保护创面,防止起泡与感染。

四、预防意外伤害事故发生的组织措施

教育部于2002年6月25日颁布了《学生意外伤害事故处理办法》(教育部令第12号),并于2010年12月13日根据《教育部关于修改和废止部分规章的决定》文件精神,对《学生意外伤害事故处理办法》进行了修正。高校为预防学生意外伤害事故发生,应做到以下几个方面的组织措施:

(一)建立健全学校意外伤害制度和应急机制

特别要重视关乎学生群体安全方面的意外伤害的发生,如食品卫生等,使意外伤害管理制度和应急机制有效覆盖到学生校内校外的各个时空、各个方面和各个角落。

(二)加强意外伤害的安全教育

意外伤害安全事故重在预防,学校和学生要切实树立安全第一的意识,高度重视学生意外伤害安全教育,要充分利用宣传栏、广播、主题班会、网络载体、警校共建等方式,开展形式多样的安全教育。要让学生充分认识到意外伤害给学生带来的危害性。要不厌其烦地根据季节特点开展预防传染病、森林防火、防水、食品卫生、交通安全、活动安全等教育,以及在家和校外安全防护知识教育,切实增强学生的安全意识,提高安全防护能力,预防意外伤害安全事故的发生。

(三)重视学校活动安全管理

一是外出活动要准备充分。如文化娱乐、社会实践等集体活动,要防止发生人身安全事故。组织外出等活动的时候,一定要保证在安全的前提下进行。要对活动的具体时间、地点、内容、责任人及应急措施等做好充分计划和安排。要尽可能地配备足够的教师,确保活动安全有序进行。二是要根据学生身心状况开展活动。要建立学生健康检查制度和健康档案等,及时了解学生身体健康状况,并根据学生的身体状况安排具体的教育教学活动,对体质特殊或有疾病的学生给予适当的照顾;要根据学生身心发展特点开展学生体能训练,不要开展超乎学生耐力的高强度、高密度的体育锻炼活动,以防事故的发生。三是要重视和加强学生体育锻炼,积极开展“阳光体育”活动,提高学生体质和在活动中的机体反应敏捷度程度,杜绝一些不必要的安全事故的发生。

(四)要定期检查教育活动场所和安全设施,提供安全卫生的环境

学校要定期检查教学楼、学生宿舍、电器、用水、教学仪器、体育器材等设施设备,保证学生的饮水、饮食卫生,防止食物中毒和预防各种疾病在校内传播流行,保证学生实验操作

的安全和体育活动的安全等。发现学校教学设施设备存在安全隐患时,一定要及时维修和整改,绝不让学生因有安全隐患的危险设施设备而发生伤害事故。

(五)开展学生紧急救护和安全避险、逃生教育的培训

学校可以通过课外活动、专题讲座等各种形式组织学生学习和掌握紧急救护的基础知识和方法。通过理论上的教育和实践中的训练,培养学生应对意外伤害事故的能力,从而有效地保护自己。同时,让学生了解和掌握意外伤害事故发生后,报警程序和报警电话,真正做到防患于未然。

(六)加强教育,纠正学生的认知偏差,提高大学生自身安全意识

认知偏差是人们根据一定表现的现象或虚假的信息而做出的与客观现实不一致的判断,其直接后果就是引发行为的偏差。纠正大学生认知偏差需要广大教师,尤其是辅导员和班主任在充分了解学生心理状态的前提下耐心地做思想工作,帮助学生认识其错误认知的严重后果。做好新时期的思想教育工作,要注重人性化、个性化、情感化和时代化,既要保留传统行之有效的好方法,又要注意调动主客体双方参与的积极性,发挥互联网交互性、开放性、即时性的优势,搭起网上思想交流的"连心桥"。

(七)全校师生群策群力、共同努力

辅导员应经常深入到学生中去,不厌其烦地告诉学生什么样的事情该做,什么样的事情不该做,发现学生有危险的行为时应及时制止。

□课后思考

1. 简述预警信号的种类、含义。
2. 高校大型活动有哪些基本特征?
3. 高校大型活动发生事故的可能诱因有哪些?
4. 公共活动安全的应对措施有哪些?
5. 预防踩踏事件发生的措施有哪些?
6. 简述常见的紧急呼救方式、求救信号。
7. 简述常见意外伤害的预防和救助方法。

第十三章
灾害自救

学习目的与要求

1. 了解自然灾害的种类、特征。
2. 了解海啸的防护方法。
3. 了解台风、雷电、龙卷风、极端气温天气等气象灾害的防护方法。
4. 了解地震发生的前兆,泥石流、洪水、地震的防护方法。

学习重点

气象灾害的防护方法。

学习难点

地震防护方法。

第一节 自然灾害的种类、特征

一、自然灾害的种类

自然灾害的范畴非常宽广，我国通常将自然灾害分为6种类型，主要包括：

(1)气象灾害。如热带风暴、飓风、台风、龙卷风、雷暴大风、干热风、风暴潮、暴雨、暴风雪、寒潮、冰(霜)冻、冰雹、浓雾等。

(2)海洋灾害。如海啸、海浪、赤潮、海水入侵、海水回灌等。

(3)洪水灾害。如河湖泛滥、水涝倒灌等。

(4)地质灾害。如地质性崩塌、塌陷、地裂、地面下沉、地下流沙、泥石流等。

(5)地震灾害。由于地震引发的各种灾害和诱发的各种次生灾害。

(6)森林灾害。如林木病虫害、鼠害、森林火灾等。

二、中国自然灾害的主要特征

(一)灾害种类多，分布地域广

中国的主要自然灾害有气象灾害、海洋灾害、洪水灾害、地质灾害、地震灾害和森林火灾，大小灾种多达100多个。近25年来，除现代火山活动外，地震、台风、洪涝、干旱风沙、风暴潮、崩塌滑坡泥石流、风雹、寒潮、热浪、病虫鼠害、森林草原火灾、赤潮等几乎所有重要灾害都在中国发生过。中国三分之二以上的国土面积受到洪涝灾害威胁，东部、南部沿海地区以及部分内陆省份经常遭受热带气旋侵袭，东北、西北、华北等地区旱灾频发，西南、华南等地严重干旱时有发生。中国发生过5级以上破坏性地震的区域约占国土面积69%。山地、高原因地质构造复杂，滑坡、泥石流、崩塌等地质灾害频繁发生。海域风暴潮和赤潮多见，森林和草原火灾易发。中国70%以上的城市、50%以上的人口分布在气象、地震、地质、海洋等自然灾害严重的地区。

(二)发生频率高，造成损失大

中国目前正处于经济快速发展和社会转型阶段，遭受气象灾害的损失逐年剧增。1949—2013年，中国气象灾害导致的直接经济损失在波动中呈显著上升趋势，尤其是1990年以来上升尤为明显，同时1949—2013年，中国洪涝面积和受洪水影响的县数在波动中呈现出增加的趋势。1989年以来的近30年间(不含2008年巨灾年)，中国年均受灾人口近4亿人次，因灾死亡失踪4000多人，紧急转移安置约1000万人次，倒塌房屋280万间，直接经济损失约2300亿元。特别是1998年夏季发生在长江、松花江和嫩江流域的特大洪涝,2008 年 1 月末到 2 月中下旬、2024 年 1 月中下旬到 2 月中下旬发生在中国南方地区的特大低温雨雪冰冻灾害,2008 年 5 月 12 日发生在汶川的里氏 8.0 级特大地震,均造成重大损失。最近 20 年来,遇难人口年平均达 8547 人,占全国总人口的比例为 6.5%,直接经济损失年均为 2381.4 亿元,占全国 GDP 的 2.21%,与发达国家相比,中国自然灾害灾情仍处于较为严重的水平。从巨灾造成的损失来看,除人员伤亡有明显减少外,造成的直接经济损失绝对值明显增加,相对于 GDP 的比例也没有明显地减少。

(三)设防水平低,城乡差异大

中国广大城市整体设防水平偏低,除个别大城市外,一般城市抗震设防水平低于 7~8 级烈度;抗台风与防洪水平大部分低于 50~100 年一遇。中国广大农村对地震、台风与洪水几乎无设防,从而造成"小灾大害"的局面。中国自然灾害的时空演变比较复杂,与此同时快速城市化加剧了许多城市化地区的灾害风险水平。就全球而言,中国正处在北半球中纬度与环太平洋多灾地带,再叠加较为稠密的人口密度和区域经济社会水平发展的巨大差异,又由于设防水平低,从而形成在全球尺度上较为偏重的灾情和较高的脆弱性;特别是由于中国城乡在防范自然灾害风险水平上的巨大差异,从而形成广大农村、牧区较高的脆弱性。在广大城镇地区,特别是广大县城及其所属乡镇所在地区,由于快速的景观城市化,防灾脆弱性也明显升高,形成高脆性的城镇连片分布区。

(四)灾害风险高,东西差异大

全球气候变化背景下,极端天气气候事件发生概率增大,出现超强台风、强台风及其引发的风暴潮、暴雨洪灾的可能性增加。局部强降雨引发的山洪、滑坡和泥石流等地质灾害仍频繁发生。随着地壳运动的变化,地震灾害的风险也有所增加。森林草原火灾、农林病虫鼠害等有增无减。城镇化加快、人口和财富的暴露集中,全国自然灾害高致灾区域与中东部经济社会发达地区相叠加,不仅使这些地区的灾害风险增加,而且也使灾害风险防范任务日益艰巨。从中国因自然灾害造成的年国内生产总值损失期望值来看,东部高风险区的大部分地区达到 0.85%,少部分地区达 1.0% 以上。从统计资料来看,在现状设防水平下,高风险区的面积占全国陆地总面积的 2.14%,中风险区占 11.60%,低风险区占53.83%,几乎无风险或极低风险区占 32.41%,显示出中国整体风险水平较高。

鉴于自然灾害的宽广范畴,根据它们与在校大学生的日常生活、学习关系密切程度,在本章,我们主要介绍的是海啸、台风、龙卷风、雷击、高温、低温、泥石流、山洪以及地震等较为常见的自然灾害的防范知识和技能。

拓展阅读

唐山大地震

1976 年 7 月 28 日，北京时间 3 时 42 分 53.8 秒，中国河北省唐山市丰南区一带突然发生里氏 7.8 级强烈地震。在持续 23 秒后，唐山被夷成废墟，242769 人死亡，164851 人重伤。这次地震位列 20 世纪世界地震史死亡人数第二，仅次于海原地震。

5·12 汶川地震

2008 年 5 月 12 日 14 时 28 分 04 秒，四川省汶川县发生里氏 8.0 级强烈地震。地震波及大半个中国及亚洲多个国家和地区，中国北至内蒙古自治区，东至上海，西至西藏自治区，南至中国香港、中国台湾等地区，中国之外的泰国、越南、菲律宾和日本等均有震感。5·12 汶川地震共造成 69227 人死亡，374643 人受伤，17923 人失踪，是中华人民共和国成立以来破坏力最大的地震，也是唐山大地震后伤亡最严重的一次地震。

经国务院批准，自 2009 年起，每年 5 月 12 日为全国“防灾减灾日”。设立“防灾减灾日”，一方面顺应社会各界对中国防灾减灾关注的诉求，另一方面提醒国民“前事不忘，后事之师”，更加重视防灾减灾，努力减少灾害损失。

自然灾害是指一切给社会和人类的正常生活、生产秩序带来严破坏，并造成人们生命财产巨大损失的自然现象和事件。

第二节　气象灾害的安全防护

一、台风的安全防范

对于台风和暴雨灾害性天气的防范，应当做到以下几个方面。

(1)一旦了解到有台风信号后，一定要注意收听台风警报，及时了解最新台风动态，以便根据影响时间和程度做好防范，如及时妥善安置易受台风影响的室外(包括寝室、教室以及实验室等场所)物品，避免发生因风力过大导致的空中坠物伤人事件。

(2)检查寝室、教室以及实验室等场所的户外装置，发现损坏、松动应及时向学校有关部门报告。

(3)台风来临时最好待在室内，当风力很大时，要关闭门窗，千万不要在迎风一侧开窗门。

(4)尽量避免户外活动，如果外出，在避风避雨时要选择安全地带，一定要注意道路两侧的易倒物，如围墙、树木和广告牌以及简易建筑物等，在野外主要小心电线杆倒杆断线、公路塌方、树倒枝折等危险。

(5)外出行走风力很大时，尽量弯腰，经过高大建筑物时，要留意高空坠落物。

(6)做好寝室或教室落水管道口的清理工作，以确保可能出现的积水快速顺利地排出。

二、雷击的安全防范

雷是大气中的一种放电现象，产生的电流非常强大，可以达到我们一般家用电流的数百至几千倍，放电时产生的强烈的光就是闪电。雷电产生强大的电流释放大量热量，它会引起物品燃烧、爆炸，房屋倒塌，人畜触电伤亡。雷电会产生强大的电流，而人又是导体，所以预防雷击最关键的就是不能让自己成为雷电的导体。

(1)打雷时，不要赤脚站在泥地或水泥地上，应紧闭门窗，防止危险的侧击雷和球形闪电侵入。

(2)尽可能中止室外活动，可就近寻求避雷场所，如成片的房屋等处，但不宜进入棚屋、岗亭等无防雷设施的低矮建筑物，也不宜进入金属车厢内躲雷雨，更不宜躲在树下。

(3)不宜在建筑物朝天面上活动，因为当朝天面发生直接雷击时，强大的电流可导致人员伤亡。

(4)切勿接触天线、水管、铁丝网、金属门窗、建筑物外墙，远离电线等带电设备或其他类似金属装置，不宜在铁栅栏、金属晒衣绳、架空金属体以及铁路轨道附近停留。

(5)不宜在室外游泳池、湖泊海滨游泳。

(6)注意地形地貌，尽可能地远离山顶或其他制高点、水面或水陆交界处，如果是在森林中，则要注意选择周围是林木、中间是空地的地方避雷。

(7)保持良好的行走状态，尽可能地消除安全隐患，不要撑金属伞柄的雨伞在雨中行走，不要接触铁轨、电线，不能在雷雨中跑动，也不宜骑自行车，更不能骑摩托车，同时，要尽可能远离建筑物外露的水管、煤气管等金属物体及电力设备。

(8)头、颈、手处如有蚂蚁爬走感，头发竖起，说明将发生雷击，应赶紧趴在地上，并扔掉身上佩戴的金属饰品如发卡、项链等，这样可以减少遭雷击的危险。如果看见闪电几秒钟内就听见雷声，说明自己已处于近雷暴的危险地带，此时应停止行走，两脚并拢并立即下蹲，双手抱膝，尽量降低身体重心，减少人体与地面的接触面积，如能立即披上不透水的雨衣，防雷效果更好。

(9)避雷针只能保护建筑物，对沿架空电线、电话线侵入的雷电波却无能为力，因此雷雨天必须停打手机，不要上网，最好把电脑的电源插座拔掉，另外应确保计算机有良好的接地。

(10)如果高压电线遭雷击落地时，近旁的人要保持高度警觉，当心地面“跨步电压”的电击，逃离时应双脚并拢，跳着离开危险地带。

(11)若有人遭到雷击，停止呼吸时，应及时进行人工呼吸和外部心脏按压，并迅速送往医院进行救治，以防造成伤亡。

三、龙卷风的安全防范

龙卷风是从强对流积雨云中伸向地面的小范围强烈旋风。它出现时,往往由一个或数个如同“象鼻子”样的漏斗状云柱,从云底向下伸展,同时伴有狂风暴雨、雷电或冰雹。

龙卷风有非常明显的特点,发生时间上往往是在夏季的雷雨天气,特别是在下午至傍晚最多见,它的风力特别强大,破坏力很强。龙卷风常常会拔起大树、推翻车辆、摧毁建筑、持续时间短,往往只有几分钟到几十分钟。当遇到龙卷风时,具体应对措施如下。

(1)如果在家里时,一定要远离门窗,躲到与龙卷风方向相反的墙壁或小房间里,要抱头蹲下;在野外遇到龙卷风,一定要远离大树、电线杆,以免受伤。

(2)遇到龙卷风时,应向龙卷风前进的相反方向或垂直的方向逃离,汽车外出遇到龙卷风时,千万不能开车躲避,也不要在汽车中躲避,应该立即离开汽车到低洼地躲避,如果有地下室或者半地下室,请躲进去,那里是躲避龙卷风最安全的地方。

四、极端温度的防御

曾经发生在暑假某个著名高等学校的大学生军训期间,一个军训学生中暑倒下,场地附近没有安排随训医生,大家慌乱并且都没有急救能力,最后耽误时间,该生没有抢救过来而死亡。现在各个学校都非常重视安全军训措施,就没有再发生过类似事件。

(一)高温灾害性天气的防范

(1)选择适宜时段外出,应尽量减少午后高温时段的户外活动或作业,更要避免长时间在高温、高湿度、气流静止的环境或烈日下活动和行走。

(2)要穿宽松、透气性能良好、颜色浅的衣服,同时采取必要的防暑降温措施,携带必要的遮阳工具,避免阳光直接照射,并要保证充足的睡眠,一旦感到不适就应及时休息。

(3)当气温达到35℃以上时,要停止运动,并保持充足的饮水。

(4)出汗过多时,可适当饮用淡盐开水或绿豆盐水汤,同时,应随身携带一些风油精、清凉油、藿香正气水等常规的防暑药物。

(5)大量出汗后不宜大口饮水,以避免心脏负荷过重,更重要的是切忌在大量出汗时近距离对着空调取凉,因为这样容易造成脑部血管破裂等后果严重的意外情况。

(二)低温的安全防范

低温灾害性天气在我国北方较为常见,指的是由于冷空气的忽然来袭,使得本地区温度骤然降至0℃甚至是-5℃以下的现象。

对低温灾害天气的防范，应当做到以下几个方面。

(1)尽量避免户外活动。

(2)及时添衣保暖，做好防冻预防工作。

(3)确保取暖安全，学生寝室中避免使用大负荷电量的取暖电器，严禁晚间在室内生火取暖，以防止电器火灾和一氧化碳中毒意外事故的发生。

(4)冬季尤其是低温灾害性天气来袭时，室内氧气和光线往往不够，易滋生病毒和细菌，因此应当坚持做好寝室和教室等场所的通风换气工作。

(5)不应进行大运动量锻炼以御寒，避免因毛孔张开而诱发感冒。

(6)如手脚被冻后，切忌用烫水浸泡，应当在温水中进行清洗和搓揉。

(7)当气温远低于冰点时，切莫用湿手触摸金属物体，以防止冻结。

(8)多食用新鲜水果蔬菜，提高免疫能力。

第三节　泥石流、洪水、地震、海啸的防护

一、泥石流灾害的安全防范

面对泥石流的突然发生，要保持冷静，首先判断崩塌、滑坡、泥石流威胁的范围，然后及时逃离险区。具体来说，泥石流发生时，滚石、坡体或泥石流都是从高的地方向低的地方运动，所以应选择向左右两个方向朝着沟岸的两侧山坡逃离危险区，而不要选择顺着滚石、坡体或泥石流运动的方向朝上游或朝下游逃生。

二、山洪预防和逃生

(1)降暴雨时，要时刻观察房屋周围的河道水位和山体有无异样，特别是晚上，更应该警惕，随时准备转移。

(2)加强对塘坝水库水位、渗漏等情况的观测，如有异样，迅速转移。

(3)观测到可能引发洪水、滑坡、泥石流的降雨量，要立刻采取鸣锣、电话、广播等预先设定的报警措施，迅速向可能受到威胁的人们传递信息。

(4)洪水到来时，河道水位会迅速上涨，不要沿着河道跑，应该向河道两岸的高处跑。

(5)如被洪水冲走，要尽可能抓住木棍、门板等漂浮物，然后漂过树木等固定物时迅速抓住，等待救援。

(6)被困山洪中时要保持镇定，保存体力，衣服尽可能保持干燥，耐心等待救援。

三、遭遇洪水时的自救与逃生

(1)注意收听、收看天气预报。在洪水到来之前，按照预先选择好的路线撤离易被洪水

淹没的地区。

(2)如果洪水来势凶猛,已来不及撤离时,要迅速就近向山坡、高地、楼房、避洪台等地转移,或者立即爬上屋顶、楼房高层、大树、高墙等高的地方暂避,等候救援。

(3)如果洪水继续上涨,暂避的地方已难自保,则要充分利用准备好的救生器材逃生,或者迅速找一些门板、桌椅、木床、箱子、大块的泡沫塑料等能在水上漂浮的材料扎成筏逃生。

(4)逃生时不要沿着行洪道的方向跑,而要向两侧快速躲避,防止直接接触电或因地面跨步电压触电。

(5)如果已被洪水包围,要设法尽快与当地政府防汛部门取得联系,报告自己的方位和险情,积极寻求救援。

(6)如果有可能,可吃一些高热量的食品,如巧克力、饼干等,喝些热饮料,以增强体力。

(7)洪水过后,不要轻易涉水过河,徒步通过水流很快、水深已过膝盖的小溪。

四、地震的安全防范

(一)地震的前兆

在大地震发生前,通常会有一些前兆,主要包括:水异常、生物异常、气象异常、地声异常、地光异常、地气异常、地动异常、地鼓异常、电磁异常。

(1)水异常。地下水包括井水、泉水等。主要异常有发浑、冒泡、翻花、升温、变色、变味、突升、突降、泉源突然枯竭或涌出等。

(2)生物异常。伴随地震而产生的物理、化学变化(振动、电、磁、气象、水氡含量异常等),往往能使一些动物的某种感觉器官受到刺激而发生异常的反应。

(3)气象异常。地震之前,气象也常常出现反常。主要有震前闷热,人焦灼烦躁,久旱不雨或阴雨绵绵,黄雾四散,日光晦暗,怪风狂起,六月冰雹(飞雪)等。

(4)地声异常。地声异常是指地震前来自地下的声音,其声有如炮响雷鸣,也有如重车行驶、大风鼓荡等。

(5)地光异常。指地震前来自地下的光亮,其颜色多种多样,可见到日常生活中罕见的混合色,如银蓝色、白紫色等,但以红色与白色为主;其形态也各异,有带状、球状、柱状、弥漫状等。一般地光出现的范围较大,多在震前几小时到几分钟内出现,持续几秒钟。

(6)地气异常。地气异常指地震前来自地下的雾气,又称地气雾或地雾。这种雾气,具有白、黑、黄等多种颜色,有时无色,常在震前几天至几分钟内出现,常伴随怪味,有时伴有声响或带有高温。

(7)地动异常。地动异常是指地震前地面出现的晃动,科学上将其称为前震,所有先于最大震级的震动都称作前震。

(8)地鼓异常。地鼓异常指地震前地面上出现鼓包。

(9)电磁异常。电磁异常指地震前家用电器如收音机、电视机、日光灯等出现的异常。

(二)地震灾害的安全防范

地震灾害的安全防范,应当做到以下几个方面。

(1)找出身边的危险源,认真清理自己的住所。寝室内物品不要堆积得过满和杂乱;此外,走廊上不要堆积杂物,保持通畅。

(2)培养防灾意识。应当了解有关如何关电、关气、关水的操作,学习并积累急救知识。

(3)在地震开始时赢得时间。从大地动摇到房屋倒塌之间有一段非常短促,但是极其珍贵的空当,一般为10秒钟左右。可以利用这关键的空当完成一系列躲避性的应急措施。此外,乘坐电梯逃生、向楼房内逃跑以及从楼上跳下都是错误的逃生方法。

(4)正确的避震方法。高校学生寝室以楼房为主。正确的避震方法是迅速打开门窗,切断电源、火源后,避开高大易倒的室内壁橱,躲进床底、桌底,并抓住床、桌腿,注意保护自己的头部,最好用棉被裹住身体,将该姿势保持到一震结束。等到一震结束后迅速离开室内,到室外空旷处如操场等地避震。

(5)震后安全撤离的要点。如果没有被压在废墟下面,大震过后要抓住上一次震动与下一次震动之间的时间,迅速撤离到安全地点。如果不幸被埋在废墟中,则必须做到冷静、沉着,保持强烈的求生欲望,千万不要让恐惧影响到自己采取正确的行动,做出错误的举动。

拓展阅读

美国国际救援小组专家:地震中自救窍门

我的名字叫道格·库普(Doug Copp)。我是世界上最有经验的救援小组——美国国际救援小组(ARTI)的首席救援者,也是灾难部的经理。

我和曾经来自60多个不同国家成立的各种救援小组一起工作过,曾在875个倒塌的建筑物里爬进爬出。在联合国灾难减轻小组中我担任了任期两年的专家。从1985年至今,除非同时发生了多个灾祸,我几乎参与了每一次重大的救援工作。

在1996年,我们用我创立的而且被证明是正确的方法制作了一部电影。土耳其政府、伊斯坦布尔市、伊斯坦布尔大学及ARTI联合制作了这部科学研究性的影片。

我们人为地摧毁了一座学校和一个里面有20个人体模特的房屋。10个人体模特用“蹲下和掩护”的方法,而另外10个模特使用我的“生命三角”的求生方法。

模拟地震发生后,我们通过倒塌的碎石慢慢进入了建筑物,并拍摄和记录了结果。

在一个可直接观察到的而且科学的条件下,这部电影拍摄了我使用的求生技术。结果显示那些用“蹲下和掩护”方法的人存活率为零,而那些使用“生命三角”的人能够达到100%的存活率。上百万的人已经在土耳其和欧洲的其他地方，还有美国、加拿大和拉丁美洲的电视节目里看到过这部片子。

我曾进入的第一个建筑物是在1985年墨西哥地震中的一个学校。每个孩子都在课桌底下，每个孩子都被压扁了。他们如果能在走道里挨着他们的课桌躺下，就有生还的希望。我不知道为什么孩子不在走道里。那时，我不知道孩子们被教导要躲在某物体的下面。

简单地说，当建筑物倒塌时，落在物体或家具上的屋顶的重力会撞击这些物体，使得靠近它们的地方留下一个空间。这个空间被我称作“生命三角”。物体越大越坚固，它被挤压的余地就越小。而物体被挤压得越小，这个空间就越大，于是利用这个空间的人免于受伤的可能性就越大。

下次，你在电视里观看倒塌的建筑物时，数一数这些形成的“三角”。你会发现到处都有这些三角。在倒塌的建筑物里，这是最常见的形状，几乎到处都有。我培训特鲁希略（Trujillo，一个人口约为750000的地方）的消防部门，教导人们如何求生，如何照顾他们的家人，以及如何在地震中援救他人。

特鲁希略消防部门的救援总负责人是特鲁希略大学的教授。他陪伴我同行，他说：“我叫罗伯托·罗萨莱斯（Roberto Rosales），我是特鲁希略的首席救援者。11岁时，我被陷在一幢倒塌的建筑物里。就是发生在1972年的那场地震中，当时有70000人死亡。我利用我哥哥摩托车旁的‘生命三角’保住了生命。我的朋友们，那些躲在床下，桌子下的人都死了。（他列出了这些人的姓名、地址......）。我可以称作是‘生命三角’的活生生的例子，而我那些朋友是‘蹲下和掩护’的例子。”

道格·库普的提示：

（1）当建筑物倒下时，每个只是简单地“蹲下和掩护”的人都被压死了，'每次，毫无例外。而那些躲逃到物体，如桌子或汽车下躲避的人也总是受到了些伤害。

（2）猫、狗和小孩子在遇到危险的时候，会自然地蜷缩起身体。地震时，你也应该这么做，这是一种安全的本能，而且你在一个很小的空间里就可以做到。靠近一个物体，一个沙发或一个大件，它仅受到了略微的挤压，但在靠着它旁边的地方留下了一个空间。

（3）在地震中，木质建筑物最牢固。木头具有弹性，并且与地震的力量一起移动。如果木质建筑物倒塌了，会留出很大的生存空间。而且木质材料密度最小，质量最小。砖块材料则会破碎成一块块更小的砖。砖块会造成人员受伤，但是被砖块压伤的人远比被水泥压伤的人数则要少得多。

（4）如果晚上生发了地震，而你正在床上，你只要简单地滚下床。在床的周围会形成一个安全的空间。

（5）如果地震发生了，而你正在看电视，不能迅速地从门或窗口逃离，那就在靠近沙发或椅子的旁边躺下，然后蜷缩起来。

（6）当大楼倒塌时，很多人在门口死亡了。怎么回事？如果你站在门框下，当门框向前或向后倒下时，你会被头顶上的屋顶砸伤。如果门框向侧面倒下，你会被压在当中，所以不管怎么样，你都会受到致命伤害。

（7）千万不要走楼梯，楼梯与建筑物摇晃的频率不同（它们和建筑物的主体部分分别晃动）。楼梯和大楼的结构物发生不断地碰撞，直到楼梯发生构造问题。人在楼梯上时，会被楼梯的台阶割断，这是很恐怖的毁伤。就算楼梯没有倒塌，也要远离楼梯。楼梯就像大楼的一样会被损坏。哪怕不是因为地震而倒，还会因为承受过多的人群而坍塌。所以，我们应该始终首先检查楼梯的安全，甚至建筑物的其他部分并没有被损坏。

（8）尽量靠近建筑物的外墙或离开建筑物。靠近墙的外侧远比内侧要好。你越靠近建筑物的中心，你的逃生路径被阻挡的可能性就越大。

（9）当发生地震时，在车内逃生的人会被路边坠落的物体砸伤，这正是尼米兹高速公路上所发生的事情。旧金山地震的无辜受害者都待在车内。其实，他们可以简单地离开车辆，靠近车辆坐下，或躺在车边就可以了。所有被压垮的车辆旁边都有一个3英尺高的空间，除非车辆是被物体垂直落下。

（10）我发现，在报社或办公室里堆有很多报纸的地方，通常会好些，因为报纸不受挤压。你在纸堆旁可找到一个比较大的空间。

五、海啸

（一）海啸的征兆

(1)地震是海啸最明显的前兆。如果你感觉到较强的震动,不要靠近海边、江河的入海口。如果听到有关附近地震的报告,要做好防海啸的准备,注意电视和广播新闻。海啸有时会在地震发生几小时后到达离震源上千公里远的地方。

(2)海上船只听到海啸预警后应该避免返回港湾,海啸在海港中造成的落差和湍流非常危险。如果有足够时间,船主应该在海啸到来前把船开到开阔海面。如果没有时间开出海港,所有人都要撤离停泊在海港里的船只。

(3)海啸登陆时海水往往明显升高或降低,如果你看到海面后退速度异常快,立刻撤离到内陆地势较高的地方。

（二）海啸自救

(1)认真学习海啸的形成和海啸的征兆等相关知识并教给你的亲朋好友。

(2)如果海啸警报响起时你正在学校上课,请听从老师和学校管理人员的指挥行动。

(3)如果海啸警报响起时你在家,请召集所有家庭成员一起撤离到安全区域,同时听从当地救灾部门的指挥。

(4)如果你在近海滩或靠近大海的地方感觉到地震,立即转移到高处,千万别等着海啸警报拉响了才行动。海啸来临前同样不要待在同大海相连的江河附近。近海地震引发的海啸往往在警报响起前袭来。

(5)外海海底地震引发的海啸让人有足够的时间撤离到高处,而人类有震感的近海地震往往只留给人们几分钟时间疏散。

(6)海岸线附近有不少坚固的高层饭店,如果海啸到来时来不及转移到高地,可以暂时到这些建筑的高层躲避。海边低矮的房屋往往经受不住海啸冲击,所以不要在听到警报后躲入此类建筑物。

(7)礁石和某些地形能减缓海啸冲击力,可以暂时躲避。海啸很凶险,在听到海啸警报后迅速远离低洼地区是最好的求生手段。

□课后思考

1. 简述自然灾害的种类、特征。
2. 简述海啸、泥石流、洪水、地震的防护方法。
3. 简述台风、雷电、龙卷风、极端气温天气等气象灾害的防护方法。
4. 地震的前兆有哪些?

第十四章
心理安全

学习目的与要求

1. 熟悉大学生常见的心理问题,重视心理健康。
2. 掌握大学生心理问题的预防及应对方法。
3. 了解抑郁症、精神分裂症的预防与应对方法,能够识别常见心理疾病。
4. 牢固树立珍爱生命的意识,谨防心理危机和自杀风险。

学习重点

1. 大学生身心发展特点、常见的心理问题。
2. 大学生预防心理问题的方法。

学习难点

自杀行为的预防和干预。

第一节　大学生常见心理问题

根据中国科学院心理研究所、社会科学文献出版社联合发布的《2022 年大学生心理健康状况调查报告》显示，大约 21.48% 的大学生可能存在抑郁风险，45.28% 的大学生可能存在焦虑风险。国家、地方、学校日趋重视学生心理健康教育工作，目前高校均已开设心理健康教育课程、普及心理咨询室、构建心理健康制度。但是高校学生心理问题、心理障碍等具有隐蔽性，所以仅靠学校单方面努力，防范心理安全事件仍存在不小难度，只有师生携手努力，共同高度重视心理健康，调动学校、家庭、团体、朋辈的共同力量，学生遇到问题积极向家人、朋辈、老师、学校反映，共同为身心健康成长保驾护航。

一、大学生身心发展的特征

(1)身心发展不平衡。大学生的身体发育已基本达到成人水平，但是心理水平仍在持续发展阶段，存在生理和心理发展的不均衡。

(2)自我意识自觉调整。大学生的自我意识表现出高度的独立自主性，对自己的行为、学业、人际关系、人格等都有自己相对独立的看法。

(3)情感体验、情绪丰富，但自控能力仍待发展。大学生的情感在很大程度上受到理智的制约，情感和理智之间的关系开始趋于平衡。但情绪自控和调整能力仍待进一步提高和发展。

(4)发展阶段不平衡。在大学阶段，人们的心理发展阶段性很强，不同阶段有不同的重点倾向。

二、大学生心理健康的标准

根据我国大学生的身心特点及实际情况，我们一般认为大学生心理健康的标准如下。

(1)对学习有兴趣，并且能正常开展学习活动。

(2)正确认识自我，悦纳自我。

(3)能够调节自己情绪，保持良好的状态。

(4)保持良好的人际关系，乐于与人沟通。

(5)具有适应环境的能力。

(6)人格和谐完整。

(7)心理行为特点符合年龄特征。

心理健康与否的界限是相对的，没有绝对的分界线。大学生应正确认识心理健康标准，人的心理活动具有丰富性和波动性，不要因为一时的“不合标准”而紧张失措，只要能通过自身调节,尽快走出负面心理状态,就是比较健康的,不必“矫枉过正”。

三、大学生常见的心理问题

目前大学生常见的心理问题,按心理学划分有自负、自卑、焦虑、抑郁、强迫症、人格障碍等。为了便于学生理解,本书从大学阶段常见的心理内容出发,将大学生心理问题整理如下。

(一)环境适应不良问题

大学生大都是离乡背井来到异地求学,生活环境、学习环境、人际环境都有翻天覆地的变化,在适应环境变化的过程中,容易产生适应不良等心理问题。

(1)气候环境、饮食习惯等变化导致的生理和心理不适。

(2)生活上被迫走出舒适区,离开了家人的照顾,而且居住环境不如家庭舒适,部分同学会出现压抑、拒绝沟通等情绪。

(3)空闲时间增多,如何安排好自己的空闲时间也成为一个考验,有的同学沉迷电脑游戏、手机游戏,熬夜作息不规律,甚至逃课,长时间上网玩游戏,影响学习、人际交往,有的甚至出现自闭、沟通障碍等情况。

(4)有些学生在高考中失利,未能进入自己理想的院校,无法融入校园生活,内心感觉格格不入,内心在否定环境和否定自我间游走,严重的话,会导致抑郁、自闭,严重影响学习和生活。

案例 36

某大学生患上适应性障碍

“刚上大学 3 天,孩子就吵着要回家,总说在宿舍住不自在,害怕,晚上睡觉也睡不好,真是愁死人了。”2021 年 9 月,市民王女士带儿子小轩来到某精神卫生中心找主任医师就医。

经询问,原来,小轩父亲常年在外地工作,他从小由母亲带大。小轩虽然学习成绩优秀,但生活能力较差,母亲照顾他的饮食起居非常周到,他平时在家里的话就比较少,人际交往也比较少,平时几乎没什么好朋友。上了大学后,他住进 6 人间,总觉得紧张、害怕、不自在,也不知道怎么跟室友交往,睡觉也睡不好。几天下来,他情绪低落,学习、生活感到吃力,跟母亲打电话吵着要回家。

结合小轩的症状,医生诊断他患上了适应性障碍。小轩性格比较内向,以往很少有单独和其他人相处的经历。加上父母对他的过度保护,剥夺了他进行人际交往实践的经历。突然一下离开家后,就会出现适应障碍问题,感到害怕、无所适从。在医生的建议下,小轩正在接受心理咨询,以尝试适应新的环境。新生适应阶段比较容易出现类似心理危机,需要学校、老师、同学共同提高警惕。

(二)学习心理问题

(1)学习目标缺失。中学阶段学习的目的性和指向性很强,大学学习不再有极强的功利性,导致部分同学学习目标缺失,进而出现学习动机缺失等问题。

(2)学习动机障碍,一般分为学习动机不足和学习动机过强。在学习过程中,并非学习动机越强,学习效果越佳,对于一些难度较大的学习内容,学习动机越强,学习效果反而越差,而且会导致强烈挫败感,影响自我认识,影响学生的心理健康。

(3)考试焦虑。轻度的焦虑表现为注意力难以集中、紧张不安、学习效率下降。重度焦虑会导致自主神经紊乱、肌肉紧张、持续有不安、急躁的情绪,甚至睡眠障碍,无法开展学习。

(三)人际关系心理问题

(1)抗拒人际交往。部分大学生不重视人际交往,甚至主观回避人际交往,存在一定的自闭的倾向。引起这种心理问题的原因主要有自卑心理,导致过低自我评价,害怕在与他人交往中被拒绝或否定。

(2)自我中心、自负心理。部分学生过多关注自我,强调的自我感受和需求,往往不会调和矛盾,反而将错误归结为他人问题,导致人际关系紧张、疏离。

(3)过度嫉妒、猜疑等负面情绪。嫉妒、猜疑是常见的情绪反应,嫉妒是自我评价的副产物,在与他人的比较中,对他人的成绩、优点产生的不悦的心理体验。猜疑是对他人行为语言的潜在意义的猜测。过度的嫉妒、猜疑会导致心理压力和负担,无法正常进行人际交往,从而影响人际交往关系。

(四)恋爱心理问题

大学生正值豆蔻年华,许多大学生在校期间都有恋爱经历,而恋爱心理问题应当引起大家注意。尤其是大学生在处理感情问题上都不够成熟,容易在感情中受伤害,而感情受挫后,如若处理不当,将导致心理危机事件的发生。加之,中学阶段对性教育、异性交往教育的缺失,部分大学生出现高危性行为,导致意外怀孕、传染病等高危事件。

(五)就业心理问题

就业是大学生压力的主要来源之一,也是在校大学生导致心理问题的主要方面。大学生们经历"十年寒窗苦读"后,对就业期望值很高,有些学生甚至认为就业是实现理想的关键一步,然而随着就业竞争激烈,有的学生在校期间对社会人才需求的了解不够深入,导致在求职中屡屡受挫。在就业求职中受挫,导致学生神经衰弱、焦虑、自卑心理,甚至强烈的应激反应,极易酿成心理危机事件。

第二节　大学生心理问题的预防与应对

大学生心理问题具有常发性、隐蔽性等特征,一旦出现心理问题将对学生的学习、生活产生负面影响,甚至容易出现安全隐患、生命危机,因此大学生应该注意预防心理问题,并应知晓应对方式。

一、影响大学生心理健康的主要因素

(一)遗传因素

一般情况下,我们认为人的心理活动主要是由于后天社会环境的影响而形成和发展的。但是经研究,遗传因素通过影响体型、气质、神经结构等方面,对人的心理活动起潜在作用。家族精神病存在一定的生理遗传性,此外生理机能障碍也会导致心理障碍或精神失常。

(二)环境因素

(1)社会历史因素。中华文化源远流长,起源于农耕文化,具有自给自足,内向型的特点,推延至心理层面,具有内敛的共同精神人格,重视集体利益,忽视个人心理状态。

(2)学校教育因素。中学阶段“分数本位”的思想根深蒂固,不重视学生的心理健康教育,为大学阶段埋下心理问题的隐患。

(3)原生家庭因素。已有很多研究都表明,家庭的教育方式、家庭氛围、沟通方式等是影响大学生心理健康的重要因素之一。

(三)突发事件因素

突发事件是诱发心理问题的重大威胁。突发事件指在生活、学习上突然发生的负面的变化,如亲人亡故、挂科、失恋等,严重的突发事件甚至很可能导致应激反应。

(四)个体差异

受以上因素的影响,每个人在思想上、心理上都表现出不同的特征,形成差异。个体的差异使人们即使面对同一事件,心理活动不同、行为方式也截然不同。

二、心理问题的预防

(一)提升思想道德素养,树立正确三观

根据学者研究,大学生思想道德水平与心理健康水平呈显著正相关,良好的大学生思想道德水平对良好的大学生心理健康水平有一定程度上的正向预测作用。因此培养高尚的道德情操、积极上进的思想对于心理健康大有裨益。

1. 树立远大的理想信念

毛泽东青年时期就树立了“以天下为己任”的远大目标，周恩来青年时期提出“为中华崛起而读书”的理想信念。人的一生有无限可能，有目标明确的航向，才能不懈前进。

2. 不断提升思想境界

许多人在学生阶段觉得困扰的事情，许多年后回想起来，就已变得不再重要。这就是思想境界提升后，看待事情的角度更高，困扰不再。只有重视思想境界的培养，才能培养豁达、积极的心理力量，从而远离心理焦虑等心理危机。

3. 自觉抵制不良思想影响

目前社会上仍有许多拜金主义、享乐主义等思想，不正确的思想很容易导致心理偏差。如果一名大学生深陷拜金主义，崇尚名牌和金钱至上，但家庭现实经济情况无法满足，那么很容易出现自卑、焦虑，甚至产生过度嫉妒心理，从而出现心理危机事件。

（二）培养良好的兴趣爱好

大学生应当充分利用空闲时光，培养良好的兴趣爱好，这有利于激发正向的情感体验，构建排解心理压力的渠道，增强人际交往能力，提升个人综合素养。良好的兴趣爱好是指促进身体健康，提升审美或知识，有舒缓心理压力作用的活动，如运动健身、绘画、唱歌、下棋等。国家卫生健康委员会曾表示“酗酒、长时间的沉迷网络游戏，并不能缓解压力，可能会更加造成情绪压力”。大学生应当让自己的生活充实起来、丰富起来，动起来、忙起来，这样才能够体验生活的意义。

（三）保持良好的作息习惯

根据美国一项研究显示，大学生哪怕只缺觉一晚，出现焦虑、情绪低落等心理问题的概率会提高20%以上。然而目前大学生的作息习惯普遍存在熬夜、睡眠不足的情况，根据《中国睡眠研究报告2023》显示，熬夜已经成为当代大学生的常态，57.96%的大学生经常熬夜，38.97%的大学生偶尔熬夜，不会熬夜的只占3.07%。不良的作息习惯已经成为威胁大学生身心健康的一大重要因素。戒除网瘾、熬夜的恶习，能够预防和规避身心疾病的发生。首先，应当为自己制定健康的作息表并严格执行，每晚23:00前进入深度睡眠状态；其次，自觉抵制游戏、追剧诱惑，睡前戒玩手机，改为“阅读一小时”；再次，重在坚持，良好的作息习惯，需要连续三周不断地重复，才能变成生物钟习惯。

第三节　抑郁、精神分裂症的预防与应对

大学生常见心理问题如果不引起重视，可能演化成为心理障碍，心理障碍一般需要外

界干预。心理障碍有很多分类方式,其中美国精神病学学会提出的分类广为人们接受,大学生群体中较为常见的三类心理障碍是神经症(中等程度的心理障碍)、精神病(无任何身体症状诱发的严重心理障碍)、人格障碍。一般来说神经症是可以自我察觉的,而严重的精神病会导致与现实的脱离,自我察觉能力差,因此不同的心理障碍应对策略也有所不同。

一、抑郁等神经症的预防与应对

神经症是大学生最常见的一类心理疾病,是中等严重程度的心理障碍。神经症患者不会像神经病病患完全失去与外界现实的接触,对自己的症状有较为充足的自知,能够主动寻求帮助,其中抑郁症在大学生群体中较为常见,也是危害较广的病症。

抑郁症是一种常见的精神障碍,以显著而持续的心境低落为主要特征,伴随着兴趣减退和愉快感的丧失,常常影响个体的工作、学习和社交功能。抑郁症可能是由多种因素引起的,包括遗传、生物学、心理、社会和环境因素。临床上的病症标准为持续发作两周以上。典型的症状包括情绪低落、失眠或睡眠过度、食欲改变、疲劳、自卑感或无价值感、过度自责、注意力难以集中等。严重者可能出现幻觉、妄想等症状,甚至自杀观念或行为。

(一)抑郁症的预防方法

(1)规律生活作息。保持充足的睡眠,不要熬夜,否则生物钟的紊乱会引起情绪问题,长期失眠可能会导致抑郁。

(2)合理的饮食。微生物可能会通过神经免疫和神经内分泌影响大脑和情绪,可以通过调整自己的饮食习惯,调节肠道的微生物,从而有效预防抑郁症。

(3)改变思维模式。用自己希望的方式去对待身边的人,这是心理学中的黄金法则,对生活索取的越少、得到的越多。养成从多个方面看问题的习惯,遇到不良事件调整自己的思维模式,采取积极的思维和认知去应对,也可以多和朋友去交流宣泄自己的情绪,从而预防抑郁症。

(4)心理调整。加强心理素质,自我调节,不过高要求自己,设定合适的计划,遇到负面生活事件时写心情日记,合理的运动,听音乐等,均可预防抑郁症发生。

(二)抑郁症的治疗

大学生如果出现持续时间两周以上的情绪低落、思维迟缓、意志活动减少、兴趣丧失、认知功能损害等,同时伴有睡眠障碍、人际交往障碍、食欲减退及一系列躯体症状等,要及时就医检查、治疗。一般情况下,抑郁可以通过生活调理、心理治疗、药物治疗等方法进行治疗。

二、精神分裂症等精神病的预防与应对

精神病属于较为严重的心理障碍,患者与现实脱离。人格障碍是指人格缺陷或人格极

不协调的精神异常。这两种心理障碍,患者本人都很难自知。因此要求大学生在学习、生活中,应当树立心理健康意识,对于心理障碍比较明显、外放的情况,要引起高度重视,并及时向学校和老师反映,避免造成更大的危机。

其中,精神分裂症是一种在日常生活中很普遍的精神疾病,治疗不及时会对患者的身体和心理造成非常严重的负面效果,甚至可能对校园造成安全隐患,所以我们一定要对这种疾病重视起来。

案例 37

某大学生患上精神分裂症

女大学生小张是个爱社交、爱运动、爱美食，喜欢逛街、旅游，身材高挑、长相漂亮的阳光女孩儿，2021 年底好像突然变了一个人，变得沉默寡言，显得心事重重，也不去上课了。 整天躺在床上，面无表情，不吃不喝，不洗漱，同学跟她讲话也不搭理。 于是同学们报告老师，老师想带她去学校的心理咨询室去看看，她也是置之不理。 老师实在是没有办法，便联系家长接回就医。

在家长强烈要求下，小张被带到武汉市汉口医院心理康复科门诊就诊。 就诊过程中，小张全程不语，表情呆滞，接触被动，个人卫生较差，问话问多答少或不答，多以“不知道”“嗯”简单作答，经诊断为精神分裂症。 经过一个月的药物治疗和心理治疗，小张的精神症状已基本消除，病情好转出院。 出院后改为门诊服药治疗。

点评：精神分裂症是精神科的一种最常见的精神疾病，临床表现涉及感知、思维、情感、认知和行为方面的异常，不同的患者及同一患者的不同时期表现都会不一样。 上述病例就是一个典型的案例，非专业人员看似像抑郁症的临床表现，其实则不然，非专业人士很难鉴别。 青春期是精神心理疾病发病高峰期，如果发现同学和平时言行举止表现差距较大，睡眠不好等，应及时到正规医院精神科就诊。

(一)精神分裂症的预防方法

(1)对于工作和学习压力带来的负担和紧张状态,同学们要学会自我调节和缓解,并合理地安排自己的工作,保持劳逸结合。

(2)积极培养自己乐观的性格,虽然性格一旦形成很难改变,但是只要有恒心,将良好的心态融入生活中,凡事保持积极乐观的态度,将可以大大减少疾病缠身的概率。

(3)处理人际关系,应宽以待人,做到互相理解,不去为生活和工作上的一点小事而斤斤计较,这是防止人际关系紧张的有效方法之一。

(4)要根据自己的能力去做一些事情,尽量避免做一些力所不及的难事,免得过度透支自己的体力和脑力,不要太过于固执己见,这也是预防精神分裂症的关键所在。

(二)精神分裂症的治疗

精神分裂症的治疗措施主要有药物治疗、心理治疗、康复训练等。精神分裂症需要根据患者的具体情况进行个体化治疗。家属、患者都应做到系统治疗,足疗程治疗,降低复发率，调整生活方式，远离易感环境，真正做到身体和心理的双重恢复，提高生活质量。

第四节　大学生自杀预防和干预

大学生正值青春年少，花样年华，受过高等教育，然而频频发生的自杀事件让人感到扼腕惋惜，社会、学校、家庭已开始共同重视起自杀预防和干预，对于生命的敬畏和尊重也成为大学生的必修课。

一、认识自杀行为

自杀是指个体蓄意或自愿采取措施结束自我生命的危险行为。自杀行为不仅仅包括自杀致死的情况、还包括自杀意念、自杀未遂等。

（一）自杀的阶段

自杀是一个较为复杂的社会现象，自杀者往往都经历了一定的隐性内向的发展过程，我国学者一般把自杀过程分为三个阶段。

1. 自杀意念形成阶段

个体在这一阶段逐渐形成自杀是能够逃避现实事件、情感问题的解决办法的主观臆断，并在思想中不断向此靠拢。

2. 矛盾往复阶段

个体在产生自杀意念后，往往还会经历一个自我挣扎、自我求助的阶段。自杀意念在这一阶段与自救心理、社会责任等思想冲突斗争，逐渐趋于一致。

3. 自杀行为阶段

个体进入自杀行为阶段，决死意志强烈，思想主题已从是否自杀，转向自杀方式、后事安排等方面，一旦认为准备妥当，便会采取自杀行动。

（二）自杀行为的分类

（1）从结果方面分类，可以分为自杀死亡、自杀未遂、自杀意向。

（2）从进程方面分类，可以分为理智自杀、冲动自杀。

（3）从动机方面分类，可以分为情感解脱型自杀、事件解脱型自杀、要挟型自杀等。

（三）我国大学生自杀行为现状

据统计，大学生各种非正常死亡中，自杀导致的死亡占比较高。有学者认为，中国大学生正成为自杀风险的高危人群。根据吴才智等人在 2018 年的研究成果的论断，我国大学生自杀率大致介于1/100000～3/100000之间，在世界范围比较，这一比率相对较低。但是我国目前并没有公开的权威渠道发布大学生自杀率情况，尤其对于自杀意向、自杀未遂的隐形行为的统计可能存在误差，而自杀未遂的人中自杀率比普通人高800倍，因此我国大学生自杀的风险仍居高位，现状不容乐观，需要社会、学校、家庭以及大学生自身引起高度重视和防范。

二、大学生自杀的危害

（一）大学生自杀是社会和家庭的巨大损失

根据教育部数据，我国2023年高等教育毛入学率为59.6%，可以理解为同龄人中仅不到六成人有机会接受高等教育。每个大学生的“晋级”之路，离不开自身“十年寒窗苦读”的努力，离不开父母经济、情感上的鼎力支持，离不开社会教育资源的投入等。因此，大学生自杀不仅是宝贵生命的逝去，更是家庭和社会的巨大损失。

（二）大学生自杀是家人和朋友难以愈合的伤痛

据世界卫生组织的估计，每出现1例自杀事件，平均至少对6个人产生严重的不良影响，甚至会造成持续影响。1例自杀未遂事件可使2个人受到严重影响，自杀死亡给周围的同学、朋友和老师造成的心理阴影和创伤可持续10年，自杀未遂所可持续6个月。

（三）自杀行为还有可能危害他人生命

自杀行为不仅导致自身生命陨落，还极有可能对他人生命造成威胁。跳楼自杀压死路人、救援跳水自杀人员牺牲、烧炭自杀造成火灾的事情并不少见。

案例38

自杀行为案例

2014年12月4日晚上，某地突然发生了一起跳楼事件。轻生的男子从五楼纵身跳下时，正好砸中了路过的陈某，陈某因医治无效死亡。

2019年6月1日，某小区发生一起跳楼致多人死亡的悲剧，年仅20多岁的小伙侯某跳楼后砸中了正在楼下带孙子散步的张某和她不到3岁的孙子小陈。除了当场死亡的侯某和小陈外，张某送医院抢救6天后，也因治疗无效而死亡。

2019年12月24日晚，某购物广场，一男子自杀跳楼从高处坠落，并砸到2名高三学生。警方通报称，3人经抢救无效死亡。

2023年4月23日，26岁的小孟在某商场被一名跳楼男子砸中，跳楼者抢救无效死亡，被砸的小孟“捡回”一条命，但身受重伤。5月转入康复科时的会诊单诊断，小孟的颈部脊髓损伤、四肢瘫痪，颈椎不稳定，颈椎间盘突出，颈椎、锁骨、枕骨骨折，脑挫伤、创伤性颅内出血。

点评：自杀行为除了给身边人带去难以愈合的伤痛外，还对周边的人造成安全威胁。每个人都有遭遇挫折困苦的时候，但千万不能因为一时伤痛或病痛，就放弃宝贵生命，更不能采取危害公共安全的行动。

(四)自杀有一定的“传染效应”

根据美国疾病管制预防中心的报告,尽管精神疾病不具传染性,但大量证据表明自杀是具传染性的。在一阵围绕着自杀事件的报道或讨论后,往往伴随着自杀率的增加,这样的情形被称为自杀的传染效应,特别容易出现在年轻人中。研究表明,自杀的“爆发”和“集群”是真实现象。一次自杀事件很可能引发更多自杀事件发生,对平安校园和社会稳定都带来了风险。

三、大学生自杀行为的诱因

大学生自杀的主要诱因有情感挫折、学业不良、适应不良、就业压力、人际困扰、经济困难等常见心理问题。可以说,如果对于大学生的心理问题、心理障碍不引起足够重视,未及时进行调整和干预,极有可能成为自杀行为隐患。

四、大学生自杀的预防和干预

大学生自杀行为的预防要提高对自杀行为危害的认识,重在心理问题的预防、干预,旨在降低自杀率。而大学生自杀行为的干预是指在自杀意念形成、自杀行为实施过程中,制止自杀行为,通过一系列干预方式,降低个体自杀倾向的方式。

(一)对有自杀企图的大学生进行干预

自杀行为者都会经历一个挣扎矛盾的往复阶段,一边是沉甸甸的家庭责任、社会责任,另一边是以放弃生命为代价的孤注一掷地逃离。在矛盾挣扎中,有的人的心理天平逐渐倾向活在当下面对困难和挑战,也有一小部分人走上天平的另一个极端,形成相对稳定的自杀倾向,并开始设想、设计自杀行为。在这个阶段发现有自杀企图的大学生,及时实施干预,是避免自杀悲剧的有效方法。

1. 及时发现自杀征兆

经学者研究,有自杀企图的大学生往往在语言和行为上都会有些外在表现。

(1)有自杀企图的大学生在语言方面有以下征兆:经常谈论人生意义、死亡话题,流露出负面倾向;有的还会直接向周边人表达“不想活”等类似语句;有的会在自杀行为前交代“后事”,对亲近的人表达感谢、歉意等;有的会讨论自杀方式、死亡状态等;另外,有的还会通过微博、朋友圈、QQ 空间等社交平台发布日志或状态,表达自己想要自杀的心理。

(2)有自杀企图的大学生在行为方面有以下征兆:行为习惯突然改变,节俭的人突然变得破费,谨慎的人突然变得冒险等;有的人会突然不知所踪,因此遇到突然没有请假就消失的大学生,一定要提高警惕;此外,有的人还会反复出现危险行为,比如用刀在手腕上比划、站在高楼向下望等。

(3)有自杀企图的大学生往往还伴有睡眠障碍、情绪持续低迷、食欲不佳等身体征兆。

2. 自杀企图干预

发现有疑似自杀征兆的大学生,应及时向老师和学校反映,并配合开展信息获取等工作。一般情况下,学校会对自杀危机进行评估,如果自杀企图强烈,将实施 24 小时监控,避免其独处,远离自杀危机,并将第一时间通知家长来到学校,与专业人士一同对其自杀企图进行干预。

(二)对正在实施的自杀行为的干预

如遇正在实施的大学生自杀行为,在保障自身安全的前提下,第一时间联络辅导员或报警,学校将启动心理危机干预机制,学校领导、公安人员、医护人员等将立即到达现场。

在自杀行为现场第一重要的是挽救生命,有时自杀行为者仍处于矛盾状态,切忌围观等不当现场行为,应当配合学校、老师、专业人员保护好现场,减少对学生的不良影响,保护当事人的隐私。

(三)自杀未遂后的心理介入

1. 对自杀者的心理干预

对于自杀未遂者来说,虽然身体上受到的伤害得到了救治,也可能由于自杀行为本身释放了一定的心理压力,但是自杀危机还存在。一般来说,自杀未遂第一年中,特别是在最初三个月内,自杀致命风险最高。因此自杀未遂者的后续心理干预也非常必要。

2. 对其他相关人员的心理干预

自杀的危害中,“维特效应”会导致处于相同境地的或是内心痛苦的人出现模仿行为,导致自杀行为“传染”。因此在自杀行为发生后,对有心理危机的大学生需要进行心理疏导,避免模仿自杀。

此外,对于目睹同学、好友自杀行为的同学,应该主动寻求心理修复,走出心理阴影。

拓展阅读

1.《自卑与超越》,作者阿尔弗雷德·阿德勒。该书通过深入剖析与研究每个人生命中的一系列自卑、不足情结,提供了克服自卑心理,从而化自卑为动力、不断超越自己、追求优越、实现个人与社会和谐发展的有效途径。全书立足于个体心理学观点,从教育、家庭、婚姻、伦理、社交等多个领域,以大量的实例为论述基础,阐明了人生道路的方向和人生意义的真谛。帮助人们正确面对缺陷,正确对待职业,正确理解社会，理解生活，理解性，是人们了解心理学的经典读物。

2. 电影欣赏：《肖申克的救赎》《美丽心灵》《海上钢琴师》《楚门的世界》。

□课后思考

1. 大学生的身心发展特征有哪些?
2. 大学生常见的心理问题有哪些?
3. 怎么预防大学生心理问题的发生?
4. 自杀行为的征兆有哪些?

参 考 文 献

[1] 贺明华,李岚,杨爱民. 大学生安全教育[M]. 北京:中国轻工业出版社,2020.

[2] 陶红亮. 校园贷知识读本[M]. 北京:应急管理出版社,2019.

[3] 郑大远,韩江卫. 大学生安全教育[M]. 北京:人民邮电出版社,2022.

[4] 何杰民,王梦梅. 大学生心理健康与积极成长[M]. 重庆:重庆大学出版社,2021.

[5] 法规应用研究中心. 道路交通安全法一本通[M]. 北京:中国法制出版社,2023.

[6] 邓洁,张真. 大学生交通安全科普教育研究[J]. 中国教育技术装备,2023,24:19-21.

[7] 丁玉梅. 如何加强大学生交通安全意识的培养[J]. 佳木斯职业学院学报,2019,12:22-23.

[8] 刘朱紫. 浅析当代大学生交通安全教育[J]. 科教导刊-电子版(下旬),2017,12:47.

[9] 翟向坤,韩玉灵. 大学生旅游安全风险防控[J]. 人民论坛,2017,35:64-65.

[10] 樊阳. 安全人生[J]. 湖南安全与防灾,2020,9:67-69.

[11] 郭辉. 漫漫人生路,安全第一步[J]. 湖南安全与防灾,2020,3:72.

[12] 林云芬. “无毒青春,珍爱人生”教学实录——毒品预防安全教育主题班会[J]. 中国德育,2018,21:76-80.

[13] 吴才智,江光荣,段文婷. 我国大学生自杀现状与对策研究[J]. 黑龙江高教研究,2018,36(5):95-99.